Como ler os russos

Irineu Franco Perpetuo

Como ler os russos

todavia

Introdução 7

1. Séculos de formação 15
2. Púchkin e Gógol 29
3. Tolstói e Dostoiévski 51
4. Pais supérfluos, filhos niilistas 89
5. Do poeta do vazio ao primeiro Nobel 111
6. A era de prata e as vanguardas 134
7. Vivendo sob o fogo: Utopias e distopias 161
8. O realismo socialista e a
literatura dos emigrados 181
9. Degelo, gulag, emigração e clandestinidade 201
10. A literatura pós-soviética 229

Notas 243
Referências bibliográficas 267
Apêndice: Os nomes russos 275
Índice remissivo 281

Introdução

Leia sempre os russos: Dostoiévski,
Tolstói, Turguêniev, um pouco de Górki;
mas, sobretudo, o Dostoiévski da
Casa dos mortos *e* Crime e castigo.

Lima Barreto a Adour
da Câmara, 1919[1]

Se é possível escrever no Brasil um livro chamado *Como ler os russos*, é porque a questão "Por que ler os russos?" parece respondida de antemão. A literatura da Rússia vem sendo, há mais de um século, companheira tão constante de nossas jornadas intelectuais que não chegamos a ponderar no que há de espantoso em sua inserção numa sociedade em que a parcela de imigrantes russos ou descendentes de russos é tão escassa.

Para um descendente de italianos, que estudou o idioma no colégio e vive em uma cidade que reivindica preparar uma pizza melhor que a da pátria-mãe, a comparação com os russos parece uma gangorra. A grande presença de *oriundi* por aqui não nos garante um conhecimento mais do que superficial da literatura italiana, enquanto a reputação dos eslavos também é inversamente proporcional à quantidade de descendentes, mas no sentido contrário. Pessoas que nunca provaram *kvas* ou borche nem entraram em uma dacha debatem com profundidade e conhecimento de causa as glórias da literatura da terra de Dostoiévski e Tolstói e, entre os tradutores e professores universitários de russo, abundam sobrenomes latinos. A literatura russa, como, digamos, o cinema norte-americano e a música pop britânica, parece nos pertencer tanto quanto a seu país de origem.

"A chegada do romance russo ao Brasil foi uma pequena parcela do processo internacional deflagrado na França. Outros países deram sua cota de contribuição, mas a influência francesa foi determinante, especialmente no quinhão que nos cabe", explica Bruno Barretto Gomide, incansável estudioso da recepção da literatura russa por aqui. Afinal, como afirmava na época, com certo desgosto, Monteiro Lobato: o Brasil estava reduzido a "colônia mental da França", "espécie de Senegal antártico".[2] E, como conta Gomide, o "romance russo era a grande sensação europeia em meados da década de 1880. Na verdade, foi 'inventado' para consumo internacional nesse período, quando surgem traduções em escala industrial e livros de crítica que, de forma pioneira, deram o tom — e estabeleceram os limites — do que seria dito depois".[3] Tudo isso impulsionado pela mudança de atitude da França com relação à Rússia: após se enfrentarem na Guerra da Crimeia (1853-6), os países se uniam diante da ascensão da Alemanha.[4]

Gomide identifica, assim, duas "febres de eslavismo" no Brasil, na primeira metade do século XX.[5] Nos anos 1930-5, são 63 livros russos editados por aqui, sendo quinze de Górki, onze de Dostoiévski e dez de Tolstói.[6] Para além dos números, "os tempos da primeira febre coincidiram com a descoberta adolescente de Dostoiévski por parte de muitos escritores que constituíram a veia mais criativa da ficção brasileira nos anos seguintes", como "Clarice Lispector, Lúcio Cardoso, Nelson Rodrigues e muitos outros".[7] No embalo da Segunda Guerra Mundial, a "segunda febre", em 1943-5, é ainda mais impressionante, com números nunca superados: 83 volumes de literatura russa — uma média de 3,5 livros por mês, quase um lançamento por semana, com destaque para Dostoiévski (dezessete títulos), Tolstói (catorze) e Górki (oito).[8] Na mesma época, estreava como tradutor o principal mediador entre a cultura russa e a brasileira no século XX — Boris Schnaiderman (1917-2016), que, em 1960, seria o primeiro professor do curso de letras russas da Universidade de São Paulo.

Schnaiderman garantiu que a temperatura da "febre de eslavismo" jamais baixasse, formando e influenciando gerações de professores e tradutores. Mas por que essa literatura "pegou" tanto entre nós? Erich Auerbach afirma:

> Parece que os russos conservaram para si uma imediaticidade das vivências como já era difícil encontrar na civilização ocidental no século XIX; um estremecimento forte, vital, ou moral, ou espiritual, atiça-os imediatamente nas profundezas dos seus instintos, e eles caem num instante de uma vida calma e uniforme, por vezes quase vegetativa, para precipitar-se nos mais terríveis excessos, tanto práticos como espirituais. Quando os grandes russos, especialmente Dostoiévski, tornaram-se conhecidos na Europa Central e Ocidental, o imenso potencial espiritual e a imediatez de expressão que seus maravilhados leitores encontraram em suas obras pareceram uma revelação de como mistura de realismo e tragédia podia finalmente alcançar sua plena realização.[9]

Talvez a razão também tenha a ver com a posição única de que a literatura desfrutou na sociedade russa historicamente. "Seja o que for nossa literatura, seu significado, em qualquer caso, é muito mais importante para nós do que possa parecer: é nela, e apenas nela, que está toda nossa vida intelectual e a poesia de nossa vida", escreveu, em 1846, o crítico literário Vissarion Bielínski (1811-48).[10] No fim do livro, discutiremos se essa centralidade se mantém nos dias de hoje. De qualquer forma, estamos falando de um país em que atores dão recitais de poesia, em que a televisão tem mesas-redondas discutindo literatura e em que escritores fazem concorridas conferências com cobrança de ingressos. E, se não mais ocupam, por muito tempo ocuparam posição privilegiada. Conta Tatiana Tolstáia:

Ao longo de toda a história da literatura russa, o escritor russo nunca foi visto pelo público leitor como "simplesmente" um poeta, jornalista, filósofo ou escriba — ou seja, uma pessoa exprimindo com liberdade seus pensamentos ou sentimentos, ou meramente entretendo o leitor. O escritor russo sempre foi visto como um profeta ou pregador, um livre-pensador perigoso, ou um revolucionário. A própria habilidade em manipular palavras e articular pensamentos colocava o indivíduo em uma posição suspeita. A palavra era vista como uma arma muito mais temível do que veneno ou punhais. Um assassino podia ser condenado "apenas" a uma longa sentença de trabalhos pesados, mas uma pessoa poderia receber pena de morte por ler poemas proibidos.

Esse é um ponto de vista maravilhoso. Proclama a primazia da literatura sobre a vida, dos sonhos sobre a realidade, da imaginação sobre os fatos. Ele diz: A vida é nada — uma neblina, uma miragem, *fata morgana*. Mas a palavra, seja falada ou impressa, representa um poder maior do que o do átomo. Essa é uma visão inteiramente russa da literatura, sem paralelo no Ocidente. E todo mundo na Rússia, aparentemente, compartilha dela: os tsares e seus escravos, censores e dissidentes, escritores e críticos, liberais e conservadores. Quem articulou a Palavra realizou um Ato. Assumiu todo poder e responsabilidade. Ele é perigoso. É livre. É destrutivo. É rival de Deus. E, por essa razão, todos esses mágicos ousados, audazes, sinceros, poderosos, de Aleksandr Radíschev, no final do século XVIII, a Andrei Siniávski, no XX, jogaram com vida e morte.[11]

Sem pretensões acadêmicas ou didáticas, nem vocação para se transformar em manual, este livro pretende ajudar o leitor brasileiro a se familiarizar com a produção destes "rivais de Deus". Uma mera lista de escritores russos daria, possivelmente, um volume maior do que este; portanto, as lacunas são inevitáveis — e eu assumo essa responsabilidade. Assim como Púchkin fez em *A filha do capitão*, cada capítulo é encimado por uma epígrafe — pois não há como falar de literatura russa e não reverenciar seu nome principal.

A ideia foi produzir uma narrativa em ordem cronológica, tomando como referência a recepção dos escritores russos no Brasil. Assim, haverá divergências em relação tanto a manuais russos como de outros países. E, dado que se trata de um recorte brasileiro, esta obra, embora redigida integralmente em solo russo, buscou utilizar tanto quanto possível os estudos de Boris Schnaiderman e seus discípulos diretos ou indiretos, tomando a liberdade de uniformizar a grafia dos termos e nomes russos, para não confundir o leitor em uma barafunda de palavras eslavas escritas de forma distinta (como todos na russística são bastante sensíveis no que se refere à transliteração, de antemão peço desculpas aos autores citados).

Permiti-me ainda acrescentar nas citações, entre colchetes, datas de nascimento e morte e eventuais informações complementares que julguei úteis para o leitor. E cada livro aparece aqui designado apenas por um título (por exemplo, *Memórias do subsolo*, e não *Notas do subterrâneo*, a despeito de qual tenha sido a fórmula adotada pelo autor citado). Outra liberdade que me permiti foi, no caso de bibliografia estrangeira, traduzir eu mesmo o que citei, sem reproduzir em nota de rodapé o texto original — o que, a meu ver, carregaria de forma desnecessária a leitura.

Por fim, inspirado por *A History of Russian Literature*, da Oxford University Press (um catatau que sobrepuja largamente o presente volume em tamanho, escopo e complexidade), resolvi, no final de cada capítulo, introduzir a seção "Em foco", destacando um tema digno de maior esmiuçamento. Há ainda um anexo para explicar o peculiar mundo dos nomes russos.

Bielínski disse, em 1846, que "*parece* que não há nada mais fácil, e, *na realidade,* nada é mais difícil do que escrever sobre a literatura russa".[12] Espero, contudo, que tamanha dificuldade na escrita não se traduza em dificuldade de leitura.

Em foco: A tradução russa

Veremos que uma das principais lacunas da recepção da literatura russa no Brasil é a poesia, e não creio ser equivocado atribuir isso às dificuldades de tradução poética, como faz Roman Jakobson:

> Quando, num poema de Maiakóvski, cada país chega ao homem do futuro com suas melhores oferendas, a Rússia traz a poesia: "De cujas vozes a potência mais alta se entrelaçou no canto!". O Ocidente entusiasma-se com a arte russa: o ícone e o filme, o balé clássico e os novos experimentos teatrais, o romance de ontem e a música de hoje. Mas a poesia, talvez a melhor das artes russas, ainda não se tornou verdadeiramente um artigo de exportação. Ela é por demais íntima e indissoluvelmente ligada à língua russa para que suporte as adversidades da tradução.[13]

Outro desequilíbrio reside no conhecimento que temos por aqui da literatura russa do século XIX em contraste com aquela do século XX, e o poeta Joseph Brodsky — que o exílio nos Estados Unidos forçou a pensar com especial pungência nas questões de comunicabilidade entre idiomas e culturas — também o atribui a questões de tradução, embora por motivos diferentes:

> O que cria essa barreira é uma realidade histórica, que, durante a maior parte do século, foi politicamente diferente da realidade dos domínios das línguas germânicas e

romance. Isso explica de muitas maneiras a popularidade da literatura russa do século XIX e a relativa ausência ou ignorância no Ocidente da literatura russa do século XX — simplesmente porque o que foi revelado de nossa parte era, de fato, intraduzível, não em termos linguísticos, mas em termos da realidade social. A rigor, em termos do contexto social, o que estava acontecendo nos Estados Unidos, na Grã-Bretanha e na Alemanha [acontecia também] no século XIX russo. No século XX, uma sociedade completamente nova emergiu. Então, traduzir para o inglês uma frase de prosa russa representando a vida num apartamento comunal é praticamente impossível. Em primeiro lugar, o que é um apartamento comunal? Então, praticamente cada frase exigiria uma nota de rodapé substancial.[14]

Afinal, como afirma Boris Schnaiderman, a tradução não é uma mera operação linguística, "para traduzir, fazemos transposição de um texto para uma outra cultura".[15]

Para além dessas questões mais universais, a difusão da literatura russa no Brasil encontrou, por décadas, uma dificuldade adicional: depender quase exclusivamente de traduções indiretas. E, aí, as vilãs são as famigeradas traduções francesas.

Não se trata, aqui, de crucificar traduções indiretas em geral. Boa parte do prestígio e do conhecimento dos autores russos em nosso país se deve a traduções indiretas, não raro feitas por escritores de renome, dotados de senso de estilo, e conhecedores de seu ofício. Tampouco se devem execrar as modernas traduções francesas, realizadas com rigor e apuro.

O problema é que, no final do século XIX e começo do século XX, sua qualidade variava, com uma gama que "ia do aceitável à mutilação", como descreve Gomide: "Halpérine-Kaminsky elaborou, por sua conta, um novo final para *Os irmãos Karamázov*. A lenda do Grande Inquisidor ficou irreconhecível.

E os pedaços excluídos do romance viraram, milagrosamente, uma 'outra' obra de Dostoiévski, *Les Précoces*".[16] Assim Gomide resume as principais mudanças que os tradutores/traidores daquela época faziam nos livros russos:

1) quebra e redução de parágrafos: períodos mais extensos são fragmentados em diálogos curtos. A alteração é mais problemática nas extensas explanações filosóficas e metafísicas e nas exasperações da consciência das personagens; 2) nivelamento da linguagem: perde-se o complexo jogo entre cômico, melodramático e trágico — a alternância vertiginosa de gêneros presente em Dostoiévski fica reduzida a um registro sentimental; 3) adições de texto, às vezes capítulos inteiros; 4) mudança de léxico para termos mais suaves; 5) manutenção de algumas expressões típicas em russo para dar cor local.[17]

Uma empreitada pioneira de tradução direta foi a do imigrante russo Georges Selzoff (Iúri Zéltzov), cuja Edição Cultura publicou, entre 1930 e 1932, uma Bibliotheca de Auctores Russos, com doze títulos vertidos do original.[18] Louvável, o esforço de Selzoff infelizmente se revelou efêmero. No pós-guerra, mostraram-se mais sustentáveis as iniciativas de outros dois emigrados: de Boris Schnaiderman e da não suficientemente valorizada Tatiana Belinky (1919-2013). Costuma-se considerar a tradução de *Crime e castigo*, de Paulo Bezerra, publicada pela Ed. 34 em 2001, como o "marco zero" de um momento em que a tradução direta parece ter se firmado de forma definitiva no mercado brasileiro, com a proliferação de tradutores e de editoras interessadas em literatura russa.

I.
Séculos de formação

Esgotando assiduamente os materiais da
mais antiga história russa, me encorajava
com a ideia de que há, na narrativa de tempos
distantes, um certo encanto indefinível para
nossa imaginação: lá estão as fontes da poesia!

Nikolai Karamzin[1]

Se praticamente não há autores russos anteriores ao século XIX publicados no Brasil, se os próprios russos consideram um escritor oitocentista, Púchkin, como o pai fundador de sua literatura, por que não começar nossa narrativa por este século? Em favor dessa escolha, poderia ser citada a opinião de uma figura do peso de Vladímir Nabókov:

> Se excluirmos uma única obra-prima medieval, a característica muitíssimo cômoda da prosa russa é que ela cabe por inteiro na ânfora de um único século — com um jarrinho de creme adicional fornecido para guardar a sobra que tenha vindo depois. Um século, o XIX, foi suficiente para que um país praticamente sem nenhuma tradição literária criasse uma literatura que, em matéria de valor artístico, amplitude de influência e todo o mais exceto volume, se equipara à gloriosa produção da Inglaterra ou da França, embora as obras-primas nesses países tenham começado a aparecer muito antes.[2]

O problema dessa escolha é que levaria à conclusão tirada por Euclides da Cunha no texto "A missão da Rússia" — compreensível no Brasil de 1904, mas indefensável nos dias de hoje — de que a literatura russa "apareceu de golpe, já feita, e foi um espanto".[3] A literatura russa apareceu de golpe *no Ocidente*, mas, obviamente, não brotou por geração espontânea, ou por graça divina. Assim, realizando um exercício de compressão temporal análogo ao de Adam Long, Daniel Singer e Jess Winfield na peça *The Complete Works of William Shakespeare (Abridged)* — que apresenta as obras completas do Bardo em noventa minutos —, buscaremos pincelar aqui, em um único capítulo, mil anos (do século IX ao século XIX) da peculiar formação da literatura russa, bastante distinta de suas coirmãs ocidentais.

De acordo com a *Narrativa dos tempos passados* — crônica monástica de autoria indefinida, compilada na segunda década do século XII no Monastério das Cavernas, em Kíev —, a fundação da Rússia ocorreu quando as populações eslavas e fino-úgricas que habitavam a região de Nóvgorod (próxima à atual São Petersburgo) chamaram príncipes escandinavos para governá-las: seus representantes "foram ao além-mar, ter com os variagues, com os russos" e "disseram aos russos os tchudes, os eslavos, os crivitches e os vesses: 'Nossa terra é grande e farta, mas não há ordem nela. Vinde reinar e governar-nos'. E foram eleitos três irmãos, com sua gente, e trouxeram consigo todos os russos, e vieram primeiro ter com os eslavos".[4] Destes irmãos, Riurik — visto hoje como figura mitológica, e de existência dificilmente comprovável — teria dado origem à dinastia que governou a Rússia até o final do século XVI.

Os príncipes do norte transferiram-se para Kíev, que seria o centro da Rus, a Rússia primordial, onde, ainda de acordo com a *Narrativa* — tão saborosa do ponto de vista estilístico quanto pouco confiável do factual —, no final do século X, o príncipe Volodimir, desejoso de abandonar o paganismo, recebeu emissários das três religiões monoteístas — judaísmo, islamismo e cristianismo — para escolher a qual se converteria. Rejeitou as duas primeiras, sendo sua recusa da crença maometana especialmente célebre: "[...] mas eis o que o desagradou: a circuncisão das partes, e a abstenção, de carnes suínas e, sobretudo, da bebida. Disse ele: 'Para os russos a bebida é alegria, sem ela não podemos ficar'".[5] E a Rússia, assim, tendo assegurado o direito inalienável à carraspana, uniria seu destino à fé de Bizâncio.

No século XIII, mongóis invadiram a Rus, submetendo seus principados à vassalagem da Horda Dourada em 1240. O domínio tártaro duraria mais de dois séculos — até 1480 —, gerando o mito de uma nação que "salvara" a Europa do "jugo" islâmico: "enquanto a Rus sofria enfermidades da infância, era forçada a se submeter ao totem do khan e era, entretanto, uma parede que protegia o mundo cristão do maometano; a Europa, durante esse tempo, aprendia ciências e artes com os gregos e seus herdeiros", escreveu o eslavófilo Aleksei Khomiakov, no século XIX.[6]

Púchkin afirma:

Poupado pela surpreendente sagacidade dos tártaros, o clero, sozinho — no decorrer de dois séculos sombrios —, alimentou as pálidas centelhas da cultura bizantina. No silêncio dos mosteiros, os monges seguiam adiante, sem interrupção, com suas crônicas. Os bispos conversavam por epístolas com príncipes e boiardos, alegrando o coração em tempos árduos de provação e desesperança.[7]

Sem a retórica do autor russo, James H. Billington confirma que "a cultura literária foi estimulada pelo renascer monástico. Sobrou cerca do dobro de livros manuscritos do século XIV, em comparação com os três séculos anteriores somados", e conta que

a literatura monástica do final do século XIV e do século XV moveu-se gradualmente para o mundo da profecia — desenvolvendo duas crenças inter-relacionadas, que estão no coração da ideologia de Moscou: 1) que a cristandade russa representa um capítulo especial e culminante em uma cadeia contínua da história sagrada; e 2) que Moscou e seus governantes são os portadores escolhidos desse destino.[8]

As grandes obras literárias desse período são a *Narrativa* e o *Canto da campanha de Ígor*[9] — a "única obra-prima medieval" a que Nabókov se refere no começo deste capítulo, de autoria igualmente desconhecida, adaptada para ópera, com o título de *Príncipe Ígor*, pelo compositor Aleksandr Borodin (1833-87).

Não podemos esquecer, contudo, das *bylinas*, que, embora tenham começado a ser coletadas no século XVII, remontam à tradição medieval como "a mais ambiciosa e ampla das formas narrativas populares", um "estilo de origem e transmissão oral e possivelmente popular" que "começou a atrair o interesse dos antologistas grandemente a partir do século XVIII". Trata-se de poemas épicos, contando as façanhas de *bogatyres* (guerreiros míticos) como Iliá Múromets, Dobrýnia Nikítch e Aliocha Popóvitch.

O termo *bylina* é uma invenção acadêmica da década de 1830, concebido pelo etnógrafo e folclorista amador Ivan Sákharov a partir dos primeiros versos do *Canto da Campanha de Ígor*, uma referência aos "contos heroicos de outrora" (*byliny sego vremeni*). Entre os cantores dessas canções históricas, seus textos eram conhecidos como *stáriny*.[10]

A nova Rússia moscovita, pós-tártara, é contemporânea dos experimentos de Gutemberg, mas sua implantação na terra dos tsares (o primeiro príncipe de Moscou a adotar esse título foi Ivan IV, conhecido como "o Terrível") esteve longe de ser tranquila. Billington narra que "o esforço breve e improdutivo de estabelecer uma imprensa estatal em Moscou, com o russo branco

Ivan Fiódorov, terminou em desastre em 1565, quando a imprensa foi destruída por uma multidão e os impressores fugiram para a Lituânia". O mesmo autor relata que "se levantavam repetidamente objeções contra imprimir as sagradas escrituras por causa da necessidade de modificar a aparência física das letras".[11] Na virada do século XVI para o XVII, a Rússia foi abalada por uma série de instabilidades políticas que fizeram o período ser conhecido como Tempo das Perturbações. A dinastia de Riurik foi extinta, o país caiu sob domínio polaco-lituano, e a ordem foi restabelecida em 1613, com a coroação do tsar Mikhail, o primeiro da dinastia Románov, que reinaria até 1917.

Do ponto de vista religioso, as perturbações viriam em 1654, quando as reformas do patriarca Níkon (1605-81) encontraram grande resistência entre a população, criando o cisma dos "velhos crentes". O líder dos cismáticos (ou *raskólniki*, de onde Dostoiévski extraiu o nome de Raskólnikov, protagonista de *Crime e castigo*) era Avvákum (1620-82), cuja autobiografia é louvada como obra-prima da literatura russa por combinar "um dom para a narrativa e descrição psicológica".[12] Chamado por Avvákum de "lobo em pele de cordeiro", Simeon Polótski (1629-80) "era, além disso, um porta-voz agressivo das novas formas artísticas ocidentais. Seu verso silábico ornamentado e o livro decorativo de ilustrações o estabelecem como um mestre do barroco".[13]

Já estamos distantes do paradigma manuscrito da cultura medieval. "No século XVII, a Rússia tecnicamente mudou para uma cultura impressa", em que a "imprensa mostrou ser uma tecnologia poderosa para a disseminação de doutrinação política e religiosa". Em consequência,

a imprensa era supervisionada e controlada pelo Krêmlin. Os livros publicados eram religiosos e litúrgicos, com poucas exceções, como manuais militares, a primeira gramática impressa da língua russa, por Meléti Smótritski (1577-1633), e o Código Civil de 1649 (*Sobórnoie ulojênie 1649 goda*). Todas as publicações tinham que ser autorizadas, pelo menos nominalmente, pelo tsar e pelo patriarca, e levavam um posfácio dirigido aos leitores — que eram listados de acordo com seu status, partindo do tsar e dos nobres e descendo aos "pobres", e até "à multidão infinita".[14]

A Rússia se modificava, mas nada fazia pressentir o tremendo cavalo de pau ocidentalizante que ocorreria durante o reinado de Pedro, o Grande. Se até este ponto chamamos os tsares por seus nomes eslavos, a partir de Pedro, passaremos a designá-los da forma ocidental. Levadas a ferro e fogo por um déspota inflexível, as reformas de Pedro redesenharam radicalmente todas as esferas da sociedade russa, materializando-se de forma mais palpável na nova capital — uma janela para o Ocidente, um porto para o mar Báltico — que ele erigiu em 1703: São Petersburgo. Nas palavras eloquentes de Púchkin:

> A Rússia entrou na Europa como um navio lançado às águas, com um golpe de machado e estrondo de canhões. Mas as guerras empreendidas por Pedro, o Grande, foram benéficas e fecundas. O sucesso da transformação nacional foi consequência da batalha de Poltava, e a ilustração europeia atracou às margens do Nievá conquistado.[15]

Obviamente, não é preciso endossar o discurso bélico do escritor para reconhecer a importância de Pedro. Para o bem ou para o mal, a Rússia, a partir do século XVIII, passa a produzir arte em formas próximas às europeias. Ainda segundo Púchkin:

> O filho de um senhor moldavo [Antiokh Kantemir, 1708-44, poeta e diplomata] se criou em suas [de Pedro, o Grande] campanhas; e um filho de pescador de Kholmogor, fugido

das margens do mar Branco, bateu nos portões da escola Zaikonospásski. Uma nova literatura, fruto de uma nova sociedade, devia nascer em breve.[16]

O filho de pescador era Mikhail Vassílievitch Lomonóssov (1711-65), que dá nome não apenas à Universidade de Moscou (fundada graças a ele, em 1755), como ao aeroporto de Domodédovo, segundo do país em tráfego aéreo, e à cidade antigamente chamada de Oranienbaum, nos arredores de São Petersburgo, onde nasceu um certo Ígor Stravinsky (1882-1971). Segundo Rafael Frate,

> Lomonóssov foi o primeiro grande cientista da Rússia, responsável não apenas por feitos como a descoberta de que o planeta Vênus possuía uma atmosfera ou a proposição de uma lei de conservação da matéria antes que Lavoisier, mas foi o responsável pela formação de centenas de jovens futuros cientistas, engenheiros e poetas, pela construção do primeiro laboratório de química profissional, pela fundação da primeira universidade do Império que vicejava e pela reorganização de suas instituições educacionais. Da química à engenharia, da física à metalurgia, da história à geografia, não é fácil encontrar um campo do saber a que Lomonóssov não se dedicou.

Para o estudioso,

> talvez seu maior feito, o feito que definiu e orientou as tendências do ofício a partir do que quase todos os seus artífices vindouros produziriam, foi no campo das letras. Lomonóssov não apenas foi o teórico que escreveu a primeira gramática e a primeira retórica da língua russa, mas também foi o mais destacado poeta de seu tempo. Não apenas ele criou obras modelares para a literatura russa, como

também estabeleceu o sistema de metrificação no qual poemas deveriam ser compostos e, com efeito, foram até hoje, excetuados talvez os experimentos das vanguardas.

Afinal, sua "*Gramática russa* foi a primeira gramática da nova língua,[17] única por quarenta anos, cuja tradução para o alemão foi o primeiro contato que um estrangeiro pôde ter com ela e serviu de fundamento para gramáticas subsequentes".[18]

Após Pedro, o Grande, no século XVIII a Rússia esteve essencialmente sob o governo de mulheres (as tsarinas Anna, Isabel e Catarina, a Grande),[19] europeizando-se com arquitetos e compositores italianos e literatos franceses. Nasce aí a francomania tão retratada (e ironizada) nos romances do século posterior, uma torrente que, sob Catarina, se transformou "em inundação". Durante seu reinado, houve "a primeira aparição de uma revista de língua francesa [*Le Caméléon Littéraire*] na Rússia, em 1755, e a venda sem precedentes de 3 mil cópias da *Filosofia da história* de Voltaire apenas em São Petersburgo, poucos dias depois do lançamento, em 1756.

Voltaire logo se tornou o historiador oficial do Império Russo, e uma espécie de santo padroeiro da aristocracia secular. Desta forma,

com o encorajamento ativo de Catarina, boa parte da aristocracia russa ficou apaixonada pelo voltairianismo, que tinha o significado geral de racionalismo, ceticismo e uma vaga paixão por reforma. No primeiro ano de seu reinado, aos 34 anos, ela começou uma correspondência com Voltaire, que tinha quase setenta. Quase todas as sessenta e poucas obras separadas de Voltaire traduzidas para o russo no último terço do século XVII apareceram no reinado de Catarina. Pelo menos 140 traduções impressas de obras de Voltaire foram publicadas no decorrer do século aristocrático.[20]

Outros iluministas franceses foram igualmente cortejados pela tsarina:

> D'Alembert recusou o convite de Catarina para ser o tutor de seu filho; mas Diderot pensou transferir o lado editorial de seu trabalho para Riga, veio a vender sua biblioteca para Catarina e foi para São Petersburgo. Três volumes da *Enciclopédia* foram traduzidos quase imediatamente para o russo, sob a supervisão do diretor da Universidade de Moscou. Uma tradução privada estava sendo feito simultaneamente pelo futuro historiador Ivan Boltin, e muitos artigos e seções eram traduzidos individualmente.[21]

Em ambiente tão francófilo, "não é de estranhar que alguns entre os primeiros poetas a escrever em russo, como Kantemir (1708-44) e Derjávin (1743-1816), o tenham feito nos moldes da versificação francesa clássica", e

> mesmo Krylóv (1769-1844), que publicou suas primeiras fábulas em 1806, utilizando expressões dos provérbios e das ruas, acabou mantendo o esquema silábico de La Fontaine, sem acentos de intensidade capazes de organizar os versos, mas com o fim do verso e do hemistíquio discretamente marcados, respectivamente, pela rima e pelo acento secundário.[22]

Gavrila Derjávin é tido como "o maior poeta do século, um dos maiores e mais originais de todos os poetas russos".[23] Brodsky comparava-o ao inglês John Donne (1572-1631):

> [...] ele é um pouco mais lapidário, um tanto mais primitivo. Seus pensamentos e sua psicologia estão à altura de John Donne, mas por causa de uma língua, de uma nação e uma cultura mais jovens, ele os expressa de uma maneira

um tanto mais primitiva, por exemplo, com metáforas primitivas. Mas o impulso que ele tem em sua voz, a expressão![24]

Já Ivan Krylóv é um dos raros autores citados neste capítulo ao alcance do leitor brasileiro, pois teve suas fábulas,[25] imensamente populares na Rússia, vertidas para o português por Tatiana Belinky, desafiando a opinião de Bielínski, que, em 1846, escreveu que, de todo esse período, ele seria o único escritor interessante para os europeus, "mas não há como traduzi-lo para nenhuma língua do mundo, e podem apreciá-lo apenas os estrangeiros que sabem a língua russa e viveram bastante tempo na Rússia".[26]

Citado em nossa introdução, por Tatiana Tolstáia, Radíschev testou o quanto de Iluminismo havia no despotismo de Catarina com *Viagem de São Petersburgo a Moscou*, um libelo contra a servidão que, publicado em 1790 — um ano após a tomada da Bastilha, em Paris —, fez com que a mesma monarca que, na juventude, o mandara estudar na Universidade de Leipzig, agora o enviasse para o degredo siberiano.

Entre as contradições de uma personalidade complexa, Catarina, que tinha veleidades literárias,

escreveu algumas peças satirizando a aristocracia, e ajudou a gerar um gênero novo e potencialmente subversivo, cujo primeiro mestre foi Denis Fonvízin [1744-92]. Se as pretensões de Catarina como escritora excediam de longe suas realizações, exatamente o oposto é verdadeiro para Fonvízin. Ele era um aristocrata retraído e tímido que adquiriu uma doença incurável antes dos quarenta anos, contudo viveu para completar, em *O menor*, uma das primeiras obras-primas originais da literatura secular da Rússia, e seu "primeiro drama de sátira social".

O menor foi "o primeiro drama russo a ser traduzido e encenado no Ocidente".[27]

Louvado por Púchkin como "alma libertária"[28] em sua obra-prima, *Ievguêni Oniéguin*, Fonvízin era tido por Bielínski como "um de nossos escritores antigos que podem ser lidos com verdadeiro prazer", cuja obra "se parece mais com anotações ou com um memorial da época, ainda que ela não seja isso de forma alguma. Fonvízin foi um homem de inteligência incomum; ele não se ocupou do lado grandiloquente, iluminado de seu tempo, e olhava mais para seu lado interno, doméstico".[29] Ainda nos palcos, um nome que se destacou foi o de

Aleksandr Sumarókov [1717-77], o diretor do teatro de São Petersburgo, cujas tragédias, comédias e libretos de ópera foram a viga mestra do repertório do século XVIII. Embora sempre operando nos moldes do Iluminismo secular, Sumarókov tentou fazer com que o gosto russo retrocedesse do voltairianismo secular na direção de Fénelon, Racine e os filósofos estoicos da Antiguidade. Ele deu à tragédia russa uma fidelidade disciplinada às unidades clássicas de tempo e espaço e, simultaneamente, uma propensão a temas moralistas instrutivos.[30]

Nikolai Karamzin (1766-1826) é lembrado pelo conto "Pobre Liza" (1792), expressão do sentimentalismo na Rússia, e pela monumental *História do Estado russo*, em doze volumes, que "deu às novas gerações uma nova fonte primária, uma supercrônica baseada em pesquisa maciça de arquivos", fonte da grande quantidade de obras literárias e musicais com temas históricos que surgiriam no século XIX (basta pensar na peça *Boris Godunov*, de Púchkin, posteriormente transformada em ópera por Modest Mússorgski). Além disso, segundo Bielínski, foi importante para o idioma literário do país:

tirou a língua russa do caminho batido, acidentado e pedregoso da construção latino-germânica, dos dizeres eslavo-religiosos e dos volteios e da afetação escolástica da expressão e colocou-a no caminho autêntico e natural, passou a falar com a sociedade na língua dela, criou, pode-se dizer, uma literatura e um público: um mérito soberbo e imortal![31]

Após a morte de Catarina, em 1796, assumiu o trono seu filho, Paulo I, decidido a desfazer todas as realizações da mãe. O novo tsar permitiu que Radíschev regressasse da Sibéria, mas os tempos anunciavam-se sombrios: "Em 1797, primeiro ano completo de seu governo, o número de periódicos regulares publicados na Rússia diminuiu para cinco (eram dezesseis, em 1789), o número de livros impressos no ano caiu para 240 (eram 572, em 1788)".[32] O tsar, contudo, seria deposto por um golpe palaciano, em 1801. E o novo século veria o florescimento acelerado e frutífero de uma literatura assombrosa.

Em foco: Literatura russa? Em que língua?

Boa parte da literatura descrita neste capítulo não pode ser lida no original por um falante moderno de russo — da mesma forma que um falante moderno de italiano não consegue ler um texto em latim. Para ser compreendida hoje, ela tem que ser traduzida, porque foi escrita não em russo, mas em eslavo oriental, idioma falado, segundo Lucas Simone, pioneiro nos estudos brasileiros dessa língua,

> entre a metade do primeiro milênio e a metade do segundo milênio da era cristã, aproximadamente, na região do lago Ílmen, na cabeceira dos rios Volga, Oká e Dviná Ocidental, e ao longo dos rios Dniepr, Dniestr e Bug. Trata-se de uma língua morta, mas seu desenrolar histórico culminou no surgimento de três idiomas falados atualmente: o russo, o bielorrusso e o ucraniano.[33]

Como se sabe, esses três idiomas (e ainda alguns outros, como o sérvio e o búlgaro) são escritos (com pequenas variações de letras) em um alfabeto chamado cirílico, cujo nome homenageia Cirilo, missionário grego canonizado, do século IX, que, com seu irmão, o também santificado Metódio, teria traduzido a Bíblia para a língua falada pelos eslavos,

com o auxílio de alfabetos criados especialmente para aquele idioma: o glagolítico e o cirílico. Eles também elaboraram um registro escrito, uma linguagem literária que pudesse, ao mesmo tempo, ser inteligível aos eslavos e dar conta da complexidade do texto bíblico. Esse idioma — inicialmente calcado no eslavo meridional, mas cheio de helenismos — é chamado de eslavo eclesiástico antigo [...] usado como língua litúrgica — mas também literária —, foi influenciando o desenrolar local dos idiomas, na mesma medida em que recebeu alguma influência e corrupção regional.[34]

Em sua forma contemporânea, o eslavo eclesiástico continua sendo empregado no serviço religioso ortodoxo em todo o mundo — inclusive no Brasil.

Dá vontade, então, de cravar que, na Rus medieval, havia dois idiomas: o eslavo oriental, usado fora das igrejas, e o eslavo eclesiástico antigo (que também aparece referido como eslavão, ou eslavônico), utilizado dentro delas. Quando se lida com línguas mortas, porém, nada é tão simples:

formulações típicas do eslavo oriental estão presentes em textos produzidos em âmbito monástico, e influências da variante eclesiástica aparecem em bilhetes de bétula e grafites. Nessa visão, a necessidade de definir com precisão os limites entre o eslavo oriental e o eslavo eclesiástico pode tirar o sono do historiador contemporâneo, mas, para uma pessoa alfabetizada, em Kíev, no século XII, essa indagação possivelmente não teria feito sentido.[35]

Descobertos na década de 1950, os tais "bilhetes de bétula" são documentos fascinantes — algo como a preservação de um conjunto de mensagens trocadas por aplicativos de celulares da era medieval. "O conteúdo das cartas é totalmente trivial, cotidiano: são cobranças de dívidas, pedidos de casamento, recados, orações. Ademais, há cartas escritas por mulheres, crianças e estrangeiros, evidenciando a extensão do letramento na Antiga Rus."[36]

Enfim, para além das minúcias da denominação exata desse idioma (ou grupo de idiomas) eslavo antigo, é importante ter em mente que, até o século XVIII, a língua escrita e literária da Rússia não era o russo — mesmo documentos do século XVII, como o Código Civil de 1649, estavam em eslavo antigo. A virada, previsivelmente, veio com Pedro, o Grande.

"A literatura secular da era de Pedro descartou o eslavônico e fez do russo a língua literária", conta Mirsky.

Mas era um russo curioso, cheio de reminiscências eslavônicas, e saturado de palavras não digeridas de toda origem estrangeira concebível — grego, latino, polonês, alemão, holandês, italiano e francês. A ruptura formal com a língua antiga foi simbolizada pela introdução de um novo alfabeto, no qual as letras eslavônicas foram modificadas para se parecerem com caracteres latinos. Daí por diante, a Rússia tinha dois alfabetos: a Igreja continuou usando o alfabeto antigo, com a língua antiga; a sociedade laica usou apenas o novo.[37]

Ao tomarem o poder, em 1917, os bolcheviques também fariam uma reforma — menos radical que a de Pedro — no alfabeto cirílico, que assim assumiria sua forma atual.

2.
Púchkin e Gógol

*Perante o nome de Púchkin, imediatamente
ocorre a ideia de poeta nacional russo. De fato,
nenhum dos nossos poetas está acima dele, e
ninguém, mais do que ele, pode ser chamado de
nacional; esse direito decididamente lhe pertence.
Nele encerrou-se, como em um léxicon, toda a
riqueza, força e flexibilidade de nossa língua. Ele
é maior do que todos; foi o que mais expandiu
suas fronteiras e demonstrou toda a sua vastidão.
Púchkin é um fenômeno extraordinário e talvez
o único fenômeno do espírito russo: é o homem
russo em ascensão, ascensão esta que talvez se
manifeste daqui a duzentos anos. A natureza
russa, a alma russa, a língua russa e o caráter
russo se refletiram nele de forma tão límpida, com
uma beleza tão depurada, quanto a paisagem que
se reflete na superfície convexa do cristal óptico.*

Nikolai Gógol, 1835[1]

Com orgulho, Karamzin proclamava, em 1802:

> Os sucessos da nossa literatura (que exige menos saber,
> porém, ouso dizer, ainda mais inteligência que a chamada
> ciência propriamente dita) provam a grande capacidade dos
> russos. Por acaso sabemos há muito tempo o que é o estilo
> nos versos e na prosa? E em alguns trechos já conseguimos
> igualar-nos aos estrangeiros.[2]

Faltava, porém, uma figura icônica, que resumisse o legado do passado e servisse de modelo para as gerações futuras. E essa figura se materializou em Aleksandr Serguêievitch Púchkin (1799-1837).

Não parece exagero afirmar que, se os ingleses têm Shakespeare; os italianos, Dante; os alemães, Goethe; os espanhóis, Cervantes; e os portugueses, Camões, os russos têm Púchkin.

Mais tardio de todos os patriarcas das grandes literaturas europeias, o autor de *Ievguêni Oniéguin*, na bela síntese de Boris Schnaiderman, "foi um verdadeiro turbilhão que passou pela vida literária russa, com a clareza e fulgor de sua obra, suas guerras e duelos, um turbilhão que viveu tão pouco, mas imprimiu sua marca em tudo o que se faria depois na Rússia em poesia e literatura".[3]

Para Aurora Fornoni Bernardini, Púchkin apresentou à Rússia, "ao mesmo tempo, a possibilidade de conhecer a si mesma e de abrir-se para a civilização ocidental",[4] atribuindo-lhe a fundação da literatura russa moderna, ao fundir "tanto as crenças e falas simples do povo como as formas literárias mais requintadas de então". O eslavista francês Georges Nivat vai além, creditando a Púchkin nada menos do que "o milagre de criar a cultura russa".[5]

Para Pável Ánnenkov, crítico literário do século XIX, há nele toda uma educação estética do raciocínio:

> Por meio de Púchkin o público russo não apenas conheceu a beleza da poesia, como alguns críticos estão começando a pensar, mas também a beleza do modo de pensar. Antes dele, os literatos aconselhavam que se estocasse essa qualidade preciosa: ele, por sua vez, apresentou modelos baseados nela e realizou as esperanças, crenças e convicções de seus antecessores honestos, cujos gênios eram menores do que o dele.[6]

Já Boris Pasternak, no consagrado romance *Doutor Jivago*, disse que esse verso puchkiniano de quatro pés, tão célebre mais tarde, tornou-se uma espécie de unidade métrica da vida russa, um padrão que se toma para medir toda a existência russa, assim como se desenha o contorno do pé para fazer sapatos, ou se dá um número para encontrar luvas do seu tamanho.[7]

Não parece exagero considerar Púchkin como o criador do idioma literário russo, já que,

após as reformas iniciadas por Pedro, o Grande, no século XVIII, orientadas para a europeização da sociedade russa, os nobres russos passaram a se comunicar entre si basicamente em francês, enquanto usavam o idioma russo em situações do dia a dia e nas conversas com os servos, considerando- -a "língua do povo", demasiado rude e incapaz de verbalizar ideias elevadas e sentimentos delicados. Portanto, até o começo do século XIX, os literatos russos costumavam evitar o uso de certas palavras, próprias das camadas sociais inferiores, substituindo-as por termos análogos da língua francesa.

Púchkin, contudo,

introduziu em suas obras muitos folclorismos, dialetismos etc., antes impensáveis nos gêneros literários "sérios". Muitas dessas palavras e expressões usadas em textos de Púchkin, reconhecidos e populares já durante a vida do escritor, posteriormente foram "oficializadas" na linguagem escrita.[8]

Muitas coisas impressionam em Púchkin, e a menor delas certamente não é o descompasso entre a recepção de sua obra na Rússia e fora dela. Louvado continuamente em prosa e verso pelos russos como seu maior literato, no exterior é menos reconhecido do que nomes como Dostoiévski e Tolstói.

O fenômeno talvez se deva ao fato de Púchkin ter sido, essencialmente, um poeta. A poesia não apenas é a maior lacuna na inserção da literatura russa no Brasil, como possui, notoriamente, maiores dificuldades de tradução do que a prosa. Para Nivat, "nada mais difícil de traduzir do que uma poesia de Púchkin que não comporta metáfora alguma e parece deslizar no cristal da língua russa".[9] Gógol dizia algo que ainda hoje é possível ouvir de russos: que as obras do autor de *Os ciganos* (1827) "só podem ser completamente entendidas por alguém cuja alma traga em si elementos puramente russos, para quem a Rússia seja a pátria, cuja alma se tenha transformado em algo delicado e sentimental, e que seja capaz de entender as canções russas, o espírito russo, pouco brilhantes na superfície".[10]

Nas *Notas à margem da lírica de Púchkin* (1937), Roman Jakobson busca, a um só tempo, aquilatar os procedimentos poéticos do autor e dimensionar sua dificuldade de tradução. Ele assinala que Púchkin veio na esteira da "grande eclosão da poesia lírica na Rússia", do início do século XVIII, sendo, portanto, "herdeiro do classicismo russo em toda sua variedade", destacando tratar-se de "um classicismo iluminado pelo romantismo. O classicismo de um poeta que permanece fiel à tradição — mas que ao mesmo tempo conhece, compreende, aprecia as conquistas do romantismo e as experimenta". E, efetivamente, a obra de Púchkin como um todo, sem descuidar do equilíbrio do classicismo, apresenta diversas influências românticas, como Shakespeare (que obviamente não era romântico, mas foi apropriado pelo romantismo para implodir as unidades aristotélicas que regiam o teatro clássico, operação realizada por Púchkin no drama histórico *Boris Godunov*), Byron e E. T. A. Hoffmann.

Temos, assim, segundo Jakobson, na poesia lírica puchkiniana, uma "forma simples que beira o ascetismo", um gosto "pela precisão, pelo despojamento e pelo valor informativo da palavra poética", um modo de narrar "sóbrio", "'sem paixão nem cólera'". Jakobson explica que

> para obter maior carga semântica das palavras e sua diferenciação mais sutil, Púchkin aproveita-se em larga medida, e com grande eficácia, da particular riqueza estilística que a língua russa oferece, graças à interpenetração de elementos locais e de elementos do eslavão, de tradições espiritualistas e laicas, de modos de falar populares — de gíria e folclóricos — e aristocráticos afrancesados. Muito consciente dos recursos que essa estratificação linguística proporciona, ele declara: "Na qualidade de matéria para a arte verbal, a língua eslavo-russa apresenta uma vantagem indiscutível sobre todas as línguas europeias: seu destino foi surpreendentemente feliz". Entretanto, esse caráter "feliz" da língua russa retardou a difusão no exterior da obra de Púchkin, tão fortemente ligada à língua, e sobretudo a difusão de sua poesia lírica, de todas a mais vinculada aos valores linguísticos. Esta apresenta penosas dificuldades — tanto para o tradutor, cuja língua careça de uma estratificação estilística tão rica do vocabulário, como para o leitor não iniciado nas infinitas nuances do russo.[11]

Haroldo de Campos, que traduziu trechos de *Ievguêni Oniéguin*, afirma que

> trata-se, sobretudo, parece-me, de uma poesia em que a qualidade distintiva não é tanto a imagem, a metáfora, mas a logopeia, a "dança do intelecto entre as palavras", como diria Pound, e sua música disseminada e sutil. É a jakobsoniana "poesia da gramática" (da sintaxe e das categorias morfológicas em paralelismo e contraste), das "formas do conteúdo", como as denominou o linguista dinamarquês Hjelmslev.

E, no mesmo texto, cita Marina Tsvetáieva: "Ouço afirmar que Púchkin é intraduzível. Mas como seria impossível de traduzir alguém que de fato já traduziu, já transpôs na sua própria língua (uma língua universal) o inédito assim como o indizível? Porém, para traduzir um tal tradutor, é necessário um poeta".[12] Tradutor para o russo da lira LXXI, de Tomás Antônio Gonzaga (1744-1810), classificado de "o homem mais inteligente da Rússia" pelo tsar Nicolau I, Púchkin teve em sua biografia diversos lances atraentes, que pareciam convidar à mitificação. Para começar, era de sangue africano (seu bisavô materno, Abraham Petróvitch Gannibal, foi engenheiro militar e general de Pedro, o Grande, imortalizado pelo bisneto na novela histórica inacabada *O negro de Pedro, o Grande*), algo exótico na Rússia,[13] e nasceu em Moscou, mas faleceu em São Petersburgo, o que permite a ambas as capitais reivindicá-lo como seu. Diversas testemunhas o retratam como jovem "rebelde", como atesta esse testemunho de um colega de liceu:

> Sempre sem um tostão no bolso, sempre crivado de dívidas, por vezes sem um fraque decente para vestir, enredado em histórias impossíveis, comprometido com vários duelos, intimamente ligado a todos os donos de casas de jogos, a gerentes de bordéis e a mulheres da vida de Petersburgo, Púchkin representava o tipo rematado do mais sórdido deboche.[14]

Para além do comportamento libertino, seus epigramas ferinos sobre autoridades do Império galvanizavam a imaginação da juventude liberal e chamavam a atenção das autoridades, que, em 1820, o exilaram no sul do país, depois na propriedade de sua família, em Mikháilovskoie — o que acabou impedindo Púchkin de tomar parte no levante liberal conhecido como Revolta Dezembrista (1825). Após entrevista pessoal com Nicolau I, o monarca declarou-se censor particular dos escritos do poeta, e permitiu seu regresso a Moscou e São Petersburgo.

O rebelde da juventude começou a frequentar a corte, passou a se interessar mais por prosa, e casou-se com a beldade Natália Gontcharova. À época, um amigo vaticinou:

Minha irmã comunicou-me o enlace próximo de Púchkin com Mlle. Gontcharova, a mais pura das beldades moscovitas. Desejo felicidade ao casal, mas como esperar isso por pouco que se conheçam os vícios e a mentalidade de Púchkin, não sei... Decerto acabará sendo agraciado com um belo par de chifres, pois seu primeiro dever será perverter a própria mulher![15]

E, efetivamente, mexericos da corte sobre o envolvimento de Natália com o oficial francês Georges d'Anthès levaram o poeta ao duelo que ocasionou sua morte, aos 37 anos.

Sua obra-prima é o romance em versos *Ievguêni Oniéguin* (1833), no qual ele trabalhou por sete anos, e que Tchaikóvski transformou na mais popular das óperas russas. Segundo Jakobson, "tanto o elogio como a rejeição da herança de Púchkin repousam essencialmente no Oniéguin".[16] Definido por Dostoiévski como "poema eterno e inalcançável", no qual "Púchkin foi um grande escritor popular, como ninguém nunca o foi",[17] o livro tem uma trama aparentemente simples: moça ingênua (Tatiana) apaixona-se por dândi entediado (Oniéguin) e se declara a ele, que a rejeita. Quando o dândi reencontra a antiga mocinha provinciana, agora transformada em grande dama da alta sociedade da capital, apaixona-se por ela, mas é tarde: Tatiana está casada, e não abrirá mão da honra.

O interesse da obra, obviamente, transcende largamente essa intriga. Em Tatiana, Dostoiévski (que defendia que o nome da protagonista feminina deveria ser o título do livro) viu a "apoteose da mulher russa",[18] e, alguns estudiosos, uma precursora de Anna Kariênina; já Oniéguin costuma aparecer como exemplo do "homem supérfluo" que será recorrente na literatura russa das décadas seguintes.

Chamado por Bielínski de "enciclopédia da vida russa", *Oniéguin*, como acontece com toda obra canônica, foi dissecado por distintos autores de diversas épocas, prestando-se a interpretações divergentes, já que, como assinala Jakobson, "cada imagem de Púchkin é de uma polissemia tão elástica, e de uma capacidade assimilatória tão espantosa, que ela se insere facilmente nos mais variados contextos". O linguista sublinha os procedimentos formais do escritor:

> Modernas pesquisas em história da literatura destacam, com razão, o fato de que a força motriz dessa obra não passa da ironia romântica, que apresenta um mesmo objeto de diferentes pontos de vista contraditórios: ora grotesco, ora sério, e ora ambos ao mesmo tempo. Essa ironia constitui o traço distintivo do herói, que é desesperadamente cético; mas ela extrapola sua função de caracterização para matizar, de fato, toda a intriga do romance, como se esta fosse percebida através dos olhos do herói. Um crítico contemporâneo compara com muita justiça o *Oniéguin* a um *capriccio* musical, entendendo que "o poeta está sempre jogando ora com uma ideia, ora com uma emoção, ora com a imaginação; ele é sucessivamente alegre e pensativo, frívolo e profundo, sarcástico e sentimental, vingativo e benevolente; ele não permite o cochilo de nenhuma de nossas faculdades mentais, mas nunca se apodera de nenhuma delas e nem tampouco as satisfaz". O desaparecimento de uma ordem fixa de valores, a interpenetração constante de visões elevadas e baixas, até mesmo caricaturais, do próprio objeto anulam as fronteiras entre o solene e o vulgar, o trágico e o

cômico. O que se vê aqui é ao mesmo tempo a arte suprema do *proprie communia dicere* (é o que Mérimée e Turguêniev mais admiravam em Púchkin), e também a arte de dizer as coisas mais complicadas de modo simples (o traço de Oniéguin que cativava os românticos russos mais refinados). Os estratagemas linguísticos de Púchkin dão a impressão de que as palavras se encontram ali por acaso, de modo natural e descuidado, mas também de que elas são deliberadas, disciplinadas e apropriadas ao máximo.[19]

No Brasil, a prosa de Púchkin, que o ocupou na década final de sua vida, está bem difundida, e nosso leitor pode apreciar a novela histórica *A filha do capitão* (1836), ambientada durante a rebelião do cossaco Emelian Pugatchov contra Catarina, a Grande; os refinados *Contos do falecido Ivan Pietróvitch Biélkin* (1831); e a espetacular novela *A dama de espadas* (1834), adaptada para ópera por Tchaikóvski, de um fantástico hoffmaniano que se projetaria sobre *Crime e castigo*, de Dostoiévski.

Enfim, como diz Nivat, "se a universalidade de Púchkin não é evidente em nível mundial, nem mesmo europeu (parcialmente em razão de problemas de tradução), ela é no nível da psique russa. Nas horas de dúvida e de sofrimento da guerra civil, Aleksandr Blok invoca Púchkin 'como uma liberdade secreta, como uma mão de ajuda na tempestade'".[20] Brodsky, por seu turno, destaca seu papel no

surgimento da grande prosa russa na segunda metade do século XIX. Esta prosa, que surge como se saída do vazio, como um efeito sem causa aparente, foi na verdade uma simples decorrência da poesia russa do século XIX. Deu o tom para tudo que seria escrito mais tarde em russo, e as melhores obras da ficção russa podem ser consideradas como um eco distante e uma elaboração meticulosa da sutileza psicológica e léxica demonstrada pela poesia russa do primeiro quartel do século passado. "A maioria dos personagens de Dostoiévski", dizia Anna Akhmátova, "são envelhecidos heróis de Púchkin, Oniéguins e outros assim."[21]

E George Steiner sublinha que "foi uma sorte rara e boa para a literatura russa que o talento de Púchkin fosse de inclinação tão múltipla e clássica. Suas obras constituíram em si mesmas um corpo de tradição. Mais que isso, elas incorporaram um vasto espectro de influência e modelos estrangeiros".[22] Nesse ponto, o crítico norte-americano parece ecoar Dostoiévski, que aponta em Púchkin o "gênio universal que reúne toda a humanidade. Afinal, ele podia incorporar gênios alheios em sua alma, como se fossem nativos. Na arte, ao menos na obra literária, ele demonstrou essa aspiração universal do espírito russo de forma indiscutível, e isso já é muito significativo".[23]

A era de Púchkin, na literatura russa, é conhecida como era de ouro, e produziu poetas ainda carentes de serem descobertos por aqui. Caso, por exemplo, de Ievguêni Baratínski (1800--44), que Brodsky define como "um poeta do círculo de Púchkin, mas, de muitas maneiras, melhor do que Púchkin".[24] Na descrição de Jakobson:

A poesia russa conheceu duas épocas de brilhante florescimento: o início do século XIX e o século atual. E, também na primeira ocasião, seu epílogo deu-se pelo desaparecimento prematuro e em massa de grandes poetas. Para se ter uma ideia do que significam os números seguintes, basta imaginar em que medida seria prejudicada a herança de Schiller, Hoffmann, Heine e sobretudo de Goethe se tivessem saído de cena por volta dos quarenta anos. [Kondráty] Ryléiev [1795-1826] foi executado aos 31 anos. Aos 36, [Konstantin] Batiúchkov [1787-1855] enlouquece. Aos 22 anos morre [Dmítri] Venevítniov [1805-27], e aos 32, [Anton] Diélvig [1798-1831]. Aos 34, Griboiêdov é assassinado, Púchkin aos 36 e Liérmontov aos 26. Suas mortes foram caracterizadas mais de uma vez como formas de suicídio.[25]

Desses autores, vamos nos deter um pouco em Aleksandr Griboiêdov (1795-1829) e Mikhail Liérmontov (1814-41). Poeta, compositor e diplomata, Griboiêdov foi morto por uma multidão em Teerã, quando era embaixador russo na Pérsia. Púchkin descreveu-o de um jeito que parece fazer dele uma encarnação, na vida real, do tipo literário conhecido como "homem supérfluo":

> Conheci Griboiêdov em 1817. Seu gênio melancólico, sua inteligência exasperada, sua bonomia, as próprias fraquezas e vícios, companheiros inseparáveis da humanidade, tudo nele era atraente em extremo. Nascido com ambição equivalente a seus dotes, por muito tempo permaneceu envolvido pelas redes das necessidades mesquinhas e da obscuridade. As capacidades de homem de Estado ficavam sem utilização; o talento de poeta não era reconhecido; até a sua coragem brilhante e fria manteve-se por algum tempo sob suspeita. Alguns amigos conheciam o seu valor e encontravam um sorriso de desconfiança, este sorriso estúpido e intolerável, quando lhes acontecia de falar dele como uma pessoa extraordinária.[26]

Griboiêdov é conhecido essencialmente como autor de uma única obra, a comédia em versos *A desgraça de ter espírito* (1825), que não foi publicada comercialmente no Brasil, mas aparece citada em várias obras literárias, tamanha sua importância para a cultura russa. Seu potencial subversivo continuava a reverberar mesmo após o falecimento do autor: "Sua encenação foi proibida até 1831, época em que Griboiêdov já estava morto.

De 1831 a 1836, houve apresentações em Moscou e São Petersburgo (com grandes cortes). Nas províncias, como eram proibidas, apareceram encenações semiclandestinas. A versão íntegra da comédia não chegou ao palco até 1869".[27] Para Irwing Howe, nessa obra

o tema da alienação da sociedade é abordado com uma plenitude e acentuado com uma amargura inigualáveis na literatura europeia do século XIX. O envoltório dessa peça é a comédia de costumes convencional, seu conteúdo uma crítica social feroz, pois sua "engenhosidade" se refere menos a qualidades pessoais que a valores políticos. Tchátski, o herói da comédia, é talvez o primeiro de toda uma série ilustre de "homens supérfluos" que serpenteará a literatura russa; supérfluo não no sentido de que ele sofre, como a maior parte dos heróis de Turguêniev, de um mal-estar psicológico, mas sim um apetite por novidades que, aos olhos dos burocratas russos, não parecem tanto subversivos quanto meramente tolos. Ansioso por amor, ansioso por amizade, ideias e experiência, Tchátski logo se precipita, através da escala da desilusão; é exposto a oficiais de vasta complacência, velhos soldados que acreditam que todos os livros devam ser queimados, cortesãos que aperfeiçoaram a arte de rastejar. Tendo visto tudo o que poderia suportar e descoberto que sua perspicácia ricocheteia contra o grosso revestimento de Moscou sem causar qualquer dano, Tchátski foge, aparentemente a fim de, mais uma vez, abandonar a Rússia.

Dessa forma,

A desgraça de ter espírito serve de modelo e inspiração para os escritores russos que se seguem a Griboiêdov. Na Rússia, o herói byroniano torna-se o tipo predominante, e a justificação para isso é mais profunda que em qualquer outro país da Europa: aqui, na verdade, o homem de sensibilidade tem motivo para o desespero. Mais tarde, o romancista Gontcharóv disse acerca de Tchátski: "Seu papel é sofrer; não pode ser de outra forma". O famoso crítico Herzen via "na figura de Tchátski, melancolia, recolhendo-se à sua ironia, tremendo de indignação e sentimento visionário... um dezembrista, um homem que completa a época de Pedro I, e se empenha por discernir, ao menos no horizonte, a terra prometida que nunca verá". O próprio Griboiêdov definiu seu herói com maior precisão ainda: "Um homem em contradição com a sociedade que o rodeia... ninguém o compreende, ninguém quer perdoá-lo por estar um pouco acima dos outros".[28]

"Herói byroniano" parece um epíteto sob medida para Pietchórin, o protagonista de *O herói do nosso tempo* (1840), de Liérmontov — exilado no Cáucaso devido a um poema-denúncia em que acusava os altos círculos da sociedade de cumplicidade na morte de Púchkin, para morrer ele mesmo em duelo, aos 27 anos.

Poeta, Liérmontov fez de *O herói do nosso tempo* um ciclo de narrativas em prosa envolvendo Pietchórin, um destemido e amoral oficial do Cáucaso que se envolve com contrabandistas, em duelos e intrigas amorosas. Se podemos ver algo de Werther em Pietchórin (no sentido de que, como lembra Mirsky, ele "não foi apenas uma grande influência literária — foi imitado na vida, assim como na ficção"), parece haver muito de Byron nesse herói "capaz de paixões nobres e generosas", do qual, porém, "a vida roubou toda oportunidade de experimentá-las", e cujo "coração é como um vulcão extinto".[29]

O pensador radical do século XIX Aleksandr Herzen enxerga Liérmontov "tão conformado com o desespero e a hostilidade que, além de não ter procurado uma saída, nem mesmo via a possibilidade de luta ou entendimento. Liérmontov nunca conheceu a esperança, ele próprio não foi uma vítima, pois nunca se exigiu dele esse espírito de sacrifício". Para Herzen, "conformado com esses sentimentos, Liérmontov não conseguiu encontrar salvação no lirismo, como encontrou Púchkin. Ele arrastava a pesada carga do ceticismo em todos os seus sonhos e deleites".[30]

Se Nicolau I saudou seu falecimento precoce com a frase "a um cão, morte de um cão",[31] a posteridade o trataria muito bem: Liérmontov batiza uma cidade da Rússia, um planetoide, e teve várias de suas criações transformadas em balés, óperas e filmes.

O desaparecimento precoce dos poetas da era de ouro marca também o ocaso da poesia russa, que, durante o restante do século XIX, cederia o protagonismo à prosa. A "passagem de bastão" entre gerações e gêneros talvez encontre sua melhor expressão na relação entre Púchkin e um jovem escritor nascido na Ucrânia: Nikolai Gógol (1809-52). O autor de *Ruslan e Liudmila* (1820) conheceu o literato iniciante em 1831, e lhe teria sugerido os temas daquelas que seriam suas duas criações mais célebres: a comédia *O inspetor geral* (1836) e o romance *Almas mortas* (1842). "O que sacudiu e depois baniu por completo a mania de escrever e de ler versos?", pergunta, retoricamente, Bielínski, em sua *Revisão da literatura russa em 1846*. "Antes de tudo, o aparecimento de Gógol."[32]

Gógol teve uma breve e fracassada carreira docente na Universidade de São Petersburgo, rodou pela Europa, nunca se envolveu com mulheres, e padeceu de crises de depressão e misticismo religioso. No fim da vida, queimou os manuscritos da planejada segunda parte de *Almas mortas* e, recusando-se a comer, morreu em Moscou, um mês antes de completar 43 anos.

Cronologicamente, Gógol é o primeiro autor do cânone russo presente no Brasil como se deve. *O inspetor geral* é regularmente encenada em nossos palcos, e suas principais obras mereceram mais de uma tradução, e se encontram no catálogo comercial das editoras. Tchékhov chegou a proclamá-lo "o maior escritor russo", dizendo: "Como é incomparável e como é forte Gógol, e que artista ele é! Só *A carruagem* dele já vale 200 mil rublos".[33] Fortemente marcado pela poética gogoliana, Dostoiévski nunca escreveu a frase que lhe é atribuída: "Todos viemos do *Capote* de Gógol". Mas talvez devesse tê-lo feito, tamanha a influência que o autor de *O nariz* exerceu não apenas sobre ele mesmo, como sobre as gerações posteriores. Na opinião de Steiner, em Gógol "a arte da narrativa russa encontrou um artesão que captou, desde o início, os tons dominantes da linguagem e da forma. O romance russo emergiu de seu *O capote*".[34]

Após um *faux pas* chamado *Hans Küchelgarten* — poema arrasado pela crítica, do qual ele comprou e destruiu todas as cópias —, Gógol estreou de verdade com os dois volumes de *Serões numa granja perto de Dikanka*, publicados em 1831 e 1832, coloridos e saborosos relatos informados por sua vivência ucraniana, e recebidos com entusiasmo pela crítica. A vertente rural e mágica seria uma das mais poderosas e atraentes em sua produção, gerando contos e novelas como *A noite de maio* (adaptado para ópera por Rímski-Kórsakov), *A feira de Sorotchínski* (transformado em ópera por Mússorgski), *A briga dos dois Ivans*, *Viy* e *Noite de Natal*, entre muitos outros, além do romance histórico *Tarás Bulba* (1835). Para Herzen, "os contos com os quais Gógol estreou apresentam-se como uma série de quadros autenticamente maravilhosos, que retratam os costumes e a natureza da Pequena Rússia [a Ucrânia] — quadros repletos de alegria, de graça, de vivacidade e de amor. Contos semelhantes não são possíveis na Grande Rússia por falta de enredo e de heróis".[35]

O grande impacto, contudo, viria com a hilariante *O inspetor geral*. Billington afirma:

A aparição triunfal de *O inspetor geral* no mesmo ano [1836] de *Uma vida pelo tsar*, de [Mikhail] Glinka [1804-57, compositor], e *Os últimos dias de Pompeia*, de [Karl] Briullov [1799-1852, pintor], marca uma espécie de divisor de águas na história da arte russa. As três obras foram louvadas como precursoras de uma nova arte nacional, capaz de envolver dramaticamente um público mais amplo do que qualquer anterior na arte russa.

Mas ressalta uma diferença importante:

Contudo, a obra de Gógol, com seu "riso através de lágrimas invisíveis" das pretensões burocráticas da Rússia de Nicolau I, era muito diferente, em tom, da teatralidade heroica das outras duas. O contraste fica ainda mais impactante pelo padrão divergente da carreira subsequente de Gógol. Pois, enquanto Briullov aceitou patrocínio imperial, e Glinka se tornou *Kappelmeister* de Nicolau I, Gógol deixou a Rússia após seu grande sucesso. Foi levado, por uma estranha compulsão interna, a exprimir pela arte o que outros exprimiam através de filosofia e história: um novo mundo de esperança redentora para a Rússia e toda a humanidade.[36]

Ao relatar os imbróglios em que se envolve o escroque Khlestakov, passando-se pelo inspetor geral que visita uma cidade de província e revela seus podres, Gógol pretendia escrever

uma sátira *moral* contra maus funcionários, não uma sátira social contra o *sistema* de corrupção e despotismo irresponsável. Porém, muito distante da intenção do autor, ele foi recebido como sátira social e, no grande movimento contra o despotismo de Nicolau I e o sistema de irresponsabilidade burocrática, sua influência foi maior do que a de qualquer outra obra literária isolada.[37]

Dos engodos de Khlestakov aos trambiques de Tchítchikov, traficando servos ("almas") mortos, em meio a uma impagável constelação de personagens bizarros, no "poema" (na verdade, um romance em prosa) *Almas mortas*, foi um passo. Os opositores do regime viram nessas sátiras contundentes denúncias claras contra a estagnação do meio rural russo, assim como viram na vertente urbana de Gógol — não tanto no visionário *Avenida Niévski* (1835) quanto em *O capote* (1842), *O nariz* (1836, inspiração de uma ópera serelepe de Chostakóvitch) e *Diário de um louco* (1835), marcados por tinturas fantásticas — expressões do "pequeno homem" oprimido pela burocracia de São Petersburgo.

Interpretações que muito assustaram o escritor, que pretendia escrever a segunda parte de *Almas mortas* justamente para esclarecer o que via como equívocos da intelligentsia radical. Gógol manifestou o conservadorismo de sua visão nos *Trechos selecionados da correspondência com amigos*, de 1847, que lhe valeu uma virulenta resposta do líder da crítica radical, Bielínski. Em carta que se tornaria célebre, e circularia amplamente, o crítico chamava Gógol de "pregador do cnute, apóstolo da ignorância, defensor do obscurantismo e do atraso, panegirista dos costumes tártaros", e fuzilava:

Eis uma grande verdade: quando uma pessoa se entrega por inteiro à mentira, a inteligência e o talento a abandonam! Se seu nome não constasse no livro, se fossem excluídas as passagens em que fala de si mesmo como escritor, quem diria que aquela algaravia enfatuada e descuidada de palavras e frases era obra da pena do autor de *O inspetor geral* e *Almas mortas*?[38]

Antes de romper com o escritor, Bielínski via Gógol como base da Escola Natural, ou seja, do realismo russo. Mas não tem faltado quem questione o quanto há de realismo em sua descrição do país. Sua imaginação foi tão prodigiosa que, "por um século e meio, essa imagem da vida fora das capitais como monótona, antiquada e corrupta substituiu, nas mentes dos russos, qualquer retrato real da vida nas províncias". Não custa lembrar que, "em 1836, Gógol foi para o exterior, e passou cerca de doze dos dezesseis anos restantes de sua vida fora da Rússia, a maioria na Itália. Paradoxalmente, foi na Europa que ele escreveu sua obra mais significativa, *Almas mortas*, em que apresenta uma imagem das províncias russas". Além disso, "o escritor passou no campo russo, ao todo, cerca de cinquenta dias, a maioria deles na estrada, observando da janela de sua carruagem".[39]

Tudo isso parece corroborar a opinião de Nabókov:

> Sua peça *O inspetor geral* e seu romance *Almas mortas* são produtos de sua fantasia, de pesadelos particulares habitados por seus próprios e incomparáveis seres imaginários. Não são nem poderiam ser uma imagem da Rússia de seu tempo porque, além de outras razões, ele praticamente não conhecia o país [...].[40]

O autor de *Lolita* ressalta a "irracionalidade" que tinge a poética gogoliana:

> O seguro Púchkin, o prático Tolstói, o contido Tchékhov, todos tiveram seus momentos de percepção irracional que simultaneamente turvou a frase e revelou um significado secreto que validou a repentina mudança de foco. Com Gógol, porém, essas mudanças são a própria base de sua arte, motivo pelo qual sempre que ele tentou escrever na caligrafia redonda da tradição literária e tratar ideias racionais

de forma lógica, seu talento o abandonou. Quando, como no imortal *O capote*, verdadeiramente soltou as amarras e navegou feliz à beira de seu precipício particular, mostrou ser o maior artista que a Rússia já teve.

Para Nabókov,

> a prosa de Púchkin é tridimensional; a de Gógol tem ao menos quatro dimensões. Ele pode ser comparado a seu contemporâneo, o matemático Lobatchévski, que destronou Euclides e descobriu, um século antes, muitas das teorias que Einstein desenvolveu posteriormente. Se as linhas paralelas não se encontram não é porque não podem, mas porque têm outras coisas a fazer.[41]

Talvez por isso, já em sua época, haveria (como posteriormente ocorreria com Dostoiévski) quem lhe criticasse o jeito de escrever. Já em 1842, Kostantin Aksákov (1817-60), um dos líderes do movimento eslavófilo, sairia em sua defesa:

> O estilo de Gógol não é exemplar, graças a Deus; isso seria um defeito. O estilo de Gógol é parte de sua criação; ele está sujeito àquele mesmo ato artístico, àquela mesma mão criadora que lhe dá tanto as formas quanto a própria obra, e é justamente por não ser possível separar o estilo e a própria criação que ele se mostra excelente (não falamos aqui de singularidades e ninharias).[42]

Nabókov crê que "sua obra, como todas as grandes conquistas literárias, é um fenômeno de linguagem, e não de ideias",[43] um raciocínio que parece se aproximar da leitura de Gógol feita pelos formalistas russos. Como na célebre interpretação de Boris Eikhenbaum, para quem "o enredo em Gógol tem importância apenas aparente", seus personagens "são poses petrificadas", e "a real dinâmica e a própria composição de suas obras" se encontram "no jogo da linguagem". Eikhenbaum confere importância privilegiada aos jogos de palavras e à sonoridade, à seleção e combinação de sons. Como no caso do protagonista de *O capote*, Akáki Akákievitch (a palavra *kaka*, em russo, tem acepção parecida a "caca" em português): "o nome Akáki, ainda mais Akákievitch, que nesse aspecto já soa como um apelido, trazendo em si uma semântica sonora", em um texto no qual "as palavras quase não são sentidas como unidades lógicas, como signos de conceitos — são desintegradas e novamente reunidas segundo o princípio da palavra--som".[44] Analogamente, para Iúri Tiniánov, "muitas vezes o próprio signo, o próprio nome é a coisa mais concreta de um personagem. Cf. os nomes onomatopaicos em Gógol; a concreção, evocada pela nitidez articulatória, é muito forte", o que faria de seus personagens "máscaras verbais".[45]

Nivat sugere, por seu turno, que "a perda de si, de uma parte de si, a ablação do pai no filho, do filho no pai", seria "a principal hipótese de exegese de Gógol: o eu é submetido a tortura, ele é dilacerado. Perda do nariz, do capote, das almas mortas. Impostura do nariz separado de seu legítimo portador, de Tchítchikov, comprador de almas mortas, do capitão Kopêikin no capítulo 10 do 'poema' em prosa de Gógol".[46] No caráter enigmático e paradoxal da obra de Gógol, aberta a interpretações tão variegadas,[47] parece residir, para o leitor de hoje, seu principal apelo.

Em foco: O culto a Púchkin

Entre muitas outras coisas, ele dá nome à cidade cujo liceu frequentou (a antiga Tsárskoie Seló, ou Aldeia do Tsar), a um dos mais importantes museus de arte de Moscou e ao maior aeroporto da Rússia — o de Cheremétievo. É quase impossível andar pela Rússia e não tropeçar, a cada momento, no mais icônico de seus escritores.

No dia seguinte a seu falecimento, o literato Vladímir Odóievski (1803-69) já o proclamava o "sol da poesia russa", em frase que se tornou célebre. Não menos famosa foi a afirmação do crítico Apollon Grigóriev (1822-64), datada de 1859, mas que ainda hoje parece sintetizar o sentimento dos russos com relação ao autor: "Púchkin é nosso tudo".

Popular em vida, o autor de "O cavaleiro de bronze" (1837) nem sempre desfrutou de tamanha aceitação. Logo após seu falecimento, o eixo central da literatura russa deslocou-se da poesia para a prosa, e os radicais políticos preconizavam uma literatura utilitária e engajada, para a qual as ambiguidades, ironias e comedimento do escritor dificilmente poderiam oferecer um modelo. "Ocorreu-lhe a desgraça póstuma: os niilistas não gostavam dele: 'Um par de botas vale mais que todo Púchkin', dizia um deles, o muito inteligente e paradoxal [Dmítri] Píssarev [1840-68]."[48]

Um momento importante para a consolidação de sua hegemonia no cenário cultural russo foi a inauguração do monumento ao poeta, em Moscou, em 1880. Ecumênica, a ocasião reuniu a nata literária russa, com pronunciamentos de escritores de tendências opostas e antagônicas. Foi então que Dostoiévski proferiu o discurso cujos trechos citamos neste capítulo, que se tornou seu mais célebre texto de não ficção, marcou um de seus mais clamorosos triunfos como orador, e uma vitória em sua eterna rivalidade com Turguêniev (cuja fala, na mesma ocasião, esteve longe de obter o mesmo efeito).

A massificação de Púchkin, contudo, surgiu apenas na União Soviética, sob Stálin. Ano em que o ditador desencadearia um de seus mais sangrentos expurgos, 1937 marcaria também o centenário de morte do poeta. Assim, enquanto preparava a execução de milhares de pessoas, o secretário-geral do Partido Comunista aproveitou a efeméride para também urdir a canonização do autor de *Dubróvski* (1841):

> Ao longo de 1936, a tiragem de livros de Púchkin chegou a 18,6 milhões de exemplares, ou seja, em apenas um ano foram publicados mais livros do que em todo o período pré-revolucionário, e suas obras foram traduzidas para 52 idiomas das nações da União Soviética. A novidade do período foi ter transformado Púchkin num fenômeno da cultura de massa; sua imagem tornou-se ubíqua: ergueram-se novos monumentos a ele, seu nome foi dado a ruas, praças e instituições; seu rosto foi impresso em cartazes, selos, rótulos e até em produtos artesanais.[49]

Uma ubiquidade que permanece até hoje, como qualquer um que pisar o solo russo poderá constatar.

A tradutora Yulia Mikaelyan escreveu o parágrafo acima no posfácio do romance *Parque cultural* (1983), que documenta um dos mais curiosos desdobramentos da idolatria a Púchkin. Nele, o escritor Serguei Dovlátov (1941-90), com o senso de humor e o entrelaçamento entre fatos e ficção que lhe são peculiares, narra sua experiência como guia nas Colinas de Púchkin, em Mikháilovskoie, na região de Pskov — onde ficava a propriedade rural da família do autor de *Pequenas tragédias* (1832), e hoje funciona uma espécie de "parque temático" dedicado ao escritor, quase uma Disneylândia puchkiniana.

3.
Tolstói e Dostoiévski

Deixe-me afirmar então minha impenitente convicção de que Tolstói e Dostoiévski são os primeiros dentre os romancistas. Eles primam pela abrangência de sua visão e força de execução. Longinus teria, apropriadamente, falado de "sublimidade". Eles possuíam o poder de construir, através da linguagem, "realidades" sensíveis, concretas e, no entanto, impregnadas pela vida e mistério do espírito. É esse poder que marca os "supremos poetas do mundo" de Matthew Arnold.

George Steiner[1]

Ainda hoje, há quem se sinta intimidado pelo tamanho e envergadura das obras de Tolstói e Dostoiévski. E, na sua época, eles podiam parecer intimidados um pelo outro. Pois os dois escritores russos mais aclamados no exterior foram contemporâneos, mas jamais chegaram a se conhecer. Talvez esses titãs preferissem se medir à distância, talvez um esperasse que o outro desse o primeiro passo. O encontro quase ocorreu em 1878, quando ambos estiveram em uma mesma conferência, em São Petersburgo. O crítico Nikolai Strákhov (1828-96) acompanhou Tolstói ao evento, mas conta que o conde pediu para não ser apresentado a ninguém. Amigo de Strákhov,

Dostoiévski ficou surpreso e desapontado por não ter tido a oportunidade de ver Tolstói em carne e osso: "Mas por que você não me sussurrou quem estava com você?", perguntou a Strákhov num tom de censura. "Eu teria dado pelo menos uma olhada nele!" Os dois gigantes da literatura russa, que estiveram essa única vez de suas vidas no mesmo local e na mesma hora, foram assim mantidos deliberadamente afastados. Pergunta-se se Strákhov apontou Dostoiévski a Tolstói, que teria conseguido assim colher uma impressão pessoal. Anna [segunda mulher de Dostoiévski] observa que "nos anos seguintes Fiódor Mikháilovitch manifestou mais de uma vez seu pesar por nunca ter encontrado Tolstói pessoalmente".[2]

Eles nunca se viram, e nem sempre se amaram. Tendo feito, na juventude, uma previsão equivocada sobre Tolstói — "me agrada muito [...] na minha opinião, ele vai escrever muito pouco (mas talvez eu esteja enganado)"[3] —, o autor de *O eterno marido* (1870) se ressentia tanto da origem nobre do colega (como detalharemos adiante) quanto de seu status literário privilegiado. Enquanto negociava a publicação de seu romance *O adolescente* (1875), Dostoiévski se queixava de que "eles não podiam decididamente *me* dar 250 rublos, mas pagaram a L. Tolstói quinhentos rublos com alegria! Não, estou valendo muito pouco, e é porque vivo do meu trabalho".[4] Dostoiévski "vivia do seu trabalho", ou seja, da literatura, enquanto Tolstói, conde, possuía outras fontes de renda.

Já Górki registrou Tolstói dizendo que Dostoiévski "escrevia de uma maneira revoltante e até feia — tenho certeza de que de propósito, por faceirice", que ele "não gostava de gente saudável", que "era cheio de cismas, de amor-próprio, de caráter difícil e infeliz. É estranho que seja tão lido, não entendo por quê!".[5]

Nas declarações públicas, contudo, eles costumavam se manifestar de forma reverente um sobre o outro. Ao enviar dicas de leitura a uma menina adolescente, Dostoiévski disse que "Liev Tolstói deveria ser lido integralmente".[6] E, em carta a Strákhov, Tolstói afirmou, sobre *Recordações da casa dos mortos*, que não conhecia "um livro melhor em toda a nossa nova literatura, inclusive Púchkin. Não é seu *tom* mas o admirável ponto de vista — verdadeiro, natural e cristão. Um livro esplêndido, instrutivo. Diverti-me o dia todo como há muito tempo não fazia". E ainda mandou um recado inequívoco: "se você vir Dostoiévski, diga-lhe que gosto muito dele".[7]

Se, como veremos, cada um deles deixou também obras curtas excepcionais, Tolstói e Dostoiévski escreveram os catataus (*Os irmãos Karamázov*, *Crime e Castigo*, *Guerra e paz* e *Anna Kariênina*), sobre os quais se assenta a reputação da literatura russa no mundo. Em seu célebre estudo comparativo dos escritores, George Steiner afirma que

> a imensidão dos romances de Tolstói e Dostoiévski foi notada desde o princípio. Tolstói foi censurado, e tem sido censurado desde então, por suas interpolações filosóficas, suas digressões moralizantes e por sua perceptível relutância em terminar um enredo. Henry James falava de "monstros soltos e inflados". Os críticos russos afirmam que a extensão do romance de Dostoiévski deve-se, frequentemente, ao seu estilo torturado e contorcido, às vacilações do romancista em relação aos seus personagens e ao mero fato de que ele era pago por folha. *O idiota* e *Os demônios*, assim como seus correspondentes vitorianos, refletem a economia da serialização. Entre os leitores ocidentais, a prolixidade dos dois mestres tem sido frequentemente interpretada como particularmente russa, como se, de alguma forma, fosse consequência da imensidão física da Rússia. Tal ideia é absurda. Púchkin, Liérmontov e Turguêniev são exemplos de concisão.[8]

Ele assinala que "o que a arte do historiador representava para Tolstói, o jornalismo representava para Dostoiévski" e, portanto, enquanto o segundo autor se relacionaria fortemente com o dramático, o primeiro teria essa relação com o épico. Assim,

Tolstói pediu que seus trabalhos fossem comparados aos de Homero. Com precisão muito maior que o *Ulysses* de Joyce, *Guerra e paz* e *Anna Kariênina* incorporam o ressurgimento do modo épico, a reentrada, na literatura, de tonalidades, práticas narrativas e formas de articulação que haviam declinado na poética ocidental desde a época de Milton. Entretanto, para perceber o porquê disso, para justificar a uma inteligência crítica essas identificações imediatas e indiscriminadas de elementos homéricos em *Guerra e paz*, é necessário uma leitura algo delicada e próxima. No caso de Dostoiévski, há uma necessidade similar de uma visão mais exata. Via de regra tem-se reconhecido que seu gênero foi de molde dramático e que, em aspectos significativos, seu temperamento foi o mais abrangente e naturalmente dramático desde Shakespeare (comparação à qual ele mesmo faz alusão).[9]

Tolstói, então, seria o Homero da Rússia, enquanto Dostoiévski faria as vezes de Shakespeare. Ambos, porém, com a veemência característica da literatura russa do século XIX. Por isso,

as obras de Tolstói e Dostoiévski são exemplos cardeais do problema da fé na literatura. Elas exercem pressões e compulsões em nossas mentes com força tão óbvia, mobilizam valores tão obviamente relevantes para a grande política de nossa época, que não podemos, mesmo se quiséssemos fazê-lo, responder em termos puramente literários. Elas solicitam dos leitores aderências ferozes e, de maneira frequente, mutuamente exclusivas. Tolstói e Dostoiévski não são apenas lidos, eles são acreditados.[10]

Afinal,

eles eram artistas religiosos no sentido dos construtores de catedrais, ou de Michelangelo quando trabalhava em sua imagem de eternidade na Capela Sistina. Eles eram possuídos pela ideia de Deus e percorreram suas vidas como os caminhos de Damasco. A ideia de Deus, o enigma de Seu ser, capturara suas almas com força inconsciente e constrangedora. Em sua orgulhosa humildade feroz, eles se consideravam não como meros inventores de ficção, ou homens de letras, mas como videntes, profetas, vigias da noite. "Eles buscam a salvação", escrevia Berdiáev, "que é a característica dos escritores russos criativos, eles buscam a salvação [...] eles sofrem pelo mundo." Seus romances são fragmentos de revelação. Eles nos falam como Laerte fala a Hamlet, "Tenha consigo agora", e mobilizam nossas convicções mais íntimas no julgamento moral. Quando lemos bem Tolstói e Dostoiévski (parafraseando Richards), surgem incessantemente as questões da fé ou da descrença, não por "falha" deles ou nossa, mas por sua grandeza e nossa humanidade. Como, então, devemos lê-los? Como lemos Ésquilo e Dante em vez de, digamos, Balzac ou mesmo Henry James.[11]

Do ponto de vista do estilo, Brodsky reflete que

a razão pela qual a literatura russa em prosa decidiu seguir Tolstói reside, é claro, em seu idioma estilístico, com seu convite declarado à imitação. Daí a impressão de que se pode superá-lo; daí, também, uma promessa de segurança, pois, mesmo não chegando à altura de Tolstói, o escritor termina com um produto substancial, e reconhecível. Nada parecido emanava de Dostoiévski. Além da impossibilidade de superá-lo, a mera imitação de seu estilo estava totalmente fora de questão. Em certo sentido, Tolstói foi inevitável porque Dostoiévski foi único. Nem sua busca espiritual, nem seu "veículo" ofereciam qualquer possibilidade de imitação. Sobretudo o último, com seus enredos que se desenvolviam de acordo com a lógica iminente do escândalo, com suas frases que aceleram febrilmente e vão se aglomerando em seu avanço rápido, a linguagem da burocracia, a terminologia eclesiástica, a gíria do lúmpen, o jargão dos utopistas franceses, as cadências clássicas da prosa aristocrática — tudo! todas as camadas da dicção de seu tempo — a última, em especial, era uma façanha cuja mera tentativa de mutação era impensável.[12]

Aurora Fornoni Bernardini explica que

> vários estudos colocam frente a frente Tolstói e Dostoiévski, numa espécie de embate. Horizontal o primeiro (por quê), perpendicular o segundo (o quê); o simbolista, impuro e metafísico Dostoiévski versus o moralista, puro e fisiológico Tolstói. Este disseca, o outro reconstrói. Ambos na busca obsessiva pela verdade, cada um seguindo seu caminho.

Para ela, ambos se reencontram na "categoria da consciência interior, a que permite a cada homem vislumbrar no íntimo o certo e o errado, ou sua 'lei moral interior', se assim se quiser chamá-la". Assim,

> a procura do bem, do individualismo ao altruísmo, que caracteriza a verdade encontrada e proposta por Tolstói, e o amor de Dostoiévski que ressuscita, por entre as dúvidas quanto à finalidade da existência humana e quanto à própria existência de Deus, não estão tão distantes assim. São como que o mesmo teorema provado por caminhos diferentes.[13]

Examinaremos agora cada um desses caminhos em separado.

Tolstói

Tolstói é o maior prosador russo. Deixando de lado seus precursores Púchkin e Liérmontov, podemos relacionar os maiores autores russos em prosa da seguinte forma: primeiro, Tolstói; segundo, Gógol; terceiro, Tchékhov; quarto, Turguêniev. Isso se parece muito com dar notas nos exames de estudantes, e sem dúvida Dostoiévski e Saltykov estão esperando do lado de fora de meu escritório para discutir seus maus resultados.

Vladímir Nabókov[14]

Se o conde Liev Nikoláievitch Tolstói (1828-1910) tivesse escrito "apenas" *Anna Kariênina* (1877) ou *Guerra e paz* (1869), já teria seu lugar mais do que assegurado no cânone da literatura ocidental. Tolstói, porém, além de *Anna Kariênina* e *Guerra e paz*, escreveu muito: suas obras completas somam noventa volumes, e os números são impressionantes. De *Infância* (1852) a *Solo fértil* (1910), são nada menos do que 174 criações artísticas; a publicística, entre artigos, entrevistas, tratados e ensaios, contém cerca de trezentos itens; a correspondência contém 10 mil cartas escritas (para 50 mil recebidas), sendo 839, ao longo de 48 anos de convívio, para sua mulher, Sófia Andrêievna (1844-1919), "que conviveu quase cinquenta anos com o homem mais complicado do século XIX e dele teve treze filhos".[15] Sófia e o marido mantinham diários, que um dava para o outro ler — quando o casamento azedou, o escritor, além do diário que compartilhava com a esposa, começou a redigir outro, secreto. A primeira entrada de seu primeiro diário data de março de 1847; a derradeira, do último, de quatro dias antes de seu falecimento. Em uma delas, aos setenta anos, ele fazia o seguinte balanço de sua trajetória:

No que diz respeito à minha vida, eu a considero do ponto de vista do bem e do mal e me dou conta de que toda a minha longa existência se divide em quatro períodos: a primeira época, poética, maravilhosa, inocente, esfuziante da infância, até os catorze anos. Depois, esses vinte anos horríveis de depravação grosseira a serviço do orgulho, da vaidade e, principalmente, do vício. O terceiro período, de dezoito anos, vai de meu casamento à minha ressurreição espiritual: o mundo poderia classificá-lo como moral, visto que nesses dezoito anos levei uma vida honrada e regular, sem nunca me abandonar àqueles vícios que a opinião pública reprova, mas interessando-me estritamente por aquelas preocupações egoístas pela família, pelo nosso bem-estar, pelo sucesso literário e por todas as minhas satisfações pessoais. Finalmente, a quarta fase, a que vivo agora, depois de minha redenção moral. Disso tudo, nada desejaria mudar, a não ser os maus hábitos que adquiri durante os períodos precedentes.[16]

A devassidão e o jogo marcaram a juventude de Tolstói, que lutou na malograda Guerra da Crimeia (experiência narrada nos *Contos de Sebastópol*, de 1855) e estreou na literatura com o autobiográfico *Infância* (que mereceria as continuações *Adolescência* e *Juventude*). Fixado na propriedade rural de sua família, em Iásnaia Poliana (literalmente, "clareira serena"), a duzentos quilômetros de Moscou, transformada, em 1921, em museu em sua homenagem, Tolstói se empenhou na educação dos camponeses, casou-se com Sófia e escreveu *Anna Kariênina* e *Guerra e paz*.

Por volta de 1877, passou por uma "crise mística" registrada no ensaio *Uma confissão* (1882), da qual emergiu professando uma espécie peculiar de cristianismo ascético e hostil à Igreja estabelecida. "A história espiritual de Tolstói e do desenvolvimento do cristianismo tolstoiano tem sido frequentemente mal interpretada. A condenação da literatura por Tolstói, no inverno de 1879-80, foi tão enfática a ponto de sugerir uma dissociação radical entre duas eras de sua vida", assinala Steiner.

Presentemente, a maior parte das ideias e crenças expostas pelo Tolstói tardio aparece em seus primeiros escritos e a substância viva de sua moralidade encontrava-se claramente discernível durante os anos de aprendizado. Como destaca Chestov, em seu ensaio sobre *Tolstói e Nietzsche*, o fato extraordinário não é o contraste aparente entre o Tolstói inicial e o tardio, mas antes a unidade e consequência do pensamento tolstoiano.[17]

Se é certo que as ideias e valores do Tolstói "tardio" já existiam antes de sua "redenção moral", nos anos subsequentes o autor radicalizaria suas posições e atitudes: abriu mão de bens e direitos autorais, repudiou as obras-primas às quais devia sua reputação, abraçou um conceito utilitário de arte e adquiriu uma aura de "santo" que transcenderia largamente as fronteiras da Rússia. Sua autoridade moral se consolidou em episódios como a grande fome da década de 1890, na província de Riazan, em que a ajuda do escritor aos camponeses contrastou dramaticamente com a imobilidade do governo dos tsares e a indiferença dos latifundiários.

Celebridade perseguida por *paparazzi* nos primórdios da fotografia, recebendo cartas do mundo todo (como de um jovem advogado indiano chamado Mahatma Gandhi), Tolstói foi excomungado pela Igreja Ortodoxa em 1901, e só não virou líder de seita porque não quis. Mesmo assim, vivia cercado de discípulos que lhe emulavam o estilo de vida, e pregavam seus ensinamentos de vegetarianismo, pacifismo e não violência. Górki, que conheceu Tolstói no fim da vida, e deixou muitas anotações a seu respeito, descreve seus seguidores de forma nada lisonjeira:

[...] era estranho ver Tolstói no meio dos "tolstoístas": ergue-se um campanário majestoso, seu sino repica sem cessar para o mundo inteiro e, em volta dele, movimentam-se cautelosos cachorrinhos, soltam ganidos e uivos, acompanhando o sino, e olham de esguelha um para o outro com receio: quem será que fez o melhor coro? Sempre me pareceu que essa gente impregnou tanto a casa de Iásnaia Poliana quanto o palácio da condessa Pánina, com o espírito de hipocrisia e de covardia, com mercantilismo mesquinho e a cobiça da herança.[18]

Os conflitos entre esses discípulos (especialmente Vladímir Tchertkov, que se dedicou a copiar, preservar e divulgar seu legado) e a família do escritor foram se tornando cada vez mais insustentáveis, até desembocarem em um episódio dramático: na noite de 27 para 28 de outubro de 1910, aos 82 anos, Tolstói evadiu-se de Iásnaia Poliana — uma fuga que só terminaria em 7 de novembro do mesmo ano, com sua morte, na estação ferroviária de Astápovo. Como assinalou Georges Nivat,

um evento gigantesco, que faz da pequena estação ferroviária de Astápovo o centro do mundo, pois a fuga do grande romancista que tinha injetado na cultura mundial um novo primado ético, fundado na dupla cultura russa da nobreza e do povo, era um prodígio: a união da palavra e do ato, algo de evangélico, que remetia ao texto do evangelista João.[19]

Para o estudioso, Tolstói, o "poeta da felicidade social", lançara-se em

tentativas de ruptura total. Ruptura com o poder, com a sociedade, com os revolucionários (a não violência), com a propriedade (renuncia a seus bens), com a família e sua própria mulher (a *Sonata a Kreutzer* e a condenação da obra da carne, até no casamento), ruptura enfim com sua própria vida (a fuga final) — mas, em um sentido, nem a ruptura nem o fracasso se produzem. Tolstói não consegue jamais fracassar: mesmo sua fuga e sua morte em Astápovo, a pequena estação perdida na estepe, são um imenso sucesso planetário.[20]

Sucesso planetário parece uma expressão adequada para descrever *Guerra e paz*, o cartapácio quintessencial, um romance superlativo, que convida ao superlativo. Mirsky não hesita em cravar que

> é a obra mais importante em toda a ficção realista russa. Se, em toda a gama do romance europeu do século XIX, ele tem iguais, não tem superiores, e as peculiaridades do romance moderno, oposto ao do anterior ao século XIX, são vistas com mais clareza nele do que em rivais como *Madame Bovary* [de Flaubert] ou *Le Rouge et le noir* [*O vermelho e o negro*, de Stendhal].[21]

Pacifista com experiência militar, Tolstói relatou a campanha de 1812 com uma veracidade, em certo sentido, superior à factual; para Chklóvski, "é muito difícil escrever sobre a guerra; de tudo que li, como descrição verossímil só consigo me lembrar de Waterloo em Stendhal e das cenas de batalha em Tolstói".[22] Não por acaso, "a versão de Tolstói dos eventos e pessoas começou a substituir as memórias da guerra e os relatos históricos documentais".[23] Sobrepujar os historiadores deve ter tido um gostinho especial para o conde, que realizou aquele que talvez seja o maior de todos os romances históricos escrevendo contra eles e suas teorias históricas; por isso Nivat fala no "milagre de *Guerra e paz*: um romance histórico profundamente anti-histórico".[24]

Górki relata que o próprio Tolstói "dizia sobre *Guerra e paz*: 'Sem falsa modéstia, é como a *Ilíada*'".[25] Isso só fez reforçar a visão daqueles que veem no escritor o Homero russo: "Ele tinha o calibre do século XIX, esse gigante que carregava fardos épicos, sob os quais a geração atual, tão mais mirrada e de menos fôlego, sucumbiria", afirma Thomas Mann, para quem o

elemento homérico, eternamente épico, era forte em Tolstói como talvez em nenhum outro artista do mundo. Na sua obra há aquele movimento contínuo e incessante das ondas do mar e a solene monotonia do elemento épico, seu frescor acre e ingente e um tempero turbulento, saúde eterna, realismo eterno.[26]

A metáfora marítima também é empregada por George Steiner: "As barreiras entre mente e objeto, as ambiguidades que os metafísicos discernem na própria noção de realidade e percepção, não detiveram Homero nem Tolstói. A vida transbordava neles como o mar". Para ele,

o Homero da *Ilíada* e Tolstói são semelhantes ainda em outro aspecto. Sua imagem da realidade é antropomórfica; o homem é a medida e o pivô da experiência. Além disso, a atmosfera em que os personagens da *Ilíada* e da ficção tolstoiana nos são apresentados é profundamente humanista e até secular. O que importa é o reino *desse* mundo, aqui e agora. Em certo sentido, isso é um paradoxo: nas planícies de Troia as questões morais e divinas são incessantemente confundidas. No entanto, é justamente a descida dos deuses dentre os humanos e seu descarado envolvimento em todas as paixões humanas, que confere à obra seus sobretons irônicos.[27]

Alexander Genis, por seu turno, ressalta o peculiar ritmo da escrita de Tolstói neste romance — um alento para quem ainda não teve coragem de enfrentá-lo: "Ninguém dirá que Tolstói escreveu breve, mas é difícil chamá-lo de verborrágico. Ler *Guerra e paz* é como sair de férias: dá pena quando acaba". Para ele, "o ritmo comedido oculta o tamanho real da epopeia. Embora o enredo rodopie em turbilhão, o texto flui suavemente". E, assim, poderia seguir infinitamente.

> A respeito dele, com a respeito do velho Rostov [personagem do romance] pode-se dizer: "o conde gostava de pessoas novas". No romance, elas são 4 mil! A população tão densa da epopeia explica-se porque ela serve de combustível do enredo. Tolstói acompanha o herói até a ação atingir o apogeu. Depois disso, o autor passa o bastão a outro. Cada novo episódio introduz novos personagens. Os eventos não se encadeiam em um tema central, mas se abrem em leque. Uma composição tão pródiga requer recursos humanos imensos. O gênio de Tolstói reside em que suas reservas parecem inexauríveis, e o romance, infinito. Em princípio, nada impede a continuação de *Guerra e paz* para além dos limites cronológicos do livro. O ano de 1812 não exauriu de jeito nenhum sua energia narrativa. Por isso, quando Tolstói decidiu, por fim, fechar o leque, fechou com dificuldade — como se estivesse quebrado.[28]

Talvez não seja exagero ver essa continuação de *Guerra e paz* na obra-prima seguinte de Tolstói, *Anna Kariênina*. Um romance contemporâneo sobre adultério como sequência de um épico ambientado seis décadas antes? Pois Steiner vê a gênese de *Anna Kariênina* no epílogo de *Guerra e paz*, onde "a vida de Nikolai em Montes Calvos e sua relação com a princesa Mária são um esboço preliminar do retrato de Lióvin [personagem que é o alter ego de Tolstói] e Kitty".[29]

Não seria fácil para ninguém escrever qualquer coisa depois de um monumento como *Guerra e paz*, mas Tolstói parece ter se superado, granjeando a admiração não apenas de seus mais distintos pares, como de plateias do mundo todo — quer no formato original, quer nas inúmeras adaptações teatrais, cinematográficas, operísticas e coreográficas que *Anna Kariênina* vem recebendo desde sua publicação, em 1877.

Para Thomas Mann, *Anna Kariênina* é "o romance social mais poderoso da literatura mundial".[30] Na opinião de Vladímir Nabókov, "uma das maiores histórias de amor da literatura mundial".[31] Ivan Turguêniev, após reação inicial morna, escreveu, depois da aparição do romance, que "o conde Tolstói agora é o primeiro escritor não apenas na Rússia, mas do mundo todo. Algumas de suas páginas, por exemplo, o encontro de Anna Kariênina com o filho — que perfeição! Quando terminei de ler essa cena, o livro me caiu das mãos. Sim! Será possível — eu disse, mentalmente — escrever *tão* bem?". Guy de Maupassant ficou igualmente pasmado: "Hoje terminei de ler *Anna Kariênina*. Ninguém consegue escrever assim no mundo inteiro".[32]

Em sua extensa análise do romance, Nabókov, ao comentar as últimas horas da protagonista, que se suicida, atirando-se embaixo de um trem, não hesita em atribuir ao autor de *Anna Kariênina* a paternidade do fluxo de consciência. "O fluxo de consciência, ou monólogo interior, é um método de expressão inventado por Tolstói, um russo, muito antes de James Joyce", afirma.

Ele busca apreender a mente do personagem no seu curso normal, em dado momento correndo em meio às emoções e lembranças pessoais, para depois desaparecer sob a superfície e, mais adiante, ressurgir como uma fonte oculta que reflete os variados elementos do mundo exterior. É uma espécie de registro da mente do personagem em ação, passando de uma imagem ou ideia para outra sem nenhum comentário ou explicação por parte do autor. Em Tolstói, o artifício encontra-se ainda em sua forma rudimentar, com o autor prestando alguma ajuda ao leitor, mas em James Joyce o estratagema é levado ao estágio final de um registro objetivo.[33]

Foi logo após *Anna Kariênina* que Tolstói começou o processo de sua "ressurreição espiritual", passando a condenar não apenas sua produção anterior, como toda arte que não fosse utilitária.[34] Assim, no ensaio *O que é a arte?* (1897), ele chegou a afirmar que "a *Nona sinfonia* de Beethoven [...] não é uma boa obra de arte", já que "a tarefa que cumpre à arte é fazer daquele sentimento de fraternidade e amor ao semelhante, agora limitado somente aos melhores membros da sociedade, o sentimento costumeiro e o instinto e todos os homens [...]. A tarefa da arte cristã é estabelecer a união fraternal entre os homens".[35] Se Beethoven não servia, Shakespeare tampouco, como ele alega em outro ensaio: "A mentira da exaltação de um escritor imoral, insignificante e não artístico faz seu trabalho pernicioso. Por isso eu penso que, quanto antes as pessoas se livrarem do falso louvor a Shakespeare, melhor será".[36]

O paradoxal ataque à arte, da parte de um dos maiores artistas de todos os tempos, reflete-se não apenas na ensaística de Tolstói, como em sua melhor ficção, como, por exemplo, na novela *Sonata a Kreutzer* (1889), em que a obra homônima de Beethoven é a catalisadora de reflexões terríveis sobre a sexualidade e a vida conjugal. Pregador veemente, o Tolstói tardio produziu um romance de fôlego como *Ressurreição* (1899), e obras-primas breves como *Padre Sérgio* (1898), a novela histórica *Khadji-Murat* (1904) e, sobretudo, *A morte de Ivan Ilitch* (1886).

Servimo-nos, mais uma vez, da análise de Nabókov:

Meu primeiro ponto é que não se trata da história da morte de Ivan, e sim da vida de Ivan. A morte física descrita no conto é parte da vida mortal, é apenas a última fase da mortalidade. De acordo com Tolstói, o homem mortal, a pessoa, o indivíduo, o ser físico segue seu caminho físico rumo à lata de lixo da natureza; de acordo com Tolstói, o homem espiritual retorna à região sem nuvens do Deus-Amor universal, uma morada de bem-aventurança neutra, tão cara aos místicos orientais. A fórmula tolstoiana é: Ivan viveu uma vida má, e como a vida má é simplesmente a morte da alma, então Ivan viveu a morte em vida; e, uma vez que mais além da morte está a luz viva de Deus, então Ivan morreu para entrar numa nova Vida — com letra maiúscula mesmo.

Nabókov conclui dizendo que "esse conto é a realização mais artística, mais perfeita e mais sofisticada de Tolstói".[37]

Para Górki, Tolstói "parecia um homem que já sabe tudo, que não precisava saber mais nada, homem de problemas resolvidos". Ele conta que, contudo,

o pensamento que visivelmente aflige seu coração, mais que outros, é o pensamento sobre Deus. Às vezes, dá a impressão de que isso não é exatamente um pensamento, mas uma resistência tenaz a algo que ele sente pesar sobre si. Conversa a respeito disso menos do que gostaria, mas reflete constantemente. É pouco provável que seja um sinal de velhice, um pressentimento da morte; não, eu acho que nele isso advém do belo orgulho humano. E também um pouco da mágoa, porque ser Liev Tolstói e submeter sua vontade a algum estreptococo é ultrajante.[38]

Não há muitas dúvidas de que o pensamento em Deus também afligiu sobremaneira o grande antípoda de Tolstói: Dostoiévski, do qual nos ocuparemos agora.

Dostoiévski

> *Por que vinte livros se apenas um, de Dostoiévski, nos permite penetrar em outras almas, aclarar-lhes os segredos e confrontá-los com os nossos?*
>
> Carlos Drummond de Andrade[39]

Se o autor de *Crime e castigo* (1866) mereceria destaque em qualquer livro sobre literatura russa, publicado em qualquer canto do mundo, em uma obra brasileira seu protagonismo se impõe com urgência ainda maior. Dostoiévski emergiu como figura de proa desde os primeiros sintomas de nossa "febre de eslavismo", e o entusiasmo por ele jamais arrefeceu. Não por acaso, *Dostoiewski* (assim mesmo, com "w"), de Hamilton Nogueira, de 1935, foi o primeiro livro sobre literatura russa editado em nossas terras. E a Coleção Dostoiévski da José Olympio, publicada entre as décadas de 1940 e 1960, representou a "verdadeira fundação editorial da literatura russa no Brasil", tendo sido "a primeira coleção de um autor estrangeiro no país". Desde os primórdios, Dostoiévski era "esquadrinhado por ângulos concorrentes e suplementares, objeto de todos os modelos críticos em operação". Sua imagem de um artista sofredor tinha "uma vocação conciliatória, podendo ser usada por comunistas, cristãos ou estetas de tipos variados. Para uns, era a tragédia estrutural do homem; para outros, o fruto da perseguição promovida aos escritores pelo Estado autoritário".[40]

Isso ajuda a explicar não apenas a posição privilegiada que o escritor ocupa até hoje entre nossos leitores, como a "passada de pano" dos brasileiros em várias de suas posições mais incômodas — como o antissemitismo veemente que permeia vários de seus escritos. Pois, como observa Boris Schnaiderman, em vez de debater Dostoiévski, os polos em disputa da intelectualidade brasileira preferiram tentar inscrevê-lo em suas fileiras como aliado:

> Como explicar [por exemplo] certas páginas do *Diário de um escritor*, caracterizadas por um chauvinismo grão-russo simplesmente intolerável à leitura e repassadas de ódio ora ao ocidental, em geral, ora ao judeu, ora a outras populações do Império? Como harmonizar um Dostoiévski "positivo" politicamente com a sua visão messiânica da Rússia? Quanto mais a crítica engajada em posições políticas de momento se dedica ao escritor, em busca de um aliado, menos compreensíveis se tornam certos aspectos de sua obra. Não, temos que deixar de lado todas essas manifestações imediatistas e utilitárias e voltar-nos para as grandes realizações já conseguidas pelos estudos dostoievskianos, marcados muitas vezes pela indagação e pela dúvida. Mas, de indagação em indagação, a imagem de Dostoiévski, a princípio recortada grosseiramente em branco e preto, vai se colorindo de matizes cada vez mais opulentos e variados, cada vez mais fascinantes em suas contradições e esfumaçamento.[41]

Autor de uma monumental biografia do escritor, Joseph Frank lembra que, "entre os grandes escritores russos da primeira metade do século XIX — Púchkin, Liérmontov, Gógol, Herzen, Turguêniev, Tolstói, Nekrássov —, Dostoiévski foi o único que não nasceu de uma família da pequena nobreza rural". Sim, ele "provinha de uma família classificada legitimamente entre a nobreza, conforme o quadro das categorias sociais instituído por Pedro, o Grande. Isso representava, porém, apenas uma classificação para o serviço público e não deu à sua

família o estatuto social da pequena nobreza estabelecida de proprietários de terra", como "seus contemporâneos literários mais importantes na época".[42]
Isso influiu decisivamente na

maneira como o próprio Dostoiévski avaliou sua posição na literatura. Comparando-se com seu grande rival, Tolstói, como fez muitas vezes no final de sua vida, Dostoiévski declarou que a obra literária de Tolstói não era a de um romancista, mas a de um "historiador". No seu entender, ele descreveu a vida "tranquila, estável e imutável das famílias dos grandes proprietários dos estratos superiores de Moscou". Esse tipo de vida, marcado por tradições culturais longamente arraigadas e normas morais e sociais estabelecidas, tornara-se exclusivo de uma pequena "minoria" dos russos no século XIX; era a "vida das exceções". A grande maioria vivia em meio à confusão e ao caos moral de uma ordem social em permanente movimento, caracterizada pela incessante destruição de todas as tradições do passado. Dostoiévski via em seu próprio trabalho uma tentativa de lutar contra o caos da vida do seu tempo, enquanto *Infância*, *Adolescência*, *Juventude* e *Guerra e paz* (eram estes os livros que tinha em mente) eram zelosas tentativas de guardar num relicário, para a contemplação da posteridade, a beleza de uma vida aristocrática fadada à extinção.[43]

Sem contar com as rendas fornecidas por uma propriedade rural, Dostoiévski passou a existência em apuros financeiros, contando exclusivamente com os ganhos de seus escritos para sobreviver. Seu ressentimento pela situação privilegiada de Tolstói e Turguêniev transparecia em trechos como este diálogo de *Humilhados e ofendidos* (1861), em que uma personagem feminina manifesta sua preocupação com a carga de trabalho do escritor Ivan Petróvitch (alter ego de Dostoiévski), que responde com menções veladas a seus colegas célebres:

> — Acabará por esgotar sua veia literária, Vânia — diz ela —, é uma violência se esgotar tanto e, além disso, está acabando com sua saúde. Veja S***, escreve uma novela a cada dois anos, e N** em dez anos só escreveu um romance. Mas, em compensação, que primor, que acabamento! Não se encontra um único desleixo.
> — Sim, mas têm a vida assegurada e não escrevem com prazo contado; enquanto eu sou um cavalo de posta![44]

Em diálogo constante com Púchkin, e influenciado por Gógol, E. T. A. Hoffmann, Schiller, Balzac, Dickens e Georges Sand, o "cavalo de posta" estreou na literatura em 1846, com *Gente pobre*, e logo caiu nas graças de Bielínski. Próximo aos círculos radicais, passou a frequentar as reuniões que ocorriam na casa de Mikhail Petrachévski (1821-66), um "leitor incansável e colecionador de livros", que "adquiriu uma volumosa biblioteca de obras 'proibidas', em diversos idiomas e sobre as mais importantes questões históricas, econômicas e sociopolíticas do momento". Em 1848 (ano, não custa lembrar, de revoluções na Europa),

> surgiu a ideia de que as reuniões fossem organizadas de maneira mais formal, com um palestrante previamente escolhido para cada noite e um presidente para dirigir e ordenar as intervenções da plateia. Com isso as reuniões transformaram-se numa espécie de clube ou assembleia parlamentar; e, para controlar a animação dos debates e chamar à ordem os vários oradores, usava-se uma pequena sineta com um cabo sugestivamente lavrado na figura de uma estátua da liberdade".[45]

Não era preciso muito mais do que isso para chamar a atenção da polícia na opressiva Rússia de Nicolau I, e Dostoiévski (por ter lido em voz alta a famosa carta de Bielínski com críticas a Gógol) acabou preso, junto com todo o "círculo Petrachévski", em um movimento que

> fez parte dos esforços do tsar para erradicar as menores manifestações de pensamento independente que, simpatizando com as revoluções que irrompiam no exterior, poderiam provocar convulsões semelhantes dentro do país. Assim, os últimos anos do reinado de Nicolau I congelaram a sociedade russa numa situação de terror, e quaisquer possíveis traços de vida cultural e intelectual independente até então foram simplesmente eliminados. Para citar apenas um exemplo, o novo ministro da Educação, príncipe Chirínski-Chikhmátov, aboliu o ensino da filosofia e da metafísica nas universidades — cujo corpo de estudantes, aliás, já se reduzira muito — e os cursos de lógica e de psicologia foram entregues a professores de teologia.[46]

Vários participantes do círculo foram condenados à morte, incluindo Dostoiévski; contudo, após realizadas todas as preliminares da execução, o escritor e seus colegas receberam, diante do pelotão de fuzilamento, a notícia de que a sentença fora transformada em quatro anos de exílio na Sibéria — uma experiência que ele narraria de forma pungente em *Recordações da casa dos mortos* (1862). Quando, após cumprir a pena de trabalhos forçados e serviço militar compulsório, finalmente recebeu a permissão para residir em São Petersburgo, Dostoiévski estava casado, convertido em fiel adepto do regime tsarista, e manifestando sintomas agudos da doença que o atormentaria até o fim de seus dias — a epilepsia.

De volta à capital, Dostoiévski viajou para a Europa — onde adquiriu o vício do jogo, imortalizado no eletrizante romance

Um jogador (1866) — e se envolveu ativamente com a publicística, editando, com o irmão Mikhail, as revistas *O Tempo* e *A Época* — que lhe deixariam, além de um legado de dívidas (Mikhail morreu, e Dostoiévski assumiu o encargo de sustentar sua família), uma marca indelével no estilo.

Para Joseph Frank, tudo que ele escreveu na publicística "traz a marca do folhetim", e mesmo em sua obra mais marcantemente filosófica da época, *Memórias do subsolo* (1864), que "não se parece com coisa alguma, do ponto de vista formal", o biógrafo crê que "provavelmente se origina do folhetim".[47]

Originários ou não do folhetim, os perturbadores paradoxos de *Memórias* fazem dela uma obra única não apenas dentro da produção dostoievskiana, mas da literatura como um todo — com impacto e influência difíceis de serem exagerados. Para George Steiner,

> *Memórias do subsolo* foi uma solução brilhante para o problema do conteúdo filosófico no interior da forma literária. Distintamente dos *contes philosophiques* do Iluminismo ou dos romances de Goethe, nos quais o aspecto da especulação é tão deliberadamente externo à ficção, as *Memórias* coalescem o abstrato ao dramatizado — ou, na terminologia aristotélica, elas fundem a "reflexão" ao "argumento". Como gênero, nem o *Zaratustra* de Nietzsche nem as alegorias teológicas de Kierkegaard impressionam tanto quanto a obra dostoievskiana. Juntamente com Schiller, a quem ele considerava como um modelo constante, Dostoiévski alcançou uma instância rara de equilíbrio criativo entre os poderes poéticos e filosóficos.[48]

O irmão Mikhail e a primeira esposa, Maria, morreram em 1864, ano da publicação das *Memórias*. Logo em seguida, Dostoiévski empreenderia a redação do primeiro de seus grandes romances da maturidade — e, para alguns, seu principal livro: *Crime e castigo*, cujo impacto, segundo Strákhov, fez-se sentir já na época:

> O único livro que se leu em 1866 foi *Crime e castigo*; só falavam dele os amantes da literatura, que se queixaram muitas vezes da força sufocante do romance e da dolorosa impressão que deixou, o que fez com que muitas pessoas de nervos fortes ficassem doentes e aquelas de nervos fracos desistissem da leitura.[49]

Seu protagonista, Raskólnikov, talvez seja o mais célebre personagem de toda a ficção russa; seus dilemas éticos marcaram fortemente a cultura ocidental, da literatura de Kafka ao cinema de Woody Allen, e há até uma placa marcando a casa em que ele teria morado — no número 19 da rua Grajdánskaia, em São Petersburgo (caminhando cinco minutos, é possível chegar à casa de Sônia Marmeládova, no cais do canal Griboiêdov, 73).

Em seguida, premido pelo prazo draconiano de entrega de *Um jogador*, contratou uma secretária — e não apenas cumpriu o prazo, como se casou com a ajudante, Anna Grigórievna. Vieram então romances imortais como *O idiota* (1868), *Os demônios* (1872) e *Os irmãos Karamázov* (1880), que Mirsky vê formarem, junto com *Crime e castigo*, um ciclo:

> São todos dramáticos em construção, trágicos em concepção e filosóficos em significado. São totalidades muito complexas: não apenas o enredo está intrinsecamente ligado à filosofia — na própria filosofia, o Dostoiévski essencial, que temos em forma pura em *Memórias do subsolo*, está inseparavelmente misturado com o Dostoiévski mais jornalístico do *Diário de um escritor*. Daí a possibilidade de ler esses romances de pelo menos três formas diferentes. A primeira, como seus contemporâneos os leram, relaciona-os às

questões correntes da vida pública e social russa dos anos 1865-80. A segunda os vê como a revelação progressiva de uma "nova cristandade", que encontrou sua expressão final nos personagens de Zossima e Aliocha Karamázov, no último dos quatro romances. A terceira liga-os às *Memórias do subsolo*, e o núcleo central trágico da experiência espiritual de Dostoiévski.[50]

Em *O idiota* (imortalizado no cinema por Akira Kurosawa), que contém um dos mais célebres aforismos do escritor ("a beleza salvará o mundo"), Steiner enfatiza a polaridade entre o personagem-título, o príncipe Mýchkin, e seu antípoda, o mercador Rogójin:

> Mýchkin é uma figura compósita; chegamos a discernir nele aspectos de Cristo, Dom Quixote, Pickwick e dos santos bobos da tradição da Igreja Ortodoxa. Mas suas relações com Rogójin são inequívocas. Rogójin é o pecado original de Mýchkin. Na medida em que o príncipe é humano, e desse modo herdeiro da Queda, os dois homens têm de permanecer herdeiros inseparáveis. Eles entram juntos no romance e saem com uma condenação comum. Na tentativa de Rogójin de assassinar Mýchkin existe a amargura estridente do suicídio. Sua inextricável proximidade é uma parábola dostoievskiana sobre a necessária presença do mal nos portões do conhecimento. Quando Rogójin é retirado de sua presença, o príncipe cai novamente na idiotia. Sem a escuridão, como poderíamos apreender a natureza da luz?[51]

Já em *Os demônios*, ele faz uma sátira implacável de Turguêniev (no personagem do escritor Karmazínov), e acerta as contas com seu passado subversivo, naquela que Górki via como "a mais talentosa e a mais perversa de todas as inúmeras tentativas de difamar o movimento revolucionário dos anos 1870".[52] Escrito em reação a um assassinato cometido pelo grupo terrorista de Serguei Netcháiev (1847-82), o livro passou a ser visto, no século XX, como uma profecia das arbitrariedades do stalinismo — pode ser lida nesta chave, por exemplo, a adaptação cinematográfica feita pelo cineasta polonês Andrzej Wajda em 1988, nos estertores do regime comunista na Polônia.

Não é possível reduzir o livro, contudo, a mero panfleto contrarrevolucionário. Para Irving Howe,

Dostoiévski é o maior de todos os romancistas ideológicos porque sempre distribui seus sentimentos de identificação entre todas as suas personagens — embora, ao colocar as coisas dessa maneira, faça com que isso pareça por demais um ato de vontade, quando na realidade transcende em muito a vontade. "O que decide a visão de mundo de um escritor", diz Arnold Hauser, "não é tanto qual o lado que ele apoia, como através de quais olhos ele vê o mundo." E Dostoiévski vê o mundo através dos olhos de todos: Stavróguin e padre Tíkhon, Stepan Trofímovitch e Chátov, até mesmo Lebiádkin e Piotr Vierkhoviénski. Ele exaure suas personagens, explora todas as possibilidades de seu ser. Ninguém escapa da humilhação e da vergonha, ninguém é deixado livre do ataque. No mundo de Dostoiévski ninguém é poupado, mas existe um consolo supremo: ninguém é excluído.[53]

A leitura de Howe parece ecoar a célebre reivindicação de Bakhtin, para o qual, no icônico *Problemas da poética de Dostoiévski*, "a multiplicidade de vozes e consciências independentes e imiscíveis e a autêntica polifonia de vozes plenivalentes constituem, de fato, a peculiaridade fundamental dos romances de Dostoiévski".

Bakhtin afirma que graças a "esse dom especial de ouvir e entender todas as vozes de uma vez e simultaneamente, que só pode encontrar paralelo em Dante", o autor criou o romance polifônico,

> um gênero romanesco essencialmente novo. Por isso sua obra não cabe em nenhum limite, não se subordina a nenhum dos esquemas histórico-literários que costumamos aplicar às manifestações do romance europeu. Suas obras marcam o surgimento de um herói cuja voz é tão plena como a palavra comum do autor; não está subordinada à imagem objetificada do herói como uma de suas características, mas tampouco serve de intérprete da voz do autor. Ela possui independência excepcional na estrutura da obra, é como se soasse *ao lado* da palavra do autor, coadunando-se de modo especial com ela e com as vozes plenivalentes de outros heróis.

Nele, "a consciência nunca se basta por si mesma, mas está em tensa relação com outra consciência", e "cada ideia dos heróis de Dostoiévski ('O homem do subsolo', Raskólnikov, Ivan e outros) sugere uma réplica de um diálogo não concluído". Pois "a categoria fundamental da visão artística de Dostoiévski não é a de formação, mas a de *coexistência* e *interação*. Dostoiévski via e pensava seu mundo predominantemente no espaço, e não no tempo. Daí a sua profunda atração pela forma dramática".[54]

Essa atração pela forma dramática em um autor que, curiosamente, jamais escreveu para os palcos (na juventude, deixou inacabadas as peças *Maria Stuart*, *Boris Godunov* e *Judeu Iankel*)[55] levou-o, como já vimos, a ser comparado a Shakespeare. Thomas Mann diz que seus quatro grandes romances de maturidade "não são epopeias, e sim dramas colossais, compostos praticamente de forma cênica, em que um enredo que revira todas as profundezas da alma humana, muitas vezes comprimido em alguns poucos dias, é representado por meio de diálogos febris e hiper-realistas".[56]

Polifonia e drama com vocação cênica é o que se vê em *Os irmãos Karamázov*, que Serguei Belov afirma ser

> a biografia espiritual de Dostoiévski, seu caminho nas ideias e na via, do ateísmo do círculo de Petrachévski (Ivan Karamázov) até o homem de fé (Aliocha Karamázov). Mas, como sempre em Dostoiévski, sua biografia na arte e na vida torna-se a história do ser humano em geral, um destino universal e comum a todos. Dmítri, Ivan e Aliocha possuem não apenas uma raiz tribal (o pai em comum, Ivan Pávlovitch Karamázov), mas também unidade espiritual: uma tragédia, e a culpa em comum por ela. Todos têm responsabilidade pelo assassinato de seu pai por Smerdiákov.

Empregando o talento amadurecido durante décadas, "nele estão colocados os problemas essenciais da existência humana: a questão do sentido da vida de cada pessoa e de toda a história humana, a questão dos fundamentos morais e dos suportes espirituais da existência das pessoas".[57]

Talvez a frase mais famosa que Dostoiévski jamais escreveu seja "se Deus não existe, tudo é permitido" — que não chega a aparecer dessa forma em *Os irmãos Karamázov*, mas soa como uma síntese dos pensamentos de Ivan Karamázov. O que o autor realmente escreveu (mas não nesse livro) é que, "se alguém me demonstrasse que Cristo está fora da verdade e que, *na realidade*, a verdade está fora de Cristo, então eu preferiria permanecer com Cristo e não com a verdade".[58] Para Steiner,

> os romances de Dostoiévski marcam etapas sucessivas de um questionamento da existência de Deus. Neles é elaborada

uma profunda e radical filosofia da ação humana. Os heróis de Dostoiévski são intoxicados de ideias e consumidos pelos fogos da linguagem. Isso não significa que sejam tipos alegóricos ou personificações. Ninguém, com exceção de Shakespeare, representou mais plenamente as energias complexas da vida. Isso significa simplesmente que personagens como Raskólnikov, Mýchkin, Kiríllov [personagem de *Os demônios*], Versílov [personagem de *O adolescente*] e Ivan Karamázov se alimentam de reflexão assim como os outros seres humanos se alimentam de amor ou ódio. Onde outros homens queimam oxigênio, eles queimam ideias. É por isso que as alucinações têm um papel tão amplo nas narrativas de Dostoiévski: as alucinações são o estado no qual a urgência do pensamento através do organismo humano e os diálogos entre o ser e a alma são exteriorizados.[59]

Em seu período tardio, além dos quatro livros que Thomas Mann chama de "monumentos épicos", Dostoiévski produziu um romance que não atingiu a envergadura dos demais (*O adolescente*) e foi o defensor incondicional das políticas da monarquia russa no *Diário de um escritor* — que surgiu em 1873, como coluna da revista ultrarreacionária *O Cidadão* (do príncipe Meschiérski, neto de Karamzin, conhecido como "Príncipe Ponto" por querer colocar um ponto-final nas reformas do tsar Alexandre II, e que declarou em suas memórias que "nunca havia encontrado 'um conservador tão inflexível e total quanto Dostoiévski'")[60] para, posteriormente, tornar-se publicação independente.

"A fama de Dostoiévski não foi causada por sua condenação à prisão, nem pelas *Recordações da casa dos mortos*, nem mesmo por seus romances — ao menos não principalmente por eles —, mas pelo *Diário de um escritor*", afirma Elena Andrêievna Stakenschneider (1836-97), filha do célebre arquiteto da corte de

Nicolau I, que mantinha, em São Petersburgo, um salão literário frequentado pelo autor. "Foi o *Diário* que tornou seu nome conhecido em toda a Rússia, que o fez mestre e ídolo da juventude, sim, e não apenas da juventude, mas de todos aqueles torturados pelas questões que Heine chamou 'malditas'."[61]

Nessa época, Dostoiévski caiu nas graças de Konstantin Pobedonóstsev (1827-1907), homem extremamente conservador que atuava como procurador do Santo Sínodo, a autoridade laica que supervisionava as atividades da Igreja Ortodoxa, e seria o principal ideólogo das contrarreformas do reinado de Alexandre III. Quando ainda era herdeiro do trono, o futuro monarca pediu um exemplar de *Os irmãos Karamázov*, que Dostoiévski foi lhe entregar em mãos. Antes, o escritor já tinha sido convidado a conhecer Serguei e Paulo, irmãos mais novos de Alexandre, para que, "com suas conversas, Fiódor Mikháilovitch pudesse exercer alguma influência benéfica sobre os jovens grão-duques". Mesmo usufruindo dos favores do trono, contudo, ele era observado pela polícia: "Sendo um ex-condenado político, o romancista continuava sob vigilância disfarçada, e assim permaneceria até um ano antes de sua morte". Após o falecimento do escritor, o tsar concedeu à viúva pensão vitalícia de 2 mil rublos "pelos serviços prestados à literatura russa".[62]

Escrito com esse pano de fundo, o *Diário* traz algumas das melhores passagens de Dostoiévski (como a brilhante sátira menipeia *Bobók* (1873), de humor ferino), mas também algumas das mais execráveis páginas do publicista chapa-branca. O escritor emprega sem rodeios o termo pejorativo *jid* para designar os judeus, chegando a afirmar, a certa altura, que "os *jidy* irão beber o sangue do povo e se alimentar de sua depravação e humilhação, mas, como irão sustentar o orçamento, será preciso apoiá-los".[63]

Temos, então, na publicística, um Dostoiévski tão exacerbado quanto em sua ficção. E esse é o dado que mais parece ter incomodado seus não poucos detratores. Como afirma Aurora Fornoni Bernardini:

> Relendo hoje romances como *Crime e castigo* e *O idiota* — que na constelação de obras de Dostoiévski figuram como talvez os mais importantes de sua fase madura (1864-8) —, o que se observa é justamente esse caráter extremado nas ideias e paradoxal nos sentimentos, ou vice-versa conforme as personagens em questão. Extremado nas ideias, como o Raskólnikov de *Crime e castigo*, ou nos sentimentos, como o príncipe Mýchkin, o herói de *O idiota*; mas a regra do jogo é essa exacerbação: ou se aceita, ou não se aceita.

Como alguém que não aceita, Bernardini cita Milan Kundera, que afirmou que "o universo dostoievskiano de gestos exacerbados, profundezas tenebrosas e sentimentalismo agressivo era-me repulsivo".[64] Mas restrições importantes a seu modo de escrever eram feitas desde sua época.

Uma das primeiras, e mais célebres, foi a de Nikolai Mikháilovski, em artigo sintomaticamente intitulado "Um talento cruel" (1882), que identifica Dostoiévski como alguém que "elege prioritariamente o tema do sofrimento para as suas obras e leva seus personagens e leitores a sofrer", e faz uma pergunta retórica: "O que dizer de um escritor que, sem levar em conta nenhum dano social, toma uma pessoa em particular e instala nela, na alma humana em geral, duas bandeiras, quais sejam: 1) 'o homem gosta de torturar'; 2) 'o homem ama o sofrimento até a paixão'...?".[65]

Tchékhov, por sua vez, em carta a seu editor, escreveu: "Comprei Dostoiévski na sua livraria e agora estou lendo. É bom, mas é terrivelmente longo e bem pouco modesto. Tem muitas pretensões".[66] Já Nabókov (cujo tio-bisavô era o comandante da Fortaleza de Pedro e Paulo quando o autor de

O idiota esteve lá encarcerado) não perdia chance de espicaçar o autor de *O crocodilo* (1865):

> Minha posição em relação a Dostoiévski é curiosa e difícil. Em todos os meus cursos abordo a literatura a partir do único ponto de vista que me interessa — a saber, o da arte duradoura e do talento individual. Dessa perspectiva, Dostoiévski não é um grande escritor; ao contrário, é bastante medíocre — com lampejos de excelente humor, mas, infelizmente, separados por oceanos de platitudes literárias.[67]

Uma crítica comum a Dostoiévski é a estilística. No artigo citado acima, por exemplo, Mikháilovski afirmava que

> exceto por *Recordações da casa dos mortos* e dois ou três contos menores (*Noites brancas, O pequeno herói, Uma criatura dócil*), inteiramente bem-acabados em termos de harmonia e proporção, todo o resto escrito por Dostoiévski só não nos surpreende em sua descoordenação, prolixidade e desproporcionalidade porque já estamos bastante acostumados à sua maneira de escrever.[68]

A esse tipo de ataque, aparentemente, o próprio escritor era bastante sensível. Joseph Frank conta que, após lhe apontarem um erro gramatical, Dostoiévski teria exclamado: "Todo autor tem seu próprio estilo e, portanto, sua própria gramática! Não dou a mínima para as regras dos outros!".[69]

Desse ponto de vista, a melhor defesa do autor de *Notas de inverno sobre impressões de verão* (1863) parece ter sido feita por Joseph Brodsky:

> de muitas maneiras, Dostoiévski foi nosso primeiro escritor a confiar mais na intuição da língua do que na sua própria — e

mais do que nas intimações de seu sistema de crenças ou de sua filosofia pessoal. E a língua retribuiu. Suas orações subordinadas muitas vezes o levaram muito mais longe do que suas intenções ou percepções originais lhe permitiriam ir. Em outras palavras, ele tratava a língua não como romancista, mas como poeta — era como profeta bíblico, que propõe a seus ouvintes não a imitação, mas a conversão. Metafísico nato, percebeu instintivamente que, para sondar o infinito, fosse o infinito eclesiástico ou o da psique humana, não havia instrumento de maior alcance do que sua língua materna, uma língua altamente flexionada, com uma sintaxe repleta de convoluções. Sua arte era tudo menos mimética: não imitava a realidade, criava uma realidade, ou, melhor ainda, tentava alcançá-la.[70]

Outro ponto salientado pelos defensores do escritor é sua capacidade de penetração psicológica. E um dos melhores insights veio de um contemporâneo e amigo. "Tanto Gógol quanto Dostoiévski retratam a sociedade existente", escreveu o crítico literário Valerian Máikov:

> Mas Gógol é principalmente um poeta da sociedade, enquanto Dostoiévski é sobretudo um poeta do psiquismo. Para o primeiro, o indivíduo é importante como representante de uma determinada sociedade ou de um determinado grupo; para o segundo, a sociedade em si mesma é importante por causa de sua influência na personalidade do indivíduo [...]. As obras completas de Gógol podem ser definidas enfaticamente como a estatística artística da Rússia. Dostoiévski também nos proporciona admirável descrição artística da sociedade russa, mas nele a sociedade entra apenas para compor o fundo da tela e, na maioria das vezes, esse segundo plano é pintado com pinceladas tão sutis que acaba engolido pela importância do foco psicológico.[71]

Thomas Mann emendaria, em comparação igualmente lisonjeira: "Os achados, as novidades e preciosidades psicológicas do francês [Marcel Proust] não passam de um divertimento quando comparados às revelações cadavéricas de Dostoiévski, um homem que esteve no inferno".[72]

Dostoiévski, aparentemente, não concordava. Certa feita, declarou: "Eles me chamam de psicólogo: não é verdade, sou um realista no sentido mais alto, isto é, descrevo todas as profundezas da alma humana".[73]

Um conceito peculiar de realismo, que o vemos explicar melhor no primeiro volume do *Diário de um escritor* (1873). No artigo "A propósito de uma exposição", em que fala de pintura, Dostoiévski afirma que "Dickens nunca viu Pickwick com os próprios olhos — ele o percebeu na realidade multifacetada que observou" e que "um retratista, por exemplo, põe um sujeito plantado à sua frente para fazer seu retrato, prepara-se, observa-o", porque "sabe que, na realidade, um homem nem sempre se parece consigo mesmo, e por isso o artista tenta descobrir a ideia principal de sua fisionomia, o momento em que o sujeito mais se aproxima de si".

Em outro, "Mascarado" (resposta a um ataque recebido na imprensa), ele diz que "os acontecimentos verídicos, descritos com toda a excepcionalidade de sua casualidade, quase sempre carregam em si um caráter fantástico, quase inverossímil", e, portanto, a "tarefa da arte não envolve o caráter casual do cotidiano, mas a vida geral, captada com perspicácia e retirada fielmente da multiplicidade de fenômenos correspondentes".

E, em um terceiro, "A propósito de um novo drama", sobre uma peça teatral, conclui:

Para um verdadeiro artista, não há possibilidade de ficar no mesmo nível da personagem retratada, satisfazendo-se apenas com sua verdade realista: isso não causará uma impressão da verdade. Com uma gota, uma gotinha apenas de ironia do autor sobre a autoconfiança e a arrogância juvenil do herói, este se tornará mais encantador para o leitor.

Escancarada em obras menos conhecidas, como *A aldeia de Stepántchikovo e seus habitantes* (1859) e *Uma história desagradável* (1862), essa "gotinha de ironia" é mais um dos aspectos que demonstram sua relação com Púchkin e Gógol, e merecem ser explorados e descobertos ao revisitarmos um autor tão contraditório, visceral, extremado e provocativo.

Em foco: Cidade versus campo, ou mujiques versus loucos

Em seu estudo comparativo dos dois escritores, George Steiner escreve que "Tolstói se sentia completamente à vontade em uma cidade quando ela estava sendo queimada. Dostoiévski movia-se com familiaridade intencional em meio a um labirinto de habitações, sótãos, pátios ferroviários e subúrbios tentaculares". Para ele,

a polaridade entre a cidade e o campo é um dos principais aspectos da comparação entre Tolstói e Dostoiévski. O tema da partida rumo à salvação era comum às vidas e imagens de ambos e *Ressurreição* é, em vários aspectos, um epílogo de *Crime e castigo*. Mas em Dostoiévski não vemos de fato a terra prometida (exceto por um vislumbre, momentâneo e nebuloso, da Sibéria de Raskólnikov). O inferno dostoievskiano é a *Grosstadt*, a metrópole moderna, e, mais especificamente, a Petersburgo das "noites brancas". Há partidas purgatoriais, mas a reconciliação e redenção que os protagonistas de Tolstói encontram na terra, os "grandes pecadores" de Dostoiévski só encontrarão no Reino de

Deus. E, para Dostoiévski — em absoluta contraposição a Tolstói —, esse Reino não é, e nem pode ser, desse mundo. É nesse contexto que se deve pensar o fato frequentemente mencionado de que Dostoiévski, excelente na descrição da vida urbana, quase nunca se atreve a descrever uma paisagem rural ou o campo aberto.[74]

Além de ajudar a iluminar a poética dos dois escritores, a oposição proposta por Steiner nos fornece o pretexto para explorar a dicotomia rural versus urbano na literatura russa, especialmente a do período pré-revolucionário, em que os escritores viam o camponês como "o outro" — até 1862, submetido a regime servil. Depois de 1917, com a coletivização forçada, a industrialização e a urbanização acelerada do país, a situação muda de tal forma que essa polarização perde a centralidade. Pois

> começando com a *Viagem de São Petersburgo a Moscou* e *Pobre Liza*, de Karamzin, os nobres são frequentemente retratados em suas interações com o campesinato. Maior e menos ocidentalizada classe da Rússia, os camponeses começaram bem cedo a servirem de representantes de uma cultura genuína, pré-Pedro, e, assim, guardiães de uma herança cultural nacional.[75]

O hoje esquecido Dmítri Grigórovitch (1822-1900) foi o precursor do tipo de visão do camponês que encontrou seu auge nas *Memórias de um caçador* (1852), de Turguêniev, ciclo de relatos da vida rural em que o tom de ironia e denúncia com os latifundiários tem como contrapartida um afeto inegável por ele. Henry James (1843-1916) equiparou a importância deste livro para a abolição da servidão na Rússia à de *A cabana do pai Tomás* para a luta contra a escravidão nos Estados Unidos.[76] Para Nivat,

"Turguêniev foi então o inventor do mujique russo, como diz-se que são inventadas as relíquias de um santo quando elas são descobertas. E as *Memórias de um caçador* fizeram sua glória e revelaram aos nobres russos a face oculta do povo que eles só viam sob a forma de talha ou das corveias que recebiam".[77] Sua maestria estilística levou Tolstói a anotar em seu diário, em 27 de julho de 1853: "Li as *Memórias de um caçador*, de Turguêniev, e como é difícil escrever depois dele".[78]

Tendo ou não Turguêniev em mente, Tolstói parece ecoar sua visão do camponês no retrato de Platon Karatáev, cujo aparecimento é fundamental na transformação ideológica do protagonista Pierre Bezúkhov em *Guerra e paz*. Ou em Guerássim, o fiel criado do personagem principal de *A morte de Ivan Ilitch*. Mesmo em um Dostoiévski mais afeito a cenários urbanos que rurais, esse tipo faz-se presente na pungente descrição de Makar Dolgorúki, em *O adolescente*, e no *Mujique Marei*, do *Diário de um escritor*.[79]

A desconstrução e complexificação do retrato do mujique vai começar a aparecer na virada do século, nos contos de Tchékhov e, especialmente, nos dois antípodas ideológicos Ivan Búnin (1870-1953) e Górki.

Em *A aldeia*, de Búnin, "os camponeses são retratados como sombrios e ignorantes, ladrões e desonestos, preguiçosos e corruptos", provocando "um imenso solavanco na sociedade. Talvez mais do que qualquer obra, fez os russos pensarem no destino desesperançado da sua terra camponesa". A respeito desse conto, "Górki escreveu que o texto obrigou a sociedade a pensar seriamente 'não só sobre o camponês, mas sobre o ser ou não ser da Rússia'".[80]

Afinal,

influenciado na juventude pelo movimento populista (*naródnitchestvo*), ele ficou desiludido com os camponeses, que via como inerentemente passivos e incivilizados. Seu ensaio de 1922, *Sobre o campesinato russo* (*O rússkom krestiánstvie*, publicado em Berlim), é particularmente crítico: acusa os camponeses de orquestrarem uma fome como meio de luta contra a Rússia soviética, e pede seu extermínio. Mais tarde, após retornar à União Soviética da emigração, Górki tornou-se um apoiador ávido da coletivização soviética".

As profundas modificações sociais advindas dessa coletivização acabaram com o mujique como era entendido até então. Seu canto do cisne talvez seja a poesia de Serguei Iessiênin (1895-1925), que foi casado com a dançarina Isadora Duncan e se suicidou em um quarto de hotel, deixando como testamento um poema escrito com sangue, e, nas palavras de Boris Schnaiderman, "expressou como ninguém a velha Rússia patriarcal e camponesa e o choque desta com a nova civilização industrial".[81] Na avaliação de Trótski,

> Iessiênin compôs os mordazes *Cantos de um hooligan*, e aos insolentes refrãos das espeluncas de Moscou deu inimitável melodia. Gabava-se amiúde de um gesto vulgar, de uma palavra crua e trivial. Mas no fundo palpitava a ternura toda particular de uma alma indefesa e sem proteção. Iessiênin, com essa grosseria semidisfarçada, tentava se proteger contra a dureza da época em que nasceu. Mas não conseguiu.[82]

A Rússia de hoje é fundamentalmente urbana, e a representação literária da cidade no país nasce com Pedro, o Grande, e sua capital do Norte, emblema do poder autocrático. Um momento fundador dessa representação é o poema "O cavaleiro de bronze", de Púchkin, em que a estátua equestre de Pedro (que até hoje adorna São Petersburgo) persegue um morador pelas ruas da cidade.

Da época de Púchkin à de Dostoiévski, São Petersburgo sobressai na literatura russa como um símbolo de criação arbitrária; a estrutura inteira havia sido esconjurada do pântano e da água pela mágica cruel da autocracia. Não estava enraizada na terra nem no passado. Às vezes, como em "O cavaleiro de bronze", de Púchkin, a natureza vingava-se do intruso; outras vezes — como quando Poe perecia em Baltimore — a cidade tornava-se multidão desordenada — equivalente à catástrofe natural — e destruía o artista".[83]

Filiação puchkiniana também pode ser vista em *Crime e castigo*, em que Bakhtin assinalou as semelhanças entre o assassinato da anciã por Raskólnikov e os episódios envolvendo Hermann, o protagonista de *A dama de espadas*, e a velha condessa que ele faz morrer para arrancar-lhe o segredo da vitória no jogo.[84]

Assim, a cidade retratada de forma feérica em *Noites brancas* (que, não por acaso, inspirou um dos mais líricos filmes de Luchino Visconti) é também aquela que estimula as ambições napoleônicas dos Hermanns e Raskólnikovs, levando-os a simplesmente ensandecer. Como Propíschin, protagonista do *Diário de um louco* (1835), de Gógol, internado ao proclamar ser o rei da Espanha; ou Goliádkin, confrontado com uma cópia de si mesmo no subestimado *O duplo* (1846), de Dostoiévski. Para não falar no supremo experimento das fronteiras entre sanidade e insanidade da *Enfermaria nº 6* (1892), de Tchékhov — chamado de obra-prima por Thomas Mann,[85] e uma espécie de versão russa de *O alienista* (1882), de Machado de Assis —, que abriria as portas para os escritores dos séculos XX e XXI descobrirem que a enfermaria dos desprovidos de razão é o mundo em que vivemos. A Petersburgo a que Dostoiévski se referiu como "a cidade mais abstrata e premeditada de todo o globo terrestre"[86] nas *Memórias do subsolo* ver-se-ia refletida em pesadelos como *Nós* (1921), de Zamiátin, e *Petersburgo* (1913-22), de Biély.

4.
Pais supérfluos, filhos niilistas

Com exceção de Almas mortas *(1842) de Gógol,*
Oblómov (1859) de Gontcharóv e Na véspera
(1859) de Turguêniev, os anni mirabilis da
ficção russa ocorreram entre a emancipação
dos servos, em 1861, e a primeira revolução, em
1905. Esses 44 anos de domínio da criação e
suprimento de genialidade podem ser comparados
aos períodos dourados de criatividade na Atenas
de Péricles e na Inglaterra elisabetana e jacobina.
Estão entre os melhores momentos do espírito
humano. Além do mais, o romance russo foi
inquestionavelmente concebido sob um signo
único do zodíaco histórico — o signo da revolução
nascente. De Almas mortas *a* Ressurreição
(a imagem fundamental está contida na mera
justaposição desses dois títulos), a literatura
russa espelha a aproximação do apocalipse.

George Steiner[1]

A ficção de Tolstói, Dostoiévski e seus contemporâneos (dos
quais falaremos neste capítulo) floresceu na contramão dos esforços da monarquia russa para sufocar qualquer tipo de atividade artística e individual, especialmente após o fiasco da Revolta Dezembrista, em 1825. Na síntese de Edmund Wilson:

A Rússia de Púchkin e dos dezembristas, do alvorecer da
grande cultura da Rússia moderna, foi extinta pelos trinta
anos de reinado de Nicolau, que abortou o movimento intelectual por meio de uma terrível censura à imprensa e dificul-
tou o mais que pôde a movimentação de seus súditos entre a
Rússia e a Europa Ocidental. [O revolucionário anarquista

Mikhail] Bakúnin [1814-76] era produto desse movimento frustrado, como seus amigos Turguêniev e Herzen.[2]

Este último assinala que,

> apesar disso, a Universidade de Moscou transforma-se em templo da civilização russa; o imperador a odeia, irrita-se com ela, todos os anos manda para o degredo uma boa parte de seus discentes e, quando chega a Moscou, não lhe dá a honra de uma visita; mas a universidade floresce, sua influência aumenta; tida em má conta, ela não espera nada, continua o seu trabalho e transforma-se em uma verdadeira força. A flor da juventude das províncias vizinhas a Moscou dirige-se à universidade, e a cada ano a falange daqueles que concluem o curso superior espalha-se por todo o governo na qualidade de funcionários públicos, médicos ou professores.[3]

Herzen conta ainda que, "entre a nobreza provinciana, virou moda ler", e que, "privada da participação em qualquer tipo de atividade, sob a eterna ameaça da polícia secreta, mergulhava na leitura ainda com mais ardor".[4] E Billington apresenta dados que parecem indicar um boom editorial e educacional: "De 130 revistas periódicas na Rússia, em 1851, 106 tinham sido fundadas a partir de 1836. A população universitária crescera mais de 50% entre o começo da década de 1840 e 1848, e a população da escola secundária crescia ainda mais".[5]

Esse ardor de leitura foi canalizado, sobretudo, para as célebres "revistas grossas", em que se publicavam não apenas crítica literária como obras de ficção (os romances normalmente saíam serializados nesses periódicos, antes de serem lançados em livros). Como disse Herzen, com o *Telegraf* (*O Telégrafo*), as revistas começam a dominar o cenário da literatura russa. Elas reúnem todo o movimento intelectual do país. Compravam-se poucos livros, os melhores poemas e contos apareciam nas revistas, e era preciso algo saído das fileiras de lá — um poema de Púchkin ou um romance de Gógol — para chamar a atenção de um público tão disperso quanto os leitores da Rússia. Em nenhum outro país, com exceção da Inglaterra, a influência das revistas foi tão grande. Elas são realmente o melhor meio de disseminação da ilustração em um país de dimensões amplas.[6]

Estando a discussão de temas políticos e filosóficos interditada pela censura, a literatura vicariamente cumpria a função das demais ciências humanas, e a discussão literária acabava encampando os temas, interesses e oposições que normalmente ocupariam a arena política, se o acesso a ela não fosse proibido. Um pouco como a França absolutista do século XVIII, em que as querelas em torno de ópera traduziam dissensões sociais mais profundas.

Nesse cenário — que consolidou a centralidade da literatura na Rússia —, "a crítica literária tornou-se uma espécie de exegese de textos sagrados, o crítico principal de qualquer 'revista grossa', um sumo sacerdote, e sua escrivaninha, 'o altar em que ele executa seus ritos sagrados'". Assim,

> se havia alguma autoridade suprema para os homens emancipados da "década notável", não era um filósofo ou historiador, mas um crítico literário como Bielínski, ou um artista criativo como Gógol. O prestígio extraordinário daqueles ligados à arte decorria logicamente da filosofia romântica. Pois o artista criativo era, de muitas formas, o profeta; e o crítico, o sacerdote do romantismo.[7]

O sumo sacerdote da primeira metade do século XIX russo foi Vissarion Bielínski (1811-48), cujas ideias, após sua morte prematura, continuaram ressoando nas gerações posteriores, e merecendo defesa de seu amigo Aleksandr Herzen (1812-70).

Tido por Isaiah Berlin como "o mais interessante escritor político russo do século XIX",[8] Herzen era filho ilegítimo de um latifundiário, e logo se sentiu atraído por ideias hegelianas. Afinal,

> o homem que dissipou a euforia de concórdia amigável e fantasia romântica do pensamento histórico russo foi Georg Hegel, o último dos idealistas filósofos alemães a lançar seu feitiço sobre a Rússia. Mais do que qualquer outro homem isolado, ele mudou o curso da história intelectual russa durante a "década notável", de 1838 a 1848. Ofereceu aos russos uma filosofia da história aparentemente racional e abrangente, e levou os incansáveis ocidentalistas — pela primeira vez — a considerar pensamentos sérios de revolução".[9]

Preso durante a juventude, com o amigo Nikolai Ogariov (1813--77), por estar presente em uma festa na qual foram lidos versos contra o tsar, Herzen emigrou em 1847, para jamais voltar. Em Londres, editou a revista *O Sino* com Ogariov, vivendo com o amigo e a esposa dele um ménage à trois que inspiraria situação análoga no romance *O que fazer?*, de Tchernychévski. Na opinião de Berlin, Herzen

> chegou a ser, como sabe todo aquele que conhece ainda que sumariamente a história moderna da Rússia, talvez o maior dos publicistas europeus de sua época, e fundou a primeira imprensa russa livre, ou seja, antitsarista, na Europa, lançando assim as bases da agitação revolucionária em seu país. Em seu periódico mais célebre, que chamou

de *O Sino* (*Kólokol*), tratou de tudo que parecia de interesse em seu momento; expôs, denunciou, ridicularizou, pregou, tornou-se uma espécie de Voltaire russo de meados do século XIX.[10]

Dostoiévski, que não compartilhava de seus ideais, descreve-o como

> um artista, um pensador, um brilhante escritor, um homem muito versado, um espirituoso, um admirável conversador (falava até melhor do que escrevia) e soberbamente autorreflexivo. Autorreflexão — a faculdade de converter o mais profundo sentimento pessoal num objeto que ele coloca diante de si mesmo, que cultuaria e, um minuto depois, ridicularizaria — nele essa faculdade era desenvolvida ao extremo.[11]

Tal qualidade transparece na autobiografia de Herzen, *Meu passado e pensamentos* (1868), que Berlin louva como "um dos grandes monumentos ao gênero literário e psicológico russo, digna de colocar-se ao lado dos grandes romances de Turguêniev e de Tolstói".[12]

Mandelstam vaticinou que seu "pensamento político tempestuoso irá sempre ecoar como uma sonata de Beethoven",[13] e seus ecos se fizeram sentir sobretudo no século XIX.

Já Bielínski, como vimos, entusiasmou-se e decepcionou-se com Gógol, repetindo a dose com aquele que proclamara como "novo Gógol", Dostoiévski. No espírito de acalorado embate político de seu tempo, defendia uma arte engajada, utilitária e conteudística: "Não é a língua ou o estilo, mas apenas o *conteúdo* que pode salvar um escritor do esquecimento, a despeito das modificações da língua, dos costumes e das ideias na sociedade".[14] Plekhánov contou que "chamavam-no *buldogue* da literatura e acusavam-no de não gostar de nenhum russo", mas louvou seu "anseio de libertar as sentenças e juízos críticos dos gostos pessoais e simpatias do próprio crítico e colocá-los num solo *científico objetivo*".[15] Berlin descreve o líder da Escola Natural em tintas fortes: "Pobre, tuberculoso, de berço humilde, mediocremente educado, de incorruptível sinceridade e grande força de caráter, chegou a ser o Savonarola de sua geração, ardente moralista que pregava a unidade da teoria e da prática, da literatura e da vida". Para ele, a literatura não era "um métier, uma profissão, senão a expressão artística de uma ideia de conjunto, uma doutrina ética e metafísica, um conceito da história e do lugar do homem no cosmos, uma visão que abarca todos os fatos e todos os valores".[16] Isso lhe conferiu uma autoridade moral que perdurou para muito além de sua morte, influenciando, por exemplo, a obra de um dos mais requintados estilistas russos do século XIX: Ivan Turguêniev (1818-83). Segundo Berlin,

> Bielínski faleceu em 1848, mas sua presença invisível pareceu seguir rondando Turguêniev pelo resto de sua vida. Cada vez que, por debilidade, ou por amor às comodidades, ou pelo anseio de uma vida tranquila, ou pela suavidade de seu caráter, Turguêniev se sentiu tentado a abandonar a luta pela liberdade individual ou a decência comum, e fazer as pazes com o inimigo, talvez fosse a severa imagem de Bielínski que, como um ícone, a todo momento se interpusesse em seu caminho e o guiasse de regresso à tarefa sagrada. As *Memórias de um caçador* formam seu primeiro e mais perdurável tributo a seu já moribundo amigo e mentor.[17]

Nascido em berço aristocrático, Turguêniev estudou em Moscou, São Petersburgo e Berlim, onde, além de conhecer a filosofia de Hegel, travou conhecimento com intelectuais "progressistas" como Herzen e o futuro líder anarquista Bakúnin — que serviria de modelo para o protagonista de seu romance *Rúdin* (1856), e cuja irmã o escritor chegaria a cortejar. De volta à Rússia, logo caiu sob a influência de Bielínski, como conta Ivan Panáev (1812-62), amigo próximo do crítico: "Turguêniev respeitava muito Bielínski, e se submetia a sua autoridade moral sem questionamento. Tinha até um pouco de medo dele".[18]

Bielínski entrou na vida de Turguêniev em 1843, quase ao mesmo tempo que a cantora lírica Pauline Viardot (1821-1910), que o escritor amou "até a última hora consciente de sua vida, com devoção incondicional, submissa e sem exigências".[19] O autor prontamente ficou amigo de Louis, marido de Pauline, seu parceiro em diversas traduções para o francês de obras de escritores russos, e partiu com o casal para Paris, onde reencontrou Bakúnin, estreitou a amizade com Herzen, foi apresentado a George Sand e expandiu gradualmente o círculo de conhecidos no meio literário europeu, convivendo com Flaubert, Merimée, Henry James e muitos outros.[20] Os Viardot chegaram a se encarregar da criação de Pelagueia (ou Paulinette), resultado dos amores de juventude do autor de *Pais e filhos* com uma costureira de sua mãe. Passar longos períodos na capital francesa acabaria se tornando um hábito para Turguêniev, que, sintomaticamente, não morreria em sua terra natal, mas sim em Bougival, perto da capital francesa, pouco após ter enviado a Tolstói um tocante apelo para que o autor de *Guerra e paz*, que havia renegado a arte, retomasse a atividade literária.

Do ponto de vista do refinamento e do apuro estilístico, poucos podem rivalizar com Turguêniev na literatura dessa época. Não por acaso, na peça *A gaivota*, Tchékhov coloca o seguinte epitáfio na boca de um personagem, o literato Trigórin: "Aqui jaz Trigórin. Era bom escritor, mas escrevia pior que Turguêniev". Henry James chamou-o de "romancista dos romancistas — uma influência artística extraordinariamente valiosa, e inerradicavelmente estabelecida", cuja "grande marca externa é provavelmente sua concisão: um ideal que ele nunca descartou — que talvez brilhe mais quando ele é menos breve — e que frequentemente aplicou com rara felicidade. Tem obras-primas de poucas páginas; suas coisas perfeitas são às vezes as menos prolongadas".[21] Ao compará-lo a Flaubert, o autor de *A fera na selva* afirma que "a convicção que os unia era de que a arte e a moralidade são duas coisas completamente distintas e que aquela não tem mais a ver com esta do que com a astronomia ou a embriologia. O único dever de um romance era ser bem escrito; esse mérito abrangia qualquer outro de que ele fosse capaz".[22]

Conciso, lírico e nada assertivo, Turguêniev, para Berlin, "diferentemente de seus contemporâneos Tolstói e Dostoiévski, não era um pregador, nem desejava lançar trovões em sua geração". Colocado "entre esses grandes Laocoontes atormentados, Turguêniev permanece cauteloso e cético; o leitor fica em suspenso, em estado de dúvida; colocam-se problemas vitais e — dir-se-ia que com um pouquinho de complacência — eles são deixados sem solução".[23]

Para além do temperamento e inclinação pessoal do escritor, Irving Howe busca no refluxo das utopias europeias após o fracasso das revoluções de 1848 o motivo para a "aura crepuscular" que paira sobre as obras de Turguêniev:

Também tem sua origem no sentimento de impotência que dominou muitos intelectuais russos durante os anos 1850. A derrota da revolução na Alemanha e sua desintegração na França os afetou muito mais profundamente que aos intelectuais ocidentais, pois eles haviam voltado os olhos para o Ocidente em sua busca de ajuda e, agora, não só esta era inacessível, como o próprio Ocidente parecia estar numa crise crônica.[24]

Nesse sentido, talvez o mais sintomático protagonista de Turguêniev seja Rúdin, personagem-título de seu primeiro romance, de 1856, homem brilhante e sedutor que, contudo, no clímax da obra, "prova não estar à altura das crises que deve enfrentar: seu liberalismo emasculado encontra o seu equivalente no fracasso das relações pessoais. Politicamente castrado, ele não é capaz de afirmar sua masculinidade".[25] Berlin conta que "seu mordaz amigo Herzen disse que Turguêniev tinha criado Rúdin à maneira bíblica: 'à sua própria imagem e semelhança'. Acrescentou: 'Rúdin é Turguêniev II mais não pouco do jargão filosófico de Bakúnin'".[26]

Seu romance mais célebre é *Pais e filhos* (1862), no qual ele cunhou o sentido em que viria a ser entendido politicamente o termo "niilista". A passagem em que isso ocorre é a seguinte:

— O que Bazárov é? — sorriu Arkádi. — Tio, o senhor quer que eu lhe diga o que ele é, precisamente?

— Faça-me esse favor, meu sobrinho.

— É um niilista.

— Como? — perguntou Nikolai Petróvitch, enquanto Pável Petróvitch se punha imóvel, a faca erguida no ar com um pouco de manteiga na ponta da lâmina.

— Ele é um niilista — repetiu Arkádi.

— Niilista — disse Nikolai Petróvitch. — Vem do latim *nihil*, nada, até onde posso julgar; portanto essa palavra designa uma pessoa que... que não admite nada?

— Digamos: que não respeita nada — emendou Pável Petróvitch e novamente se pôs a passar manteiga no pão.

— Aquele que considera tudo de um ponto de vista crítico — observou Arkádi.[27]

Bazárov é o radical materialista, símbolo da juventude da década de 1860, em oposição aos liberais da geração anterior, que haviam vivido sob Nicolau I. Sua revolta vigorosa não encontra vazão, e ele morre sem nada realizar. Na análise de Howe,

> por mais que o niilismo de Bazárov reflita com acurácia uma fase da história russa e europeia, deve ser considerado mais como um sintoma de desespero político do que como um sistema intelectual formal. Bazárov é um homem pronto para a vida, e não pode encontrá-la. Bazárov é um homem de emoções muito intensas, mas que não tem confiança em sua capacidade de percebê-las. Bazárov é uma personalidade revolucionária, mas que não tem ideias ou compromissos revolucionários. Ele é todo potencialidade mas não possibilidade. Quanto mais fora de moda parecem sus ideias, mais ele parece ser nosso contemporâneo.[28]

Isso do ponto de vista ideológico. Do ponto de vista literário,

> é no final de *Pais e filhos* que Turguêniev atinge seu ponto culminante enquanto artista. As últimas 25 páginas são de grandeza e intensidade incomparáveis, dignas de Tolstói e Dostoiévski e, em alguns aspectos, essencialmente em sua mescla de força trágica e doçura silenciosa, superior a eles. Quando Bazárov, contorcendo-se em delírio, exclama "Se de oito tiramos dez quanto sobra?", estamos próximos da lucidez de Lear na noite. É a lucidez da autoconfrontação final, o lamento de Bazárov por seus poderes não utilizados, perdidos. "Fui necessário à Rússia... Não, é claro, não fui necessário..." e: "Eu disse que deveria me rebelar... eu me rebelo, eu me rebelo!".[29]

O que em Turguêniev é impossibilidade de ação, em Ivan Gontcharóv (1812-91) se traduz na mais perfeita inação. *Oblómov* (1859), de Gontcharóv, foi escrito na mesma década de

Bartleby, o escrivão (1853), do norte-americano Herman Melville (1819-91), ao qual se equipara pela absoluta recusa em agir de seu protagonista.

Gontcharóv atuou durante dez anos na função de censor, tendo sido o fiscalizador, entre outras publicações, da revista *O Tempo*, de Dostoiévski, que assim o definiu: "Alma de pequeno funcionário, sem nenhuma ideia na cabeça, e os olhos de peixe defumado, a quem Deus, como que por brincadeira, concedeu um brilhante talento".[30]

Esse brilhante talento, no único de seus escritos a entrar no cânone literário, criou, segundo Renato Poggioli, um personagem que

> não bebia café ou vinho, só *kvas*; quanto a escrever, não conseguia sequer rabiscar uma carta. Contudo, seu criador o modelou como uma estátua de proporções não menos heroicas do que o Balzac de Rodin, e pouco importa que o personagem representado use como armadura apenas trajes matinais. Oblómov é, com efeito, o herói máximo de um grande poema cíclico, de um vasto épico em prosa, mesmo que seja apenas uma *Odisseia* dos chinelos ou uma *Ilíada* de roupão.[31]

Filósofo admirador de Dostoiévski, e grande influência sobre o movimento simbolista, Vladímir Soloviov (1853-1900) sustenta que "a particularidade que distingue Gontcharóv é a força da generalização artística, graças à qual ele conseguiu criar um tipo panrusso como Oblómov, para o qual, *em sua amplitude*, não encontramos equivalente em nenhum dos escritores russos".[32]

Esse tipo panrusso gerou o termo "oblomovismo", criado, em tom acusatório, pelo crítico radical Nikolai Dobroliúbov (1836-91). Assim ele define os *oblomovistas*:

O que há de mais sincero em suas aspirações espirituais é justamente a aspiração ao repouso, a vestir o roupão; e sua maior atividade não é outra senão a de vestir o *robe de chambre da honra* (para usar uma expressão que é nossa), sob o qual escondem seu vazio e sua apatia. Mesmo as pessoas mais instruídas, pessoas de natureza vivaz e coração ardente, renunciam de modo incrivelmente fácil às suas ideias e planos na vida prática, conciliam-se de modo incrivelmente rápido com o seu entorno embora não deixem de considerá-lo, verbalmente, como vulgar e repulsivo. Isso significa que tudo de que falam e tudo com que sonham lhes é estranho, tomado de empréstimo; no fundo dos seus corações enraíza-se um único sonho, um único ideal: o de repouso imperturbável, de quietismo, de oblomovismo.[33]

Dobroliúbov considera Oblómov como herdeiro de uma linhagem de personagens russos do século XIX que, graças ao *Diário de um homem supérfluo* (1850), de Turguêniev, ficaram conhecidos como "homens supérfluos": não se identificam com o mundo em que habitam mas, ao mesmo tempo, mostram-se incapazes de realizar algum tipo de ação social efetiva.[34] A lista de "homens supérfluos" costuma variar um pouco, de acordo com o gosto do freguês; para Dobroliúbov, "abra-se, por exemplo, *Ievguêni Oniéguin*, *O herói do nosso tempo*, *Quem é o culpado?* [romance de Herzen], *Rúdin*, [Diário de] *Um homem supérfluo*, "Hamlet do distrito de Schigrí" [conto que integra as *Memórias de um caçador*] — em cada uma dessas obras serão encontrados traços quase idênticos aos de Oblómov".[35]

A elevada presença de obras de Turguêniev na lista soa como um acerto de contas da geração dos "filhos" com a dos "pais". Assim, se, de um lado do espectro político, Dostoiévski se comprazia ao ver os personagens de *Os demônios* definidos como "os heróis de Turguêniev na velhice",[36] do outro a nova geração radical propunha outros modelos para superar o *oblomovismo* dos "homens supérfluos".

Dobroliúbov e seu parceiro Nikolai Tchernychévski (1828--89) eram os mais destacados membros da nova geração de radicais *raznotchíntsy* (plural de *raznochíniets*; literalmente, "pessoas de diversas classes"). Tratava-se, como o próprio nome indica, de um grupo social heterogêneo: "A maioria deixou suas classes originais (clerical, mercantil e ocasionalmente camponesa) e entrou para graus baixos da nobreza através do serviço civil; outros se tornaram *raznotchíntsy* através da educação, já que a educação universitária conferia aos formados nobreza pessoal ou hereditária, dependendo do grau recebido".[37] Uma ascensão laboriosa, se comparada às facilidades dos aristocratas; para Tchékhov, "o que os escritores de origem nobre receberam gratuitamente da natureza os *raznotchíntsy* compram ao preço de sua juventude".[38] Filho de médico, "Bielínski pertencia a essa camada. Ele foi praticamente o primeiro e, sem nenhuma dúvida, o mais ativo porta-voz literário das aspirações progressistas dos intelectuais *raznotchíntsy*".[39]

A trincheira de Tchernychévski e Dobroliúbov era *O Contemporâneo*, "revista grossa" fundada por Púchkin e dirigida, a partir de 1847, por Panáev e pelo poeta Nikolai Nekrássov (1821-78). Como assinala Joseph Frank, na década de 1860, com a emancipação dos servos e as demais reformas promovidas por Alexandre II,

> toda a intelectualidade russa uniu-se, temporariamente, em torno do tsar a favor da emancipação, mas algumas das fontes do conflito futuro já eram visíveis nas polêmicas que irromperam sobre questões estéticas e filosóficas mais abstratas (todas, evidentemente, com implicações

sociopolíticas) entre os antigos literatos da geração dos anos 1840 e os "homens novos" dos anos 1860 que surgiram em meados da década de 1850. Esse último grupo, representado principalmente por Nikolai Tchernychévski e Nikolai Dobroliúbov, foi rotulado pela cultura russa de *raznotchíntsy* — os que não tinham status (*tchin*) fixo no sistema russo de castas. Oriunda frequentemente de famílias de clérigos, como os dois acima mencionados, a geração dos anos 1860 criticava acerbamente os elementos do idealismo romântico que ainda persistiam na cultura liberal e aristocrática de seus antecessores imediatos e substituiu esse idealismo por um materialismo genérico, uma ética do egoísmo utilitarista e uma fé ingênua em que a ciência e a racionalidade seriam suficientes para desintrincar as complexidades da condição humana.[40]

Se Dobroliúbov faleceu jovem, vítima de tuberculose, Tchernychévski, por suas atividades políticas, foi preso na Fortaleza de Pedro e Paulo e condenado a "morte civil" (privação de direitos), trabalhos forçados e exílio na Sibéria. Durante o cárcere, escreveu o romance utópico *O que fazer?* (1863), que,

apesar de toda a sua visível fraqueza artística, é cotado como uma das mais bem-sucedidas obras de propaganda já escritas em forma de ficção. Poucos livros causaram um impacto tão direto e eficaz sobre as vidas de um número tão grande de pessoas, a começar pelos esforços dos discípulos diretos de Tchernychévski para formar comunas cooperativas socialistas semelhantes àquelas que ele descrevera e continuando até V. I. Lênin, cuja admiração pelo romance de Tchernychévski foi irrestrita e que tinha nessa obra uma fonte de inspiração pessoal.[41]

Redigido na prisão, *O que fazer?* foi, ironicamente, publicado com a ajuda da polícia russa, no que parece a trama de uma "comédia de erros" gogoliana:

a jornada começou quando Tchernychévski mandou o primeiro fascículo do romance ao príncipe Golítzin, chefe da comissão encarregada de investigar as acusações contra ele. Não encontrando nada de "político" no que leu (como, de fato, nada há de *abertamente* político no romance como um todo), o príncipe considerou findadas suas obrigações e enviou o manuscrito à censura para um exame mais detalhado. O censor, impressionado com o "sinete e o envelope" da comissão, acreditou que a obra fora aprovada e passou-a imediatamente à revista. No entanto, Nekrássov esqueceu as páginas do primeiro fascículo num carro de aluguel e, mediante um anúncio no jornal da polícia de São Petersburgo, rogou que lhe fossem devolvidas as páginas. O pacote foi recuperado e a própria polícia entregou devidamente ao ansioso editor um dos textos mais subversivos da literatura russa. Esses fatos explicam como o primeiro fascículo foi publicado; todavia, continua um mistério a razão pela qual o resto da obra passou livremente pela rede da censura, mesmo depois que ficou clara para todos a tendência revolucionária do livro.[42]

Se Nekrássov aparece aqui antes como editor de *O Contemporâneo* do que como poeta, isso se deve tanto à escassa penetração da poesia russa no Brasil, já discutida anteriormente, como à inserção subordinada da literatura de seu tempo. Assim, merecerão menções breves também Fiódor Tiúttchev (1803-73) — definido por Dostoiévski como "nosso poderoso poeta russo, um dos mais notáveis e originais continuadores da era de Púchkin"[43] — e Afanássi Fet (1820-92), celebrado pelo lirismo e melodismo, bem como por sua poesia amorosa.

Como explica Krystyna Pomorska,

> na década de 30 do século XIX inicia-se na literatura russa o reino da prosa. O "período gogoliano" — como o apelidou Tchernychévski — é o triunfo completo da prosa como gênero e de problemas relacionados a ela na crítica. A década de 60 reforçou a importância geral da prosa, que se estabeleceu como um modelo na literatura. O que foi acompanhado por fortes tendências naturalistas na técnica e um interesse profundo em problemas ideológicos. De fato, a crítica da época equacionou o problema literário em termos puramente ideológicos, e as discussões se centralizaram em torno da questão do caráter progressista ou reacionário da literatura e não do seu nível artístico. Os valores estéticos e morais são tratados no mesmo nível, e os primeiros realmente se reduzem aos últimos. O único grupo de poetas que desfrutou uma grande popularidade foi a escola de Nekrássov, que se destacou pelo seu famoso slogan: *"Tu podes não ser poeta/ Mas tens que ser cidadão..."*.[44]

Segundo Pasternak, "os ritmos da Rússia falante, a entonação melodiosa da fala cotidiana, encontraram sua medida de duração nos ritmos em três tempos de Nekrássov",[45] chamado de "poeta da vingança e da tristeza"[46] por Turguêniev. Para Jakobson, a "audaciosa tentativa de Nekrássov (n. em 1821) de criar formas poéticas que ultrapassassem as fronteiras entre a poesia e o jornalismo era a única chance que tinha o grande poeta de contrabalançar a severa hegemonia dos prosadores".[47]

Em 1868, Nekrássov adquiriu a revista *Anais da Pátria*, que editou com um prosador pouco divulgado no Brasil, mas bastante conhecido na Rússia — Mikhail Saltykov-Schedrin (1826-89), que assumiu a publicação sozinho após o falecimento do amigo. Schedrin foi sobretudo um satirista ferino, cuja obra mais famosa, contudo, não é humorística, e sim sombria: Nivat chama seu romance *A família Golovin* (1876) de "mais apavorante poema do confinamento familiar", um "livro sufocante" que "está literalmente fechado no tête-à-tête parricídio-infanticídio".[48]

À mesma geração de Saltykov-Schedrin pertenceu Nikolai Leskov (1831-95), divulgado internacionalmente por Walter Benjamin, que a ele dedicou o célebre ensaio "O narrador" (1936). Para o pensador alemão,

> metade da arte narrativa está em evitar explicações. Nisso Leskov é magistral. (Pensemos em textos como *A fraude*, ou *A águia branca*.) O extraordinário e o miraculoso são narrados com a maior exatidão, mas o conteúdo psicológico da ação não é imposto ao leitor. Ele é livre para interpretar a história como quiser, e com isso o episódio narrado atinge uma amplitude que não existe na informação.[49]

Noé Oliveira Policarpo Polli descreve Leskov como

> figura isolada, no meio literário, por motivos ideológicos e por características da sua escrita, como um herege entre pios ou um malicioso entre puros, era a combinação de um abjurador das ideias socialistas com um crente desiludido com a Igreja oficial; sem amigos nem entre os conservadores nem entre os progressistas, desagradava a ateus revolucionários e a ortodoxos monarquistas.[50]

Tolstói chegou a preconizar: "fazem mal em não ler Leskov, é um verdadeiro escritor".[51]

Filho não de nobres, mas de um funcionário do judiciário que vinha de uma família de clérigos, Leskov viveu, na juventude, em Kíev, onde se familiarizou com os idiomas ucraniano e polonês, e teve como experiência formadora decisiva o trabalho na companhia de comércio Scott & Wilkins, do marido inglês de sua tia, que o fez viajar pelo interior da Rússia. Graças a isso,

> Leskov é um daqueles escritores russos cujo conhecimento da vida não era fundado na posse de servos, para depois ser modificado por teorias universitárias de origem francesa e alemã, como Turguêniev e Tolstói, mas na experiência prática e independente. Por isso é que sua visão da vida russa é tão livre daquela atitude de piedade condescendente e sentimental pelo camponês que é típica do dono de servos liberal e educado.[52]

Tal experiência enriquece suas histórias não apenas com uma diversificada galeria de personagens, mas sobretudo com um linguajar variegado e muito peculiar, exercitando o que Eikhenbaum chamou de "filologia artística", de um "artesão solitário, imerso em seu ofício de escrever e conhecedor de todos os segredos do mosaico verbal", e caracterizada pelo fato de que "os personagens de suas obras sempre são marcados por suas profissões, por seus sinais sociais ou nacionais. São representantes deste ou daquele jargão, deste ou daquele dialeto".[53] Polli conta que

> ele escreveu que não inventara linguagem nenhuma e que o que se lia, na maioria dos seus livros, era a fala sorrateiramente apanhada, durante as suas muitas viagens pela parte europeia do país, da boca dos mujiques, dos pseudointelectuais, das pessoas bem falantes, dos mendigos videntes e dos santarrões. Pelas palavras de um crítico de então (Oleg Miénchikov), Leskov erigira um "museu de todos os falares" da Rússia, com todos os elementos do oceano da linguagem russa", como a dos cronistas históricos, a de salão, a dos

funcionários públicos, a dos contos maravilhosos, a dos padres de aldeia, a dos dogmáticos e escolásticos, a dos andarilhos e dos artesãos. Ao resultado desse seu trabalho, Víktor Chklóvski, no livro *Teoria da prosa*, chamou "um enorme, verdadeiro, poderoso e novo russo, a rocambolesca linguagem dos pequeno-burgueses e dos parasitas".[54]

Leskov escreveu romances, mas suas obras mais celebradas são narrativas curtas, contos e novelas como *O anjo selado* (1872), *O peregrino encantado* (1873), *O canhoto vesgo de Tula e a pulga de aço* (1881) e *Lady Macbeth do Distrito de Mtsensk* (1865). Esta última adquiriu celebridade ainda maior ao ser transformada em ópera por Dmítri Chostakóvitch (1906-75), em 1933 — para, três anos mais tarde, receber um violento ataque nas páginas do *Pravda*.

Em sua tentativa de "humanizar" a protagonista da ópera, Chostakóvitch incutiu nela características de Kátia Kabánova, a protagonista feminina de *A tempestade* (1876, que também viraria ópera, com o nome de sua personagem principal, pelas mãos do tcheco Leoš Janáček), do mais célebre dramaturgo russo do realismo — Aleksandr Ostróvski (1823-86). Nas palavras de Jacó Guinsburg, "as construções de Ostróvski são em sua maioria habitadas por gente do povo, sendo tipicamente russas na forma, espírito e linguagem. Delas, saltam essas mesmas classes médias em seus estratos mais baixos, que seriam as principais defensoras da 'escola natural' e que se viam refletidas nela, com seus problemas e sua maneira de viver".[55] Ánnenkov escreveu que

temos alguns insignes talentos que conhecem bem o método artístico de definição do caráter nacional; entre eles, o lugar de honra pertence ao sr. Ostróvski. Ele é cada vez mais citado quando falam sobre as antigas teorias com desdém;

no entanto, em suas melhores obras, Ostróvski é essencialmente um artista. Em primeiro lugar, ele é um artista da *linguagem* porque não se limita nem às locuções nem às expressões preferidas do povo, mas compreende a conexão lógica entre os conceitos que existem em uma determinada classe da sociedade e geram a sua *palavra*. Em segundo lugar, é um artista pela capacidade de encontrar os limites e os verdadeiros contornos de seu pensamento; muitas vezes em dois ou três detalhes ele transmite por completo uma personagem ou até toda uma cena repleta de conteúdo.[56]

Se hoje pouco se fala de Ostróvski no Brasil, talvez seja porque, na geração seguinte, tenha surgido um dramaturgo russo cujas peças revolucionariam o teatro mundial e tomariam nossos palcos de roldão. Tendo começado com Púchkin, o século XIX russo se encerraria com Tchékhov.

Em foco: Ocidentalistas versus eslavófilos

Em frase que se tornaria célebre, o pensador Piotr Tchaadáiev, em sua *Primeira carta filosófica* (1836), retratou os russos como "estendidos entre as duas grandes civilizações do mundo, entre Oriente e Ocidente, apoiando-nos com um cotovelo na China e com outro na Alemanha".[57] Dado o papel que ambas as nações desempenham hoje na vida do país, o aforismo revelou-se não apenas acertado para a época, como profético. Por sua agudeza e originalidade, Tchaadáiev recebeu a recompensa que a Rússia usualmente reserva às suas grandes vozes críticas: foi declarado mentalmente insano e preso. Ao deplorar o isolamento e atraso da nação, ele lançava as bases de dois campos ideológicos que se oporiam ao longo do século XIX. Quem se identificava com as ideias de Tchaadáiev era ocidentalista; quem as criticava, eslavófilo.

Entre os primeiros, podemos contar Bielínski, Herzen e Turguêniev, dos quais já falamos bastante e, portanto, a respeito de quem não nos estenderemos. No segundo campo, entrariam nomes como os irmãos Konstantin e Ivan Aksákov, os irmãos Piotr e Ivan Kirêievski e Aleksei Khomiakov, que, em 1836, em resposta à *Carta filosófica* de Tchaadáiev, proclamou a Rússia "o centro da humanidade do hemisfério europeu, o mar ao qual confluem todos os conhecimentos".[58] Khomiakov cunhou o conceito de *sobórnost*, palavra sem tradução para designar uma comunidade social unida.

> Combinando as palavras para assembleia e catedral (*sobor*) e para união ou reunião (*sobirat*), a noção serve como um equivalente espiritual e espacial da propriedade de terra comunal camponesa conhecida como *óbschina*. Khomiakov encarava essa ideia de unidade na multiplicidade como a característica, ao lado da *dukhóvnost* (espiritualidade) que diferenciava a Rússia do Ocidente. De acordo com a teoria de *sobórnost*, a autorrealização individual vem não através do isolamento, mas é atingida por meio da solidariedade com os outros.[59]

Das diversas aplicações dessa ideia resultam as diferenças entre as três tendências principais do eslavofilismo identificadas por Howe: "os pan-eslavistas, que fornecem um elemento racional para o imperialismo do tsar; um grupo que flutua entre o desejo de reter a característica russa por um lado e o de reformar a sociedade russa, dentro da estrutura de uma monarquia constitucional, por outro; e os radicais, que aspiram a uma democracia camponesa".[60] As revistas *O Tempo* e *A Época*, que Dostoiévski editou com seu irmão Mikhail, defendiam uma corrente independente, chamada *pótchvienitchestvo* (de *pótchva*, "solo" em russo), que pode ser considerada próxima das ideias eslavófilas.

Gomide explica que

> o eslavofilismo como uma espécie de ideologia do agrarismo russo, ou do velho mundo da nobreza boiarda, lastreada na associação entre tradição e mundo oral, e crítica em relação ao urbanismo artificial, materializado por São Petersburgo, e às investidas centralistas e modernizantes do poder tsarista. Moscou, nessa construção binária, seria uma urbe mais afeita aos propósitos eslavófilos, visto que mais antiga e colada às tortuosidades da história e da psique russa, portanto mais orgânica, natural e "ruralizada", como uma imensa aldeia.[61]

Afinal, São Petersburgo foi a cidade aberta em um local pantanoso como "janela para a Europa" por Pedro, o Grande, o "déspota esclarecido" que europeizou o país na marra. Opor-se à ocidentalização era opor-se a Pedro e seu legado — dos quais o mais palpável era a nova capital. Essa oposição entre os valores associados a ambas as cidades está colocada de forma candente nas obras-primas de Tolstói. Em *Guerra e paz*, o alpinismo social dos Kuráguin é petersburguês; a sinceridade dos Rostov, moscovita. Moscou arde em chamas para, com esse sacrifício, imolar o invasor napoleônico, enquanto Petersburgo se esbalda em bailes e banquetes. Em *Anna Kariênina*, Lióvin (que, não custa lembrar, é o alter ego de Tolstói) e a família Cherbátski representam Moscou, enquanto tudo que é frívolo, burocrático e interesseiro acontece em São Petersburgo. A polaridade entre a "Veneza do Norte" e a "Terceira Roma" ainda é significativa nos dias de hoje; ao conhecer um russo, dificilmente o estrangeiro escapará de ter de responder de qual das duas cidades gostou mais. A continuidade da conversa dependerá significativamente do teor da resposta.

5.
Do poeta do vazio ao primeiro Nobel

*Era uma brincadeira comum entre os
russos dividir seus conhecidos entre os que
gostavam de Tchékhov e os que não gostavam.
Os que não gostavam não eram boa gente.*

Vladímir Nabókov[1]

Ao analisar o panorama da literatura russa na década de 1880, Boris Eikhenbaum afirma que, aos contemporâneos, aqueles tempos deviam ter sabor de "empobrecimento e declínio literário. De fato: morreu Turguêniev, morreu Dostoiévski, morreu Ostróvski, morreu Saltykov-Schedrin. Saíra da vida uma geração poderosa, que se pronunciara ainda nos anos 40, e não tivera substitutos dignos". Apenas "Liev Tolstói estava vivo, e 'fazia por todos', nas palavras de Tchékhov, mas sua voz solitária, já lancinante e senil, aumentava a sensação de vazio". Poderia parecer "que as forças da literatura russa já estavam esgotadas"; só que "a História tinha seus planos e suas reservas. A literatura é uma coisa popular, e o povo estava vivo e queria viver mais. Quem vivia uma crise não era a literatura russa, mas a intelligentsia populista. Era necessária uma nova literatura, livre das ilusões populistas e de muitas tradições já superadas — e ela apareceu".[2] Era a literatura de Tchékhov.

O populismo a que Eikhenbaum se refere não tem nada a ver com a conotação que a palavra assumiu nos dias de hoje. Como explica Berlin,

"populismo russo" não é o nome de um único partido político, nem de um conjunto coerente de doutrina, senão de um difundido movimento radical da Rússia em meados do século XIX. Nasceu durante os grandes distúrbios sociais e intelectuais que se seguiram à morte do tsar Nicolau I e à humilhação produzida pela guerra da Crimeia; adquiriu fama e influência durante a década de 1860 e 1870, e alcançou seu auge com o assassinato do tsar Alexandre II [1881], depois do qual declinou. Seus chefes foram homens de origens, opiniões e capacidades muito distintas; em nenhum momento foi mais do que uma rede não muito organizada de pequenos e independentes grupos de conspiradores, com seus simpatizantes, que às vezes se uniam para a ação comum e outras vezes operavam por sua conta.

Com metas como "a justiça e a igualdade social", eles "estavam convencidos, de acordo com Herzen, cuja propaganda revolucionária os influenciou na década de 1850 mais do que qualquer outro conjunto de ideias, de que a essência de uma sociedade justa e igualitária já existia na comuna camponesa russa, a *óbschina*, organizada na forma de uma unidade coletiva chamada *mir*".[3]

Em 1874, brotou dessas ideias um movimento aparentemente espontâneo de "ida ao povo" nas classes instruídas. Como descreve em suas memórias o anarquista russo Piotr Kropótkin (1842-1921), para serem "úteis às massas", idealistas "chegaram à ideia de que a única maneira era instalar-se no meio do povo, e viver a vida do povo. Homens jovens vieram para as aldeias como médicos, assistentes de médicos, escribas de aldeia, até mesmo como trabalhadores agrícolas, ferreiros, madeireiros", enquanto

as moças passaram nos exames para professora, aprenderam a ser parteiras ou babás e foram aos milhares para as aldeias, dedicando-se à parte mais pobre da população. Essas pessoas foram sem ter em mente qualquer ideia de reconstrução social, ou qualquer pensamento de revolução. Simplesmente queriam ensinar a massa de camponeses a ler, instruí-los em outras coisas, dar-lhes assistência médica e, dessa maneira, ajudar a tirá-los das trevas e da miséria e aprender ao mesmo tempo quais seriam seus ideais populares de uma vida social melhor.[4]

Os camponeses, contudo, em vez de acolherem seus supostos benfeitores, desconfiaram daquela gente chegada repentinamente das cidades, e a repressão do governo tampouco tardou. A via pacífica para a transformação social estava esgotada, e os populistas logo tomaram o caminho do terrorismo.

Foi nessa época de refluxo das esperanças que surgiu Tchékhov, cuja arte narrativa, na opinião de Thomas Mann, "se equipara ao que há de melhor e mais poderoso na literatura europeia", com uma obra "que abriu mão da monumentalidade épica" e "encerra em si toda a vasta Rússia de antes da revolução, com sua natureza eterna e suas eternas condições sociais "desnaturadas"".[5] Para Nabókov, "Tchékhov e Púchkin são os escritores mais puros que a Rússia produziu em termos da harmonia completa que seus escritos transmitem", e o primeiro,

embora nunca voltado para fornecer mensagens sociais ou éticas, quase involuntariamente revelou mais sobre as sombrias realidades do faminto, confuso, servil e irado campesinato russo do que uma multidão de outros escritores, tais como Górki, por exemplo, que alardeavam suas ideias sociais se valendo de uma procissão de manequins pintados. Vou além e digo que aquele que prefere Dostoiévski ou Górki a Tchékhov nunca será capaz de apreender a essência da literatura e da vida russas — e, o que é bem mais importante, a essência da arte literária universal.[6]

Filho de um merceeiro, Tchékhov nasceu no sul da Rússia, em Taganrog, e a descrição que deixou de sua Itabira na carta a um amigo não é exatamente idílica:

É a Ásia! Todinha à minha volta, eu não consigo acreditar. Sessenta mil habitantes, cuja única preocupação é comer, beber, reproduzir-se, sem nenhum outro interesse... Por onde quer que se vá só há bolinhos, ovos, *santorrinos*, criancinhas de peito, mas nada de livros, de jornais... O lugar onde fica a cidade é bonito, sob todos os aspectos, o clima é esplêndido, há uma enormidade de frutas, mas o povo é inerte, que é o diabo... São todos dotados musicalmente, têm uma fantasia e um humor excelentes, são sensíveis, nervosos, mas isso tudo acaba dando em nada... Não há patriotas, nem negociantes, nem poetas, nem mesmo padeiros decentes.[7]

Médico de formação, exerceu o ofício ao mesmo tempo que seus escritos iam crescendo em popularidade e destaque. Em uma de suas frases mais célebres, afirmou que "a medicina é minha esposa legítima e a literatura é a minha amante".[8] Escreveu prolificamente, mas, diferentemente de seus predecessores, não deixou romances caudalosos, restringindo-se a formas concisas como o conto e a novela. Sua obra mais volumosa é *A ilha de Sacalina* (1893-4), assombroso e preciso relato de sua viagem à ilha-prisão no Extremo Oriente, que, mesclando reportagem, relato científico e ensaio, forma, ao lado de *Recordações da casa dos mortos*, de Dostoiévski, e *Ressurreição*, de Tolstói, a trinca das grandes narrativas do degredo russo no século XIX (como veremos adiante, a Revolução Russa, com a instituição do gulag, garantirá a continuidade desse gênero literário, engendrando as obras de Chalámov e Soljenítsyn).

Assim como Dostoiévski, Tchékhov não veio da nobreza rural e, portanto, precisava trabalhar para se sustentar. Deixou uma obra caudalosíssima, e seria muito difícil destacar, aqui, alguns de seus contos sem fazer injustiça com os que venham a ficar de fora. Entre os textos um pouco mais longos, Thomas Mann selecionou "Uma história enfadonha" (1889) como "a mais preciosa das criações narrativas de Tchékhov".[9]

Em carta a seu editor, Tchékhov assim descreve seu processo de trabalho:

Começo um conto no dia 10 de setembro, sabendo que terei que terminá-lo até o dia 5 de outubro, prazo máximo; se não o cumprir, além de ser tachado de irresponsável, acabarei ficando sem o dinheiro. Escrevo o início sossegado, sem me apoquentar, mas no meio já começo a ficar preocupado, com receio de que o conto saia longo demais: não posso esquecer de que *O Mensageiro do Norte* dispõe de pouco dinheiro e que eu sou um dos colaboradores mais caros. É por isso que os meus inícios sempre prometem, como se estivesse começando um romance; o meio sai espremido, tímido, e o final, como num conto breve, é uma espécie de fogo de artifício. Quer se queira, quer não, a primeira coisa que a gente faz, quando escreve um conto, é cuidar de seus limites: entre uma grande quantidade de heróis e semi-heróis, você escolhe apenas uma personagem — o marido ou a mulher —, coloca essa personagem sobre um fundo e passa a desenhar e a dar realce somente a ela, enquanto as demais são espalhadas sobre esse fundo, como moedas miúdas, formando algo parecido com a abóbada celeste: uma lua grande e, em volta dela, uma porção de estrelinhas bem pequenas. Mas a lua também não sai direito, porque você só consegue percebê-la quando tiver percebido as outras estrelas, que ainda não estão acabadas. Então, o que me sai não é literatura, mas algo semelhante à costura do cafetã de Tríchka.[10] O que fazer? Realmente, não sei. Confio no tempo, que cura tudo.[11]

Irônico ("deixou claro que — ao contrário do que acontece na arte narrativa ocidental — é possível uma épica genuinamente satírica"),[12] ambíguo ("quando escrevo, eu confio inteiramente no leitor, supondo que ele mesmo acrescentará os elementos subjetivos que faltam ao conto")[13] e sem pretensões a pregar verdades absolutas ("eu acho que não são os escritores que devem resolver questões como Deus, o pessimismo etc. O que cabe ao escritor é apenas representar quem, quando e em que circunstâncias falou ou pensou sobre Deus ou sobre o pessimismo. O artista não deve ser juiz de suas personagens e daquilo que dizem, mas tão somente testemunha imparcial"),[14] Tchékhov parece lançar as bases de uma poética para o século XX. Não por acaso, foi festejado por Maiakóvski como "o alegre e vigoroso artista da palavra", por ter sido "o primeiro a compreender que o escritor apenas modela um vaso artístico, e que não importa se ele contém vinho ou porcarias. Ideias e argumentos não existem. Cada fato anônimo pode ser envolvido por uma admirável rede verbal". Nele, "não é a ideia que engendra a palavra, mas a palavra que engendra a ideia"; cada uma de suas obras "é a resolução de problemas exclusivamente vocabulares. Suas asserções não são verdade arrancada da vida, mas uma conclusão exigida pela lógica das palavras".[15]

Górki, que o conheceu pessoalmente, descreve-o como "de uma modéstia casta",[16] e, ao vencer Prêmio Púchkin (1888) da Academia de Ciências, pela coletânea de contos e novelas *No crepúsculo*, Tchékhov afirmou que "tudo que escrevi e pelo qual me concederam o prêmio não resistirá ao esquecimento por mais de dez anos".[17] Haveria, contudo, do que se gabar. Pois, além de inventar o conto russo moderno, Tchékhov protagonizaria ainda uma revolução nos palcos. Revolução baseada não em proclamações tonitruantes, mas em pausas, silêncios e entreditos.

O evento que possibilitou essa mudança foi que,

em 1882, o tsar Alexandre III aboliu o monopólio dos teatros imperiais — o Aleksandrínski, em São Petersburgo, e o Mály, em Moscou. Isso abriu a cena para um arejamento no repertório dos novos grupos, agora mais propensos a textos nacionais contemporâneos ou mesmo àqueles fora dos padrões de expectativas das comissões oficiais de repertório, em geral muito conservadoras.[18]

Em carta a um amigo, em 1888, Tchékhov escreveu que "o teatro contemporâneo é uma erupção, uma doença maligna das cidades. É preciso banir essa doença com uma vassoura; não é saudável amá-la".[19] A doença, contudo, logo se revelaria contagiosa. Após o fiasco da estreia no Teatro Aleksandrínski, em São Petersburgo, sua peça *A gaivota* seria apropriada pelo Teatro de Arte de Moscou, e a primeira apresentação por esta companhia faria história, como o diretor Konstantin Stanislávski (1863-1938) narrou em suas memórias:

O primeiro ato acabou com um silêncio sepulcral da plateia. Uma das artistas desmaiou e eu mesmo, de desespero, mal me mantinha de pé. Mas de repente, depois de uma longa pausa, a plateia explodiu em berros, barulhos e aplausos enlouquecidos. Fechou-se a cortina... abriu-se de novo, fechou-se, e nós ficamos pasmos. Depois, novos berros... e, de novo, a cortina. Todos nós estávamos imóveis, sem perceber que precisávamos agradecer. Finalmente, sentimos o sucesso e, incrivelmente emocionados, começamos a abraçar um ao outro como se abraça na noite de Páscoa. O sucesso cresceu a cada ato e acabou sendo um triunfo. Mandamos um telegrama detalhado a Tchékhov.[20]

Nascia uma relação artística fadada a mudar a face das artes cênicas. A partir do contato com Tchékhov, Stanislávski desenvolveu seu célebre método, internacionalmente adotado, cujas bases Nabókov assim resume:

> O ator deveria acima de tudo temer as técnicas rígidas e os métodos tradicionais, se esforçando, em vez disso, para penetrar na alma dos personagens que iria interpretar. Nessa tentativa de fazer um retrato convincente de determinado tipo dramático, o ator, durante o período de ensaios, deveria viver uma vida imaginária adaptada ao personagem em questão: assim, no cotidiano assumiria maneirismos e entonações apropriadas para a ocasião, de tal modo que, quando chamado a pronunciar suas falas no palco, as palavras lhe viessem tão naturalmente quanto se ele fosse de fato o personagem, falando de forma inteiramente natural.[21]

Birgit Reumers explica que

> as grandes peças de Tchékhov — *A gaivota* (*Tcháika*, 1896), *Tio Vânia* (*Diádia Vânia*, 1897), *As três irmãs* (*Tri sestrý*, 1901) e *O jardim das cerejeiras* (*Vichnióvy sad*, 1903) — foram verdadeiramente inovadoras: os teatros russos da época operavam em um estilo declamatório altamente inadequado aos dramas atmosféricos de Tchékhov.

Assinala ainda que os "personagens de Tchékhov requerem uma abordagem psicológica delicada e sutil; desafiam o diretor a tratar o texto não como uma expressão de sentimentos, mas como um abafamento de emoções".[22]

Assim, para Vassíli Tolmatchov,

> suas personagens, desprovidas de contornos heroico-ideais, tornam-se eternos Seres sem Lar: partem para um lado, chegam a outro, entram e saem por inúmeras portas a que não faz

sentido chamar de esquerda ou direita. Nesse sentido, também não há três irmãs, uma gaivota e Moscou em Tchékhov: para onde quer que se vá, em todos os lugares (duzentos anos antes, trezentos anos depois), o que se encontra é a morte, [pois] Tchékhov é o poeta do Vazio — da relatividade de tudo o que, inclusive o teatro, é refletido num frio eterno.[23]

Esse "poeta do Vazio" chegou aos palcos brasileiros relativamente tarde — a primeira montagem documentada, da comédia breve *O urso*, ocorreu apenas em 1946, na Faculdade de Direito do Recife. Contudo, rapidamente Tchékhov adquiriu importância fundamental para o nosso teatro, tornando-se autor obrigatório, e encenado com regularidade. Não por acaso, uma montagem de *As três irmãs*, em 1972, foi um dos marcos da trajetória do Teatro Oficina, assinalando o "racha" entre José Celso Martinez Correa e Renato Borghi. Estudioso da recepção do dramaturgo no Brasil, Rodrigo Alves de Nascimento afirma que

> Tchékhov nos fala de maneira íntima, pois sua dramaturgia seria o retrato da crise de experiências significativas que marcam a vida contemporânea. Tal qual na Rússia de fins do século XIX, viveríamos um período de intervalo, de descrença geral nas grandes utopias. Desse modo, suas peças desdramatizadas permitiriam acessar, por meio dos desvãos da forma, os antiexemplos de personagens que nos fazem um apelo silencioso: é preciso viver de maneira radicalmente diferente da que vivemos hoje.[24]

Do ponto de vista da posteridade, o talento de Tchékhov acabou encobrindo o de alguns de seus contemporâneos. Caso de Vladímir Korolenko (1853-1921), jornalista e ativista dos direitos humanos nascido na Ucrânia[25] e com atitude oposta à do autor de *A dama do cachorrinho* (1889), pois se envolveu fortemente com o movimento populista, sendo preso e exilado na Sibéria. Escreveu contos e ensaios, e deixou uma autobiografia inacabada: *História do meu contemporâneo*. Aurora Fornoni Bernardini identifica

> duas linhas principais que sustentam os escritos de Korolenko: os problemas das relações indivíduo (desvalido)/sociedade (*O sonho de Makar*, *Em má companhia*), e as recordações da infância (*O músico cego*), ambas as linhas poeticamente descritas e marcadas por um profundo conhecimento psicológico e uma orientação sociofilosófica, orientação que o escritor deve, em grande parte, à influência paterna.[26]

Um episódio que uniu Korolenko e Tchékhov foi a renúncia de ambos, em 1902, ao status de membros da prestigiosa Academia Russa de Ciências. O motivo: a instituição expulsara de seus quadros, devido às suas atividades revolucionárias, o escritor Maksim Górki (1868-1936).

"Máximo Amargo" era, na verdade, o pseudônimo de Aleksei Pechkov, nascido na cidade de Níjni Nóvgorod, que, em sua homenagem, foi chamada de Górki entre 1932 e 1990. Um amargo de tonalidades positivas, no juízo de alguém que não morria de amores por sua obra, Vladímir Nabókov,

> em seus trabalhos, acentuava ferozmente a amarga verdade da vida russa de seu tempo. E, entretanto, cada linha que escreveu estava impregnada de sua fé inabalável no homem. Por mais estranho que pareça, esse pintor dos mais sombrios recantos da vida, das mais cruéis brutalidades, foi também o maior otimista que a literatura russa gerou.[27]

Pobre, trabalhou desde a infância como sapateiro, lavador de pratos, estivador e padeiro; após uma tentativa de suicídio, viajou a pé pela Rússia, navegando pelo grande rio que banha sua cidade, o Volga. O duro amadurecimento desse leitor compulsivo foi retratado naquela que talvez seja sua criação mais emblemática: a trilogia autobiográfica *Infância* (1914), *Ganhando meu pão* (1916) e *Minhas universidades* (1923) — que fez Boris Schnaiderman classificá-lo de "precursor da literatura confessional".[28] Na análise de Chklóvski, "a vida de Górki foi uma vida longa. Dos escritores russos de seu tempo ele era talvez o único capaz de trazer para a Rússia a elegância dos heróis de Dumas, e em suas primeiras obras os mortos se levantavam".[29]

"Bem, à pergunta: Por que me tornei escritor?, eu respondo: por força da pressão que senti da 'vida penosamente pobre' e porque tive tantas impressões que 'não podia deixar de escrever'", afirmaria Górki, ao refletir sobre seu ofício.

> Recebia as impressões diretamente da vida e dos livros. As primeiras podem ser comparadas com a matéria-prima; as segundas, com os pré-fabricados, ou, *grosso modo*, para ser mais explícito, no primeiro caso eu via o gado e, em segundo, o couro, tirado dele e já bem trabalhado. Devo muito à literatura estrangeira e, principalmente, à francesa.

Afinal, escreveu ainda, "o livro tem a capacidade de provar sobre o homem aquilo que desconheço e não vejo nele".[30]

O primeiro "couro" que Górki ofereceu à sociedade russa, uma coletânea de dois volumes intitulada *Ensaios e contos*, obteve sucesso instantâneo. Na literatura, fez amizade com Tchékhov e Tolstói; na política, com Lênin. Preso diversas vezes devido à sua atuação no movimento revolucionário, viveu por dois períodos no exterior, majoritariamente na Itália: 1906-13 (entre o levante fracassado de 1905 e a Primeira Guerra Mundial) e, após a Revolução de Outubro, entre 1921 e 1932. Embora sua posição com relação aos bolcheviques fosse inicialmente crítica, Górki posteriormente aderiu ao regime sem reservas, tornando-se o conspícuo artífice e porta-voz de sua intervenção na literatura. Ele era

> o principal líder na "produção" de escritores soviéticos: organizou treinamento literário e promoveu "brigadas literárias" — entre as quais está a célebre brigada que escreveu *Bielomórski-Baltíiski kanal: Istória stroítelstva* (Canal do mar Branco-Báltico: História da construção), o apogeu da coletividade criativa e representação da realidade soviética. Ele se tornou o líder do realismo socialista, provendo-o da base estética de que o projeto político de Stálin necessitava.[31]

Sua atuação sob o comunismo é matizada por depoimentos como o de Chklóvski, segundo o qual "antes de qualquer palavra sobre Górki, é necessário escrever também que Aleksei Maksímovitch salvou minha vida várias vezes". Para o escritor, "Górki era o Noé da intelligentsia russa", salvando-a do "dilúvio" em verdadeiros "campos de concentração para a intelligentsia", iniciativas editoriais como "Literatura Mundial, Editorial Grjebin e Casa das Artes". Chklóvski é taxativo: "Sem isso, a intelligentsia teria se degenerado e se precarizado completamente".[32]

Se sua situação como grande burocrata das letras auxiliou grandemente a divulgação da obra de Górki nos tempos soviéticos, ela também fez com que a reputação do escritor encolhesse após o fim do império vermelho. Nas palavras de Dmítri Býkov, Górki "arruinou sua biografia", pois "o stalinismo é uma coisa imperdoável para o artista, e ele era um verdadeiro stalinista".[33]

Em nosso país, como vimos, no começo da "febre de eslavismo" — quando ele estava vivo e atuante —, Górki era um dos escritores russos mais lidos, ao lado de Dostoiévski e Tolstói. Gomide conta que "*A mãe*, de Górki, é um dos textos mais divulgados no Brasil de todos os tempos. Entre 1930 e 1935, teve quatro edições, convertendo-se na obra literária russa mais publicada".[34]

Redigido durante o breve exílio do escritor nos Estados Unidos, em 1906, e filmado por Pudóvkin em 1926, *A mãe* trata de agitações revolucionárias entre trabalhadores de fábrica, o que a fez ser considerada uma precursora do realismo socialista. Ievguêni Dobrenko vê aí algo "artificial", pois, "na época da criação do romance, Górki estava empolgado com ideias de 'construção de Deus' e subtons religiosos (motivos de sacrifício, transformação espiritual e redenção universal) são muito fortes no romance. E não desapareceram imediatamente após a Revolução".[35] Analogamente, Býkov lê a obra como "a tentativa de um novo Evangelho".[36] Sobre os paradoxos da religiosidade do escritor, seu amigo Leonid Andrêiev chegou a lhe dizer: "Para mim é estranho você entender dessas coisas, você fala como um ateu e pensa como os crentes. Se você morrer antes de mim, escreverei na lápide de seu túmulo: 'Exortando a venerar a razão, ele zombava em segredo da impotência dela'".[37] O fato é que, em busca de Deus ou do socialismo, Górki exerceu influência formadora entre nossos escritores, como sublinhou Schnaiderman: "A literatura do Nordeste tem a marca de Górki. Na época em que ela surgia Górki era muito lido no Brasil".[38]

Além disso, duas de suas peças chegaram a obter acolhida em nossos palcos: *Os pequeno-burgueses* (1901) e *Ralé* (1902, adaptada para o cinema por Jean Renoir — *O Submundo*, 1936, com Jean Gabin; Zamiátin, então exilado na França, colaborou no roteiro — e Akira Kurosawa — *Ralé*, 1957 com Toshiro Mifune). Na primeira, Górki visita uma obsessão:

> Convivendo com pequeno-burgueses, gente cuja única aspiração era chupar o sangue com trapaças, transformá-lo em copeques e destes fazer rublos, assim como meu correspondente de dezenove anos, passei a odiar "com todas as fibras do coração" essa vida de parasitas, de pessoas

ordinárias, parecidas entre si como moedas de cobre de cinco copeques cunhadas no mesmo ano.[39]

A peça foi escrita "a pedido e por insistência dos 'pais fundadores' do Teatro de Arte de Moscou, K. Stanislávski e V. Nemiróvitch-Dántchenko. Foi, exatamente, a Górki que coube tornar-se, segundo as palavras de K. Stanislávski, 'o principal iniciador e criador da linha sociopolítica no teatro', assim como, podemos acrescentar, no drama moderno". Elena Vássina conta que sua "principal descoberta social e artística" foi "a personagem do filho adotivo dos Bessémenov, Nil, que, na visão do autor, deveria estar no centro do drama". O autor, "pela primeira vez, lançou no palco um tipo de homem, até aí desconhecido para o teatro russo. Em botas de trabalho, com o rosto sujo de fuligem, Nil virou o primeiro herói-proletário que tinha pisado sobre o palco russo".[40]

No teatro, afirma Birgit Remers,

> os personagens de Górki são tipos sociais em vez de indivíduos; eles representam as atitudes e procedimentos de classes inteiras. Suas peças tomam seus temas da vida nas províncias, e seus personagens, das classes burguesa e mercantil, que são mostradas como carentes de valores espirituais, levando uma vida devassa, e não tendo esperança nem interesse no futuro [...]. *Ralé* leva ao palco, pela primeira vez, as classes mais baixas da sociedade, criminosos e prostitutas descontentes com seu destino.[41]

Sobre essa peça, aliás, Schnaiderman advertiu que o nome com que é conhecida no Brasil

> está completamente errado. Literalmente, o título *Na dnié* significa "No fundo". Tratando de miseráveis num albergue noturno, quer dizer que eles chegaram ao fundo da sociedade,

à parte mais baixa, como se fosse o fundo de uma garrafa, e que depois disso não havia para onde ir. Aliás, foi Leonid Andrêiev quem sugeriu a Górki este título muito bom, em lugar do primeiro: "No fundo da vida" (*Na dnié jízni*).

Ou seja: "O título da tradução brasileira, aliás bem sonoro, e que por isto mesmo se consagrou, dá à peça um tom pejorativo em relação àqueles indigentes, mas Górki jamais admitiria isto, e o próprio texto parece um protesto contra semelhante denominação".[42]

Outro autor cuja inserção brasileira era maior nos primeiros surtos da "febre de eslavismo" do que hoje é Leonid Andrêiev (1871-1919), amigo e contemporâneo de Górki. No caso dele, nem dá para pôr a culpa em Stálin: Andrêiev, após a Revolução, exilou-se na Finlândia, criticou os bolcheviques e faleceu antes de o georgiano se tornar secretário-geral do Partido Comunista da União Soviética.

As semelhanças biográficas entre ele e Górki não são poucas: "Cada um tentou o suicídio na juventude; ambos se tornaram celebridades literárias relativamente jovens (e Górki contribuiu significativamente para o sucesso de Andrêiev entre o público leitor); cada um foi preso durante os eventos revolucionários de 1905; e ambos obtiveram triunfos como dramaturgos no Teatro de Arte de Moscou". Além disso, eles

desenvolveram de modo algo inesperado tendências-chave da obra de Tchékhov: atenção à vida cotidiana; o enquadramento de gestos mundanos como motivos filosóficos; e a detecção de sinais sutis de conflito social. Eles criaram versões originais de escrita expressionista décadas antes de o expressionismo se estabelecer no modernismo literário europeu.[43]

Górki conta que

> aos olhos de Andrêiev, o homem é espiritualmente pobre, trançado de contradições irreconciliáveis entre o instinto e o intelecto, privado para sempre da possibilidade de chegar a alguma harmonia interior. Tudo o que ele faz é "vaidade das vaidades", perecível, ilusório. E o principal: ele é escravo da morte e passa a vida toda acorrentado a ela.[44]

Uma obsessão que se traduz em sua novela mais conhecida no Brasil, *Os sete enforcados* (1908), que narra os últimos instantes de ativistas políticos condenados à morte. Não por acaso, Andrêiev já foi comparado ao norte-americano Edgar Allan Poe (1809-49), e considerado um escritor "gótico" por Býkov.[45] "Grande era a força de sua imaginação, porém, apesar de uma constante e tensa atenção ao ultrajante mistério da morte, ele não conseguia imaginar nada de grandioso e de consolador além dela, pois era realista demais para inventar um consolo, embora quisesse", conta Górki.[46]

Essa geração de "autores que começaram como realistas tradicionais mas gradualmente assimilaram as conquistas da 'nova prosa'" conta ainda com Aleksandr Kuprin (1870-1938), que "fez sua entrada na literatura nos anos 1890 mas, à diferença dos simbolistas e de Górki, esteve quase completamente dissociado dos movimentos ideológicos de sua época. O que é atraente em suas melhores obras é o uso habilidoso das possibilidades figurativas de linguagem e estilo, ou sua habilidade de combinar o ordinário e o simbólico na narrativa".[47] Kuprin teve alguns de seus contos publicados no Brasil e, a respeito de si mesmo, disse, com modéstia tchekhoviana: "Não sirvo para ensinar ninguém a viver; eu próprio estropiei a minha vida tanto quanto pude. Para os meus leitores, sou tão somente um bom camarada e um interessante contador de histórias. Mais nada".[48]

Kuprin emigrou para a França após a tomada do poder pelos bolcheviques, assim como o primeiro russo a ser laureado com o Nobel de Literatura, Ivan Búnin (1870-1953).

Os ares parisienses fizeram bem a Búnin:

> Em terra estrangeira, sua atividade literária ganhou novos horizontes para além da diáspora russa. Ele passou a ser traduzido para diversos idiomas e apreciado por muitos contemporâneos, como Rainer Maria Rilke, Thomas Mann, D. H. Lawrence e André Gide, que elogiaram sua perspectiva e maestria com as palavras. Apoiado anos a fio por Romain Rolland, em 1933 ele recebe o Prêmio Nobel de Literatura.[49]

A vitória do aristocrata anticomunista sobre Górki, o patrono do realismo socialista, teve inegável dimensão — para não dizer motivação — política. Seu nome, por algum tempo, foi anátema na União Soviética. Basta lembrar que, "em 1943, acusado de agitação antissoviética por ter dito que o escritor Ivan Búnin era 'um clássico da literatura russa'", o escritor Varlam Chalámov, que já estava detido no gulag, foi "condenado a mais dez anos de prisão".[50]

Sua obra não precisou aguardar o fim do comunismo, contudo, para voltar a ser editada na Rússia. Boris Schnaiderman conta que ele "teve na União Soviética muitas edições dos livros mais 'inócuos', pois era utilizado como um trunfo na luta contra as correntes de vanguarda".[51] Mais ou menos como ocorria, na música, com o emigrado Serguei Rachmaninov (1873-1943).

Contudo, se Rachmaninov desfrutou de uma vida nababesca no Ocidente, Búnin padeceu em uma França ocupada pelos alemães:

> Tendo distribuído a maior parte dos recursos obtidos com o Prêmio Nobel, Búnin encontrou a Segunda Guerra Mundial com setenta anos, na mais absoluta miséria, chegando a passar

fome e a sofrer de doenças causadas por desnutrição. Testemunhou a ocupação nazista no sul da França, que montara um quartel-general a poucos metros de sua casa, na Vila Jeannette. Búnin e Vera [sua esposa] viveram de ajuda humanitária durante todo o conflito: recebiam caixas de alimento da Cruz Vermelha, remessas de dinheiro de amigos suecos ou encomendas com víveres e roupas dos amigos russos que haviam partido para os Estados Unidos. Acobertando judeus em sua casa, Búnin negava-se a colaborar com jornais nazistas e, assim, ficava sem remuneração, já que a grande maioria dos veículos russos estavam fechados.

Após o fim do conflito,

apesar dos convites de retornar à União Soviética, que passou a ser considerada uma nação de respeito e admiração, devido ao êxito na guerra, Búnin não retorna ao país natal. Os tempos também dificultavam que escritores indispostos com o regime soviético conseguissem publicar, pois eram confundidos com ativistas políticos. Com dificuldades financeiras gravíssimas, o escritor logo começou a sofrer de doenças crônicas e, vítima de problemas pulmonares, faleceu em 1953, em Paris.[52]

Para Nikolai Bogomólov, suas obras, em algum grau,

eram similares às de Andrêiev — mas, ao mesmo tempo, abruptamente diferente delas. A distinção essencial entre eles é seu meio de expressão: Andrêiev tendia ao expressionismo, golpes rudes carregados com a expressão de sentimentos fortes e definitivos; mas uma inclinação ao impressionismo é mais característica de Búnin.

No entender do estudioso, "o mecanismo de engendrar significado nas melhores obras de Búnin é um sistema complexo que se baseia tanto nas tradições literárias do século XIX quanto nas inovações testadas pelo simbolismo".[53]

Ele deixou uma obra vasta, incluindo poemas, o romance autobiográfico *A vida de Arsêniev* (1930), novelas e contos como *A aldeia* (1910), *Um senhor de São Francisco* (1915), *Respiração suave* (1916), *O amor de Mítia* (1925) e *O processo do tenente Ieláguin* (1926), entre outros. Para Býkov, Búnin "ampliou significativamente as possibilidades representativas da prosa. Ele encontrou um compromisso espantoso entre poema e novela, organizando pela primeira vez a novela com os meios, modos e técnicas com que habitualmente se organizam poemas".[54] A busca de fusão de poesia e prosa ganhou caráter especialmente premente na era de prata, como veremos no próximo capítulo.

Em foco: A intelligentsia

Na *História da literatura russa* de Oxford, lemos que "a intelligentsia tem um papel mais proeminente na história cultural russa do que em qualquer equivalente da Europa Ocidental. Como o santo, o poeta e o revolucionário, o *intelligent* permanece uma figura associada de perto, na percepção popular, à identidade nacional".[55]

Bruno Barretto Gomide assim define a palavra, traçando as origens da intelligentsia russa:

> De modo muito sumário, e descontando-se todas as múltiplas variações pelas quais o termo passou, a intelligentsia pode ser entendida como certa categoria de pensadores e letrados que se autoatribui a missão de defender os valores culturais, e que se localiza distante tanto do "Estado" quanto do "povo". A distância gera a sensação de pertencimento

a uma comunidade, unida pela vocação de martírio, ao mesmo tempo que produz uma sensação de isolamento psicologicamente dolorosa.

Sua origem pode ser datada, mais remotamente, nas reformas petrinas de começos do século XVIII, ou, de modo mais preciso, a partir de certas reformas administrativas de Catarina II, quando se suspende o serviço compulsório da nobreza ao Estado, vigente desde a época de Pedro, o Grande, e cria-se uma camada desvinculada da atuação direta nas instituições da autocracia. Essa parcela da nobreza russa passa a ter maiores possibilidades de viajar e de dedicar-se a estudos "livres", no exterior e em suas propriedades rurais, e assim verificar a disjunção entre a realidade da Rússia agrária e a vida do Ocidente europeu. Ela constata também a discrepância entre a base social da vida russa, especialmente a servidão, e as palavras de ordem universalistas e belas do reinado de Catarina; a sua imagem, exigida em versos e pinturas, é a da grande legisladora clássica.[56]

Dessa discrepância, surge o que Nivat chamaria de "dupla cultura" russa:

> O debate apaixonado entre o povo e a intelligentsia (essencialmente a nobreza russa). Inicialmente o nascimento dessa intelligentsia russa, ordem cavalheiresca do saber e da revolta contra as arbitrariedades e desigualdades que constituem o mundo, e que constituem ainda mais a Rússia, a maré de arrependimento dessa intelligentsia russa pela servidão; o ardente desejo de servir ao povo, de "ir ao povo" dos jovens revolucionários de 1870, que frequentemente saudava-se por sua denúncia às autoridades pelos camponeses, para os quais o tsar ainda era sagrado; a decepção, o refúgio no terrorismo, depois no marxismo, por vezes acompanhado de

"expropriações", quer dizer, de roubos, como cometeu o jovem Stálin; depois a dolorosa tomada de consciência de que o povo e a intelligentsia (a palavra ganhou seu lugar a partir de 1870, depois conquistou o mundo) são inimigos, de que a dupla cultura é um engano, uma ilusão criminosa dos intelectuais, de que prossegue o combate entre o povo russo e o invasor asiático, seja polovstiano, como o "Conto da campanha de Ígor" (*Slovo o polkovu Igoreve*) ou tártaro, como no "Conto da batalha do Além-Don" (*Zadónschina*)".[57]

Para Billington, "a emergência da intelligentsia como um grupo social consciente de si e distinto, e sua criação da nova doutrina do populismo (naródnitchestvo)" é "o mais fatídico resultado" da década de 1860. "O termo russo *intelligent* (membro da intelligentsia) foi usado pelo romancista [Piotr] Boborýkin [1836-1921] para descrever sua sensação de estranhamento das preocupações mesquinhas da vida provinciana após voltar para Níjni Nóvgorod de Tártu, a universidade mais livre do Império Russo nos anos 1850".[58]

Assim, Howe conta que,

durante a vida de Dostoiévski, a intelligentsia multiplica-se num ritmo surpreendente. Uma infiltração tardia do pensamento ocidental, os débeis inícios da produção capitalista nas cidades, a decadência da servidão e das propriedades camponesas comunais no campo — estes são apenas uns poucos motivos. É uma intelligentsia do tipo encontrado apenas em países "atrasados": flamejante de atividade mas brutalmente limitada em seu poder de comunicação, transbordante de ideias audaciosas, mas sem tradição de liberdade, aspirando por independência mas reduzida a um apêndice dos pobres da cidade.

Ele afirma que

> o problema que mais que qualquer outro atormenta os intelectuais russos é sua relação com o povo, a obscura e silenciosa massa de camponeses no topo da qual formou-se uma nata de proletários que até ontem eram camponeses. Pode-se ler a história russa do século XIX como uma série de tentativas feitas pelos intelectuais, frequentemente desesperadas e sempre patéticas, de fazer contato com o povo. Aquele desdém pelas massas na última parte do século entre os literatos ocidentais é virtualmente desconhecido na Rússia, pois ali os intelectuais, privados até mesmo de uma independência marginal, sentem que seu destino está atado ao do povo.[59]

Povo que, em conferência proferida pelo poeta Aleksandr Blok em 1908, surge como uma alteridade apavorante para o *intelligent*: "O povo e a intelligentsia não constituem somente dois conceitos diferentes, mas duas realidades distintas; 150 milhões de um lado e algumas centenas de milhares do outro, no fundamental, sem qualquer tipo de compreensão mútua". Blok vaticinou: "Voltando-nos para o povo, estamos é nos lançando sob os pés de uma troica de cavalos selvagens, para nossa morte certa".[60]

Assim, em 1917, como Boris Pilniak (1894-1938) narra, empregando as mais ousadas e originais técnicas vanguardistas, em *O ano nu* (1922), assombrosa crônica do impacto da Revolução Russa em um povoado rural,

> a intelligentsia russa não foi a favor do Outubro. E nem poderia ser. Desde Pedro, a Europa pendeu sobre a Rússia e, embaixo, sob o cavalo empinado, vivia o nosso povo, como nos últimos mil anos, e a intelligentsia... eram os verdadeiros filhos de Pedro. Dizem que o fundador da intelligentsia

russa foi Radíschev. É mentira: foi Pedro. Com Radíschev, a intelligentsia começou a arrepender-se, arrepender-se e procurar sua mãe, a Rússia. Cada membro da intelligentsia se arrepende, e cada um deles sofre pelo povo, e cada um deles desconhece o povo.[61]

Ficaram célebres, assim, os "vapores dos filósofos" — *Oberbürgermeister Haken* e *Preussen* —, que, em 1922, levaram para a Alemanha mais de duzentos estudantes e intelectuais expulsos pelo governo bolchevique — o nome mais célebre da lista era o filósofo Nikolai Berdiáev (1874-1938). Logo em seguida, Stálin transformaria os navios para o Ocidente em trens para o Oriente — mais especificamente, para a Sibéria. A narração mais eloquente do embate entre a intelligentsia russa e o novo regime é o romance *Doutor Jivago*, de Pasternak.

Suprimidos os Jivagos, os soviéticos precisavam de uma nova intelligentsia, recrutada não apenas em sua base de apoio: "Um amplo sistema de privilégios foi criado, e uma boa quantidade de pessoas de gerações diferentes (incluindo gerações pré-revolucionárias) uniu-se às fileiras dos defensores do sistema".[62] Os diferentes períodos de distensão e endurecimento do regime demarcaram os limites de liberdade de atuação da intelligentsia na União Soviética; em tempos pós-soviéticos, questiona-se se ainda é possível falar em uma intelligentsia russa na acepção tradicionalmente conferida à expressão.

6.
A era de prata e as vanguardas

Há dois milagres russos, a frota russa e a poesia russa.

Joseph Brodsky[1]

Entre as décadas de 1890 e 1930, a Rússia, até então vista como um país atrasado, colocou-se, do ponto de vista estético, na linha de frente do que se produzia nas artes em todo o planeta. Não é exagero: no recém-nascido cinema, basta pensar, por exemplo, em Eisenstein, Vértov, Pudóvkin, Dovjenko; nas artes plásticas, em Kandinsky, Chagall, Maliévitch; na música, em Scriábin, Rachmaninov, Stravinsky, Prokófiev, Chostakóvitch; no balé, em Nijínski, Fokine, Massine; na fotografia, em Ródtchenko; no teatro, em Stanislávski e Meyerhold. Não parecia haver limites para a criatividade russa, que se traduziria de forma vigorosa também na esfera das letras, onde vigorava uma liberdade inaudita — e de curta duração.

Retratado no filme *O encouraçado Potiômkin* (1925), de Eisenstein, o levante russo de 1905, apesar de derrotado, "levou à abolição da censura prévia, e libertou a palavra escrita de uma escravidão secular", explica Maria Zambalani.

Nessa atmosfera de liberdade de imprensa, muitos autores novos apareceram, fazendo surgir um novo status do escritor de 1900 a 1917. Graças ao florescimento do jornalismo, da indústria do livro e dos debates públicos, os escritores russos cresceram em fama e prosperidade e, sacrificando o status de "profeta" que sempre tiveram, adquiriram um novo status social: agora eles eram profissionais, membros de uma intelligentsia autônoma, e financeiramente independentes.[2]

Assim como o anterior, o século XX também começaria sob o signo da poesia:

> Enquanto a característica mais fundamental desse período é marcada por sua revolução filosófica idealista — uma tendência que a Rússia compartilhou com outras culturas europeias —, sua manifestação mais espetacular na cena russa indubitavelmente pertenceu à poesia e arte. Em menos de um quarto de século, a Rússia produziu uma notável constelação de poetas, boa quantidade dos quais (Aleksandr Blok, Mikhail Kuzmin, Óssip Mandelstam, Anna Akhmátova, Boris Pasternak, Marina Tsvetáieva, Velimir Khliébnikov, Vladímir Maiakóvski) estiveram na vanguarda mundial da cultura poética de seu tempo. O próprio sentimento da era parecia estar saturado de poesia; mesmo os autores cujos principais talentos e realizações estavam no domínio da prosa — como Andrei Biély, Dmítri Merejkóvski, Zinaída Guíppius, Fiódor Sologub e Ivan Búnin — também deram contribuições significativas à paisagem poética da época.[3]

Esgotada a prosa realista russa, abria-se caminho para uma nova poesia mística, sob influência da música sinestésica de Aleksandr Scriábin (1872-1915) e do pensamento de Vladímir Soloviov (1853-1900), amigo de Dostoiévski, com

> sua crítica do racionalismo da tradição filosófica ocidental (da qual o muito desprezado "positivismo" era apenas uma instância particular), sua ideia do amor e do eterno feminino como um conceito metafísico e, finalmente, sua evocação do "pan-mongolismo" — uma nova onda de bárbaros

vindo do Oriente para destruir e, assim, renovar a Roma envelhecida da civilização moderna.[4]

Em 1892, na conferência "Do declínio e novas correntes da literatura russa contemporânea", Dmítri Merejkóvski (1866-1941), que formava um flamejante casal literário com Zinaída Guíppius (1869-1945) proclamava: "Os três elementos principais da nova arte são: *conteúdo místico*, *símbolos* e a expansão da impressionabilidade artística".[5] No ano seguinte, Merejkóvski publicava uma coletânea poética intitulada, sintomaticamente, *Símbolos*. Estava lançado o simbolismo russo.

Habitualmente se divide o movimento em duas gerações:

Simbolistas russos "mais velhos" — Dmítri Merejkóvski, Zinaída Guíppius, Valiéri Briússov [1873-1924], Konstantin Balmont [1867-1942], Fiódor Sologub [1863-1927] — e "mais jovens" — Aleksandr Blok [1880-1921], Andrei Biély [1880-1934], Viatcheslav Ivánov [1866-1949]. Com a ressalva de que Ivánov, de fato mais velho do que Briússov, estreou como poeta bem mais tarde.

É possível também uma divisão geográfica, manifestando a eterna polarização entre as capitais russas:

Briússov, Balmont e Biély eram moscovitas; Merejkóvski, Sologub, Blok e Ivánov viviam em Petersburgo. Nas discussões, não raro, os campos inimigos se definiam entre "Moscou" e "Petersburgo", embora as fronteiras fossem muito mais flexíveis, a fim de absorver aliados e desertores inesperados. Os "moscovitas", mais "decadentes", desdenhavam a teorização abstrata, empenhando-se no puro esteticismo. Os "de Petersburgo", por sua vez, debatiam de bom grado temas cívicos e religiosos.[6]

Pomorska sublinha que

o simbolismo russo não trouxe somente a poesia nacional de volta ao cenário internacional, retomando temas e problemas universais como assunto da poesia; recriou a teoria da poesia como *arte verbal* e deu ao mundo da literatura muitos poetas importantes que conduziram a técnica poética para novas altitudes. Em suma, a revivescência do culto da palavra poética foi a principal contribuição dos simbolistas russos.

Eles "foram antes de tudo poetas líricos", cujas "obras não líricas — a prosa de Biély, o drama de Blok e Briússov — eram subprodutos da atividade geralmente lírica de seus autores". O movimento "foi responsável pela forte impregnação poética de toda literatura moderna e de vanguarda na Rússia", fato que

não se deve exclusivamente à reação contra a prosa como principal produto literário do período precedente, mas tem raízes mais profundas, que estão ligadas a uma reação contra a concepção geral do mundo professada pela era positivista. O irracionalismo bergsoniano tornou-se um antídoto contra o utilitarismo e empirismo positivista.[7]

Devido à escassa difusão da poesia da Rússia em nossas terras, os simbolistas russos são pouco conhecidos por aqui. Da primeira geração, talvez os melômanos tenham ouvido falar de Briússov por causa do perturbador romance *O anjo de fogo*, inspirado pelo triângulo amoroso vivido por ele, Biély e a jovem escritora Nina Petróvskaia (1879-1928), e transformado em 1927 numa ópera arrepiante por Prokófiev.

Já de Sologub, chegou ao Brasil aquele que é considerado um dos ápices da prosa simbolista: o romance *O diabo mesquinho*

(1907), "escrito por um artesão consumado, que já era muito mais seguro de si, e para o qual cada palavra se tornaria essencial".[8] Falando de um professor de escola que enlouquece em uma cidade pequena, e empregando fortes toques de erotismo, Sologub

criou personagens baseados em crianças cuja inocência nunca pode ser presumida. Fantasias narrativas assim não eram incomuns na época — pensemos nos gêmeos no centro do conto *A volta do parafuso* (1908), de Henry James —, mas havia um ar de terrível decadência no retrato dos personagens por Sologub. A deterioração mental de seu herói, Peredônov, mistura a queda na loucura e paranoia com flashes estranhos de beleza e inocência, e com uma corrente subterrânea e perturbadora de banalidade.[9]

Não menos perturbador, embora por outros motivos, é o romance *Petersburgo* (1913, revisto em 1922), "poema do terror e da clandestinidade"[10] de Andrei Biély (1880-1934). Para Solomon Vólkov,

a trama detetivesca da novela — a caça a um importante funcionário estatal por terroristas revolucionários — nada mais é que um pretexto para situações fantásticas, descrições intensas e teorias místicas — na época, o autor era um seguidor fanático de Rudolf Steiner. O leitor sente-se virtualmente engolfado por uma fortíssima piedade literária. Biély usa ironia, absurdo, sofrimento, piedade e paródia; em particular, ele arremeda *A dama de espadas*, de Tchaikóvski. Virtuose na utilização de todo o arsenal de técnicas já tentadas por Gógol e Dostoiévski, ele cria novos e brilhantes efeitos, misturando horror, cômico e trágico mediante primorosas sutilezas linguísticas. Ievguêni Zamiátin observou a mesma complicada relação com a linguagem, tanto em *Petersburgo*, de Biély, quanto no *Ulysses*, de Joyce.[11]

Pomorska chama a atenção para a peculiar relação da escrita do autor com a música:

> Biély usou algo da técnica de composição musical em suas *Sinfonias* [Biély tem quatro livros com esse nome] e na sua prosa em geral. Mas os problemas cruciais do simbolismo foram os seguintes: 1) saturação da poesia com repetições sonoras; 2) escolha especial de fonemas, particularmente aqueles que se acreditava terem valores "melódicos". A esses princípios Biély chamou de "instrumentação" da poesia (*instrumientovka*).[12]

A estudiosa lembra ainda que os simbolistas "encarnam a simbiose do poeta-crítico, do analista consciente de sua própria poesia".[13] Nesse aspecto, Biély foi um dos principais teóricos do movimento. No artigo "A magia das palavras", ele afirmou: "A palavra cria um terceiro mundo, o mundo dos símbolos sônicos, por meio dos quais se iluminam os mistérios tanto do mundo estabelecido fora de mim como os encerrados em mim". Assim, "no som recria-se um novo mundo, nos limites do qual eu me sinto criador da realidade; então, começo a nomear os objetos, isto é, a recriá-los novamente para mim". Consequentemente, "toda *palavra* é antes de tudo *som*; a primeiríssima vitória da consciência reside na criação de símbolos sonoros".[14]

A figura mais carismática do movimento, contudo, foi Aleksandr Blok. Nas palavras de Vólkov,

> o apelo da poesia de Blok se confundia com o magnetismo da personalidade do poeta. Dezenas de milhares de cartões com sua fotografia eram vendidos em toda a Rússia — a

refinada "face do jovem Apolo" (como a foto era descrita), gloriosamente aureolada de cachos louros, lábios sensuais e um olhar ardente de claros olhos cinzentos. Blok foi fotografado com uma camisa preta de harmonioso colarinho branco, as mãos juntas — a imagem ideal do poeta simbolista.

O fenômeno de sua popularidade parece ecoar o vivido hoje por astros do cinema, da música pop ou da internet: "Blok era uma lenda viva, observado a cada passo, discutido, sondado, pelas palavras que pronunciava e pelos poemas que compunha", e "as sociedades Blok proliferavam por todo o país, expandindo o culto ao poeta".[15]

Esteticamente, Boris Schnaiderman chama-o de

nome máximo dos primeiros anos do século. Sua poesia é simbolista, está impregnada das características dessa escola, mas, ao mesmo tempo, tem por vezes um toque de concisão e de equilíbrio clássicos. Nada disso, porém, o impede de concretizar na sua obra escrita após a revolução a irrupção dos novos temas e da nova linguagem.[16]

Blok não era bolchevique, mas aderiu com entusiasmo à Revolução de Outubro, que celebrou naquele que talvez seja seu poema mais comentado, "Os doze". Nas difíceis condições da Rússia em guerra civil, adoeceu, e teve seu pedido de viagem ao exterior para tratamento de saúde recusado. Górki interveio, pedindo visto de saída para o poeta e sua esposa, mas, quando a permissão foi emitida, já era tarde, e Blok faleceu em 1921, aos quarenta anos de idade.

Jakobson assinala que o poeta em Blok "calou-se, morreu bem antes que o homem".[17] Para Nivat, "o sentimento de fadiga se apodera do simbolismo russo a partir de 1907. Sentimento de ter esgotado suas capacidades, de ser impotente para confrontar o 'mundo terrível': esse é o título da terceira coletânea de versos de Aleksandr Blok".[18] Dessa crise, surgiram dois novos movimentos: um que se relacionava com o simbolismo como continuidade — o acmeísmo; outro, como ruptura — o futurismo.

O acmeísmo (do grego *acme*, cume) era um movimento "que pretendia restabelecer a palavra em toda a força e clareza, como reação ao clima enevoado da poesia simbolista".[19] Segundo Boris Gaspárov,

> a emergência do acmeísmo coincidiu com tendências antissimbolistas e antiexpressionistas na arte e poesia europeia. Podem-se ver paralelos significativos entre os acmeístas e os imagistas anglo-americanos, a evolução de Rilke, afastando-se de seu estilo simbolista inicial, em 1910 (*Neue Gedichte*) e a poesia de Guillaume Apollinaire. Os acmeístas acusavam seus predecessores e mentores simbolistas de perderem de vista os significados diretos, substanciais, enquanto perseguiam correspondências simbólicas — de não verem "árvores" na "floresta" simbólica.[20]

Pomorska ressalta que o movimento,

> a despeito de seu forte sentimento de independência e diferença, foi afinal o resultado da evolução do simbolismo. Segundo a justa formulação de Eikhenbaum, o acmeísmo foi exatamente a expressão final do simbolismo. A nova escola tentou trazer a poesia de volta ao necessário equilíbrio que se perdeu na "segunda geração" dos simbolistas, isto é, na segunda década de sua atividade poética.[21]

Os acmeístas se reuniam no cabaré Cão Vadio, de São Petersburgo, ambiente por excelência do poeta e cancionista Mikhail

Kuzmin (1872-1936), "o maior dos poetas menores" de Petersburgo, colega de conservatório de Rímski-Kórsakov.

Na poesia e na prosa da Rússia, ninguém antes dele referia-se abertamente ao homossexualismo. *Asas* (1906), novela de sua autoria, tachada de pornográfica, foi defendida pelos principais modernistas. Blok publicou um artigo declarando que "o nome de Kuzmin, bombardeado por grosserias de bárbaros falatórios triviais é, para nós, um nome fascinante".[22]

Outro nome de ponta do acmeísmo foi o poeta Nikolai Gumiliov (1886-1921), executado pelos bolcheviques em 1921.[23] Gumiliov era casado com Anna Akhmátova (1889-1966), cuja reputação e influência, assim como ocorreu com Óssip Mandelstam (1891-1938), transcenderia largamente a do movimento em que surgiram.

Nascida Anna Gorenko, ela, na opinião de Brodsky, já fez poesia ao escolher o pseudônimo: "Os cinco a's abertos de Anna Akhmátova tinham um efeito hipnótico, e levaram a carreira deste nome ao ponto mais alto do alfabeto da poesia russa". O poeta conta que,

> além dos aspectos gerais da dita entidade, o que a tornava única no caso de Akhmátova era ainda mais realçado por sua beleza física. Ela era positivamente linda. Com 1,77 metro, cabelos escuros, pele branca, olhos cinza-claros semelhantes aos dos leopardos da neve, esbelta e incrivelmente graciosa, por meio século ela foi desenhada, pintada, esculpida, entalhada e fotografada por uma multidão de artistas, a começar por Amedeo Modigliani. Quanto aos poemas dedicados a ela, ocupariam mais volumes do que suas próprias obras reunidas.

O autor de *Urania* (1988) afirma:

> Tudo isto é para mostrar que a parte visível daquela pessoa era de tirar o fôlego; se a parte oculta correspondia a isto, o testemunho está em sua obra, que combina as duas.
> A principal característica desta combinação é a nobreza e a contenção. Akhmátova é a poeta dos metros rigorosos, das rimas exatas e das frases curtas. Sua sintaxe é simples e livre das orações subordinadas, cujas circunvoluções gnômicas são responsáveis pela maior parte da literatura russa; na verdade, em sua simplicidade, sua sintaxe lembra a do inglês. Desde o início de sua carreira até o fim, sempre foi perfeitamente clara e coerente. Entre seus contemporâneos, foi uma Jane Austen. De qualquer maneira, se o que ela dizia era sombrio, isso não se devia à sua gramática. Em uma era marcada por muitas experiências técnicas na poesia, ela era escandalosamente não vanguardista.[24]

Nivat sintetiza a trajetória de Akhmátova após o acmeísmo:

> Sua musa evolui rapidamente, passa do infinitamente lírico ao silenciosamente épico. Consumida pelo pesar após a execução de Nikolai Gumiliov, seu primeiro marido, em 1921, pelas prisões sucessivas de seu filho, Liev Gumiliov, pela prisão e morte no gulag de seu segundo marido [na verdade, o terceiro, o historiador da arte Nikolai Púnin, 1888-1953], pelo imenso cativeiro de seu povo, ela fecha simbolicamente esse longo século de ouro e prata da cultura russa aglutinando-se às mulheres que formam fila no guichê da grande prisão das Cruzes, em São Petersburgo, transformada em Leningrado.[25]

Assim, da celebrada lírica amorosa da juventude, Akhmátova passou à complexidade do tríptico "Poema sem herói", que lhe custou mais de duas décadas de trabalho (1940-62), para evocar a São Petersburgo pré-revolucionária; e do "Réquiem" (1936-40), vigorosa descrição do terror stalinista.

Como afirma Brodsky:

> Dessa vez, de fato, ela estava sendo autobiográfica, mas a força de "Réquiem" reside no fato de que a biografia de Akhmátova era bastante comum. Este réquiem chora pelos que choram: as mães que perdem seus filhos, as mulheres que ficam viúvas, às vezes as duas coisas, como era o caso da autora. Esta é uma tragédia em que o coro sucumbe antes do herói.[26]

Akhmátova, mesmo sendo vítima de campanhas de execração pública que a descreviam como "meio freira, meio prostituta",[27] suportou tudo sem emigrar. Para Brodsky,

> em certos períodos da história, só a poesia é capaz de lidar com a realidade, condensando-a e transformando-a em alguma coisa compreensível, em alguma coisa que de outra maneira não poderia ser apreendida pelo espírito. Neste sentido, foi toda a nação que adotou o pseudônimo literário de Akhmátova — o que explica sua popularidade e o que, principalmente, permitiu que ela falasse por toda a nação, além de dizer a esta uma coisa que ela desconhecia. Akhmátova foi, essencialmente, uma poeta dos laços humanos: acalentados, submetidos a tensão, cortados com violência.[28]

Se Akhmátova acompanhou os horrores do gulag do lado de fora, Mandelstam conheceu-os por dentro. Em 1933, em uma reunião com amigos, declamou um poema no qual chamava Stálin de "montanhês do Kremlin", de "dedos grossos como vermes" e "bigode de barata em eterno rir". Embora os versos jamais tenham sido postos no papel, seu conteúdo vazou: no ano seguinte, o poeta foi preso e exilado em Vorónej, onde redigiu uma ode em louvor ao ditador que, contudo, não o salvou de ser novamente encarcerado em 1938, morrendo de tifo na região de Vladivostok.[29] Não por acaso, sua frase mais célebre é: "Em nenhum lugar do mundo se dá tanta importância à poesia: é somente em nosso país que se fuzila por causa de um verso".[30]

Se sua vida foi narrada pela viúva, Nadiejda Mandelstam (1899-1980), nos livros de memórias *Esperança contra esperança* (1970) e *Esperança abandonada* (1974),[31] sua morte foi ficcionalizada por Chalámov em "Xerez", um dos *Contos de Kolimá*:

> Chamavam-no de primeiro poeta russo do século XX e ele costumava pensar que realmente era assim. Acreditava na imortalidade dos próprios versos. Não tinha discípulos, mas por acaso os poetas os aturam? Escrevia também prosa, prosa ruim, escrevia artigos. Mas só nos versos encontrou algo novo e importante para a literatura, como sempre reconheceu. Toda a sua vida passada era literatura, livro, conto, sonho; apenas o dia presente era vida de verdade.[32]

Para Pomorska, Mandelstam trouxe à poesia

> um certo afastamento parnasiano, uma tonalidade clássica e uma imagética baseada na mitologia clássica. Os motivos de predominância catastrófica interligados à quietude clássica tornam Mandelstam mais próximo do simbolismo (particularmente o simbolismo francês) do que qualquer outro representante do acmeísmo. O seu estilo, ou a sua escrita, é típico da "poesia cultivada".[33]

Brodsky considerava que ele, todavia, "levava seu leitor muito mais longe que qualquer um dos metafísicos confortáveis-por-que-vagos que se autodenominavam os simbolistas russos", e vaticinou: "Ele se dedicou por trinta anos à poesia russa, e o que produziu há de durar enquanto a língua russa existir".[34]

Se o acmeísmo não antagonizava com o simbolismo, o mesmo não pode ser dito do futurismo. O que unia ambas as correntes era que "os simbolistas da nova geração, como Blok e Biély, assim como seus sucessores e inimigos, os futuristas, teatralizavam sua vida, que se tornava assim parte de sua obra. Identificação da vida e da obra: a biografia era exibida como a palavra artística. Nos primeiros, o fenômeno assume uma forma mística; nos segundos, uma forma lúdica".[35] Pois o próprio Maiakóvski afirmou que "a arte deve ligar-se estreitamente com a vida (como função intensiva desta). Fundir-se com ela ou perecer".[36]

Movimentos daquela época pediam manifestos, e o dos futuristas, "Bofetada no gosto público", de 1912, era convenientemente agressivo e provocativo: "No outrora, o espaço é acanhado. A Academia e Púchkin são mais incompreensíveis que os hieróglifos. Jogar Púchkin, Dostoiévski, Tolstói etc. etc., de bordo do Navio da atualidade. Quem não esquecer seu *primeiro* Amor, não conhecerá o amor derradeiro".[37]

O documento da Rússia foi publicado três anos depois de o "Manifesto futurista" de Marinetti sair no *Le Figaro*, em 1909, mas Pomorska registra uma diferença essencial entre o futurismo russo e o de seus colegas italianos: enquanto estes "viram a fonte da renovação poética principalmente no objeto descrito, no próprio tópico a ser tratado", os "futuristas russos tomaram por uma direção muito diferente: começaram pela revolução da forma, declarando que em literatura *a forma é um tema e um alvo de desenvolvimento*".[38]

No ano seguinte à "Bofetada", estreava a ópera futurista *Vitória sobre o sol* — com música de Mikhail Matiúchin (1861--1934), cuja esposa, Elena Guró (1877-1913), que falecera alguns meses antes de o espetáculo subir ao palco, deixou obras refinadíssimas, que tensionam os limites entre prosa e poesia. A novidade mais impactante de *Vitória* foram os cenários geométricos de Kazimir Maliévitch (1879-1935), que dariam origem a um item que ele apresentaria em 1915, na exposição *0,10*, para revolucionar o rumo das artes visuais: o *Quadrado negro*. O espetáculo tinha prólogo de Velimir Khlébnikov (1885-1922), e texto de Aleksei Krutchônikh (1886-1968), em uma linguagem ininteligível, chamada de *zaúm*.[39]

Gaspárov afirma que, "alguns anos antes da emergência do dadaísmo, Krutchônikh mostrou uma combinação bastante similar de provocação hilária, quase infantil, e fervor messiânico subliminar".[40] Schnaiderman conta que seu jogo sonoro frequentemente "procura fundir a sonoriade da língua russa com a sonoridade do georgiano, pois ele residiu bastante tempo em Tiflis (hoje Tbilíssi), onde teve muito contato com [o poeta georgiano que emigraria para Paris e se associaria ao dadaísmo] Iliazd [1894-1975]".[41]

Schnaiderman, contudo, vê em Khlébnikov, ao lado de Maiakóvski, "a vértebra que sustenta hoje todo o corpo da poesia russa moderna, a charneira em torno da qual girou tudo o que havia nela de inovador".[42] Talvez por isso ele seja tão traduzido e estudado no Brasil. Não parece despropositado afirmar que o interesse por Khlébnikov em nosso país até supera o que ele atualmente desperta em sua terra natal. Pomorska assim o sintetiza:

> Khlébnikov, que se tornou uma figura lendária por causa do seu modo verdadeiramente futurista de viver e que chamava a si mesmo de "cidadão do mundo", rejeitou a fama e era totalmente descuidado com os seus manuscritos; atravessou a Rússia carregando uma fronha estufada, cheia de pedaços de papel cobertos com uma mistura de versos e fórmulas matemáticas; surgia nos escritórios das editoras

para entregar seus manuscritos com uma observação tímida: "Se tiver alguma coisa errada, corrijam!" (*Iésli chto nie tak — poprávtie*). O mesmo descuido e a mesma convicção de que a poesia de seu tempo era apenas um *extemporale* para futuras realizações fizeram com que Khlébnikov deixasse muitas obras suas inacabadas e as publicasse como fragmentos, muitas vezes sem títulos, que eram habitualmente inventados pelos seus amigos ou editores.[43]

A estudiosa conta ainda que, se os simbolistas estavam associados à música, seus rivais ligavam-se à pintura.

O futurismo russo transpôs para a poesia os princípios do cubismo. A estética cubista pode ser exatamente descrita como empírica e sensualista, tendo se tornado um modelo de arte para uma jovem geração de estudiosos. Os pintores cubistas recusaram-se a fazer "imagens da realidade", considerando que isso seria apenas uma ingênua *mimesis*. Proclamaram o domínio do material em si mesmo — isto é, a cor e as formas geométricas — sobre as imagens. Os futuristas russos chegaram a conclusões paralelas na poesia.

Por outro lado,

devemos ter em mente a evolução da própria poesia russa na mesma direção. O processo de desintegração das imagens já tinha começado entre os simbolistas. O valor da sonoridade já ganhava prioridade em relação à imagem, que se tornava baça e enevoada. Nisso reside a íntima filiação entre futurismo e simbolismo, a despeito das proclamações mordazes contra os simbolistas lançadas pelos jovens poetas de então.[44]

Essa ligação com a pintura

foi salientada pelo fato de que todas as coletâneas de poesia futurista apareceram com uma abundância de ilustrações e foram intituladas com frequência de coletâneas de "versos e desenhos". O desenho não pretendia ser simplesmente um elemento explanatório ou ornamental; era uma parte integral da obra poética, juntamente com a palavra, por causa da orientação *gráfica* futurista.

Em parte, essa escolha se devia à própria formação dos poetas futuristas:

Muitos críticos já observaram o fato de D. Burliuk[45] [David, 1882-1967] ter estudado em Paris, e Maiakóvski nos estúdios dos renomados artistas moscovitas, Jukóvski e Kélin, e posteriormente na Escola de Pintura, Escultura e Arquitetura. Krutchônikh era professor de desenho; Khlébnikov e N. [Nikolai, irmão de David] Burliuk [1890-1920] eram desenhistas amadores. Esses fatos se refletiram no próprio nome completo do grupo: "Cubofuturistas" (*Cubo-futurísti*).[46]

Um dos fundadores do futurismo foi o poeta russo mais conhecido no Brasil: Vladímir Maiakóvski (1893-1930).[47] Ele aderiu entusiasticamente à Revolução de Outubro, o que faz com que a avaliação de sua obra seja constantemente marcada por critérios ideológicos. Assim, Schnaiderman conta que

Boris Pasternak, em seu *Ensaio autobiográfico*, manifesta especial predileção pelos versos maiakovskianos anteriores à Revolução, mas considera desprezível, "inexistente", tudo o que ele escreveu a partir de 1918, com exceção de um "documento imortal": *A plenos pulmões*. Diversos críticos soviéticos que exaltaram Maiakóvski fizeram restrições justamente aos versos daquele primeiro período, como "formalistas" e "futuristas". Mas, a nosso ver, a obra de Maiakóvski tem de ser considerada como um todo.[48]

Ponto de vista similar ao de Jakobson: "A obra poética de Maiakóvski, desde os primeiros versos em 'Bofetada no gosto público' até as últimas linhas, é única e indivisível. É o desenvolvimento dialético de um único tema. Um sistema simbólico extraordinariamente unificado. O símbolo, lançado uma vez como alusão, desdobra-se e mostra-se em seguida sob perspectiva diferente".[49]

Com pinta de galã de cinema (tendo chegado, efetivamente, a atuar em filmes), circulando de blusa amarela,[50] Maiakóvski concebia a poesia como discurso público, para ser dito em voz alta: "É preciso ter sempre diante dos olhos o auditório para o qual o poema se dirige. Isto adquire particular importância agora, quando o meio principal de comunicação com a massa é o palco, a voz, o discurso direto", dizia.[51] E pôs esse talento de orador à disposição da propaganda do regime nascido em 1917. Afinal, em suas palavras, "a revolução do conteúdo — socialismo-anarquismo — é inconcebível sem a revolução da forma: o futurismo".[52]

Como conta Boris Schnaiderman,

Depois da Revolução de Outubro, a atividade poética de Maiakóvski adquire caráter diverso, embora sua obra mantenha unidade perfeita do início ao fim. Ele se torna o poeta dos grandes auditórios, para os quais lê seus versos. Dedica-se durante algum tempo à arte do cartaz, isto é, escreve quadras e dísticos para cartazes desenhados por ele mesmo e por outros artistas. Frequentemente, faz versos para jornais, sobre assuntos do dia, ou até anúncios de produtos.

É o poeta do imediato, da poesia da comunicação direta. Em lugar do "eterno", do "inabalável", escreve intencionalmente aquilo que se dirige ao leitor do dia, mas insiste em que essa poesia de consumo imediato, que tem muito da publicidade moderna e do jornalismo, deve ter alto nível de realização. Elabora e reelabora cada verso, cada estrofe. Por vezes, é acusado de "incompreensível para as massas", mas responde sobranceiro que não pode baixar o nível de sua produção, pois o povo é que deve ser educado para compreender a boa poesia.[53]

Inovador a ponto de ter escrito aquele que possivelmente é o primeiro *poema-wiki* da história — "150.000.000" (1921), publicado sem o nome do autor, no qual ele convida os leitores a uma escrita colaborativa, fazendo alterações e acréscimos —, "Maiakóvski foi conhecido antes de tudo como um poeta que 'rebaixou' a linguagem poética, dando-lhe uma forte infusão de coloquialismos e jargões citadinos. Introduziu em seus versos os ritmos da marcha e dos tambores. O objetivo disso era criar 'a palavra objetual', 'a palavra rude', isto é, fisicamente tangível, como os futuristas almejavam".[54]

Outra novidade estava na disposição dos versos na página, quebrando-os em semilinhas. Ele assim justificava o recurso:

Com semelhante divisão em semilinhas, não haverá nenhuma confusão, quer de ritmo, quer de sentido. A divisão das linhas é ditada às vezes também pela necessidade de estabelecer o ritmo sem possibilidade de erro, pois a nossa construção do verso, condensada e econômica, obriga frequentemente a eliminar palavras e sílabas intermediárias, e se depois dessas sílabas não se fizer uma pausa, com frequência maior que aquela que se faz entre os versos, o ritmo ficará rompido.[55]

Do ponto de vista pessoal, muito se falou do triângulo amoroso vivido entre ele, o crítico Óssip Brik (1888-1945, com o qual Maiakóvski editou a revista *LEF* — Frente Esquerda das Artes) e a mulher deste, Lília (1891-1978), que ocupa tanto da correspondência e da lírica amorosa do poeta. Em depoimento a Boris Schnaiderman, ela deu sua versão dos fatos:

> Ambos conhecemos Maiakóvski, que nos causou uma impressão profunda. E, como ele estivesse procurando alugar um quarto, acabou vindo morar conosco. Depois que eu gostei dele como mulher e ele também teve por mim um sentimento de homem, resolvemos contar tudo ao Óssip. Passei então a ser mulher de Maiakóvski, mas isto não era motivo para deixarmos de morar na mesma casa. Tanto Óssip como Maiakóvski eram criaturas superiores, que viam com a maior naturalidade estes problemas de amor e sexo. Ambos eram grandes admiradores do romance *Que fazer?*, de Tchernychévski. Hoje em dia, pouca gente lê este romance, dizem que é chato, mas não é verdade; chatos são os que dizem isto. E é uma pena. Você leu? Ali há uma descrição utópica da sociedade futura e de relações muito mais simples e naturais entre homem e mulher. Pois bem, Óssip e Maiakóvski viviam como se aquela utopia já fosse realidade. Agora, no Ocidente, fala-se muito em "casamento aberto", "sexo livre", mas duvido que as pessoas tenham atingido, nesse terreno, a mesma atitude desprendida.[56]

Talvez o fruto mais duradouro da relação entre Maiakóvski e Lília seja o poema *Sobre isto* (1923), visto como "síntese da poética de Maiakóvski", pois "todos os elementos formais de composição característicos do poeta estão nele presentes".[57]

Maiakóvski também se dedicou ao teatro, com *Vladímir Maiakóvski: Tragédia* (1914), *Mistério-bufo* (1918), *O percevejo*

(1929) e *Os banhos* (1930). Seu grande parceiro nos palcos foi Vsévolod Meyerhold (1874-1940), colaborador de Stanislávski que rompeu com o naturalismo exacerbado do mestre para desenvolver seu próprio método, a biomecânica, e que assinou encenações antológicas (como a de *O percevejo*, com música de Chostakóvitch e cenários de Ródtchenko) até ser brutalmente executado pela repressão stalinista.

Jakobson identificou nas peças de Maiakóvski um "sarcasmo ferino", cujos objetos

> são os conciliadores (*Mistério-bufo*) e, depois da galeria de burocratas-conformistas, desenhados nas propagandas, o *glavnatchpups* Pobedonossikov, "diretor-geral da administração da conciliação" (*Os banhos*). O papel essencial desses "seres artificiais" é o de constituir obstáculos no caminho do futuro. A máquina do tempo há de cuspi-los inevitavelmente.[58]

O percevejo é especialmente emblemático dos embates de Maiakóvski com a RAPP, a Associação Russa dos Escritores Proletários, que zelava pela "pureza ideológica" da literatura da União Soviética, e na qual, após sofrer muitos ataques, o poeta viria a ingressar (para se suicidar logo depois). A peça retrata Príssipin, um homem do "presente", e cheio de defeitos, sendo congelado e trazido de volta à vida em 1979 — um futuro dominado pelo comunismo. Porém, como descreve Schnaiderman, a peça

> nos traz um grotesco e um cômico matizados de tragédia, com aquela descrição da sociedade comunista futura como um mundo asséptico e monótono. Escrita pouco antes de seu suicídio, ela soa hoje em dia, depois de tudo o que se passou, como a antevisão de algo pesado e sinistro que estava avançando, e contra o qual um seguidor fiel do Partido, como foi Maiakóvski, não podia lutar.[59]

Jakobson vê afinidades entre esse espetáculo teatral — que, em 1981, recebeu no Brasil uma montagem de Luís Antonio Martinez Corrêa que marcou época — e a mais célebre distopia soviética:

> Esses personagens de *O percevejo* apresentam muitas semelhanças com o *Nós*, de Zamiátin, mas, em Maiakóvski, a própria antítese dessa comunidade racional utópica — a rebelião em nome do arbítrio insensato, do álcool e da felicidade pessoal descontrolada — é ridicularizada sem qualquer indulgência, ao passo que Zamiátin idealiza essa rebelião.[60]

A chocante decisão de Maiakóvski de tirar a própria vida levou Roman Jakobson a uma profunda reflexão sobre o tema, no ensaio *A geração que esbanjou seus poetas*, escrito logo após o falecimento do autor de *Nuvem de calças*:

> O fuzilamento de Gumiliov (1886-1921); a longa agonia espiritual e as insuportáveis torturas físicas que levaram Blok (1880-1921) à morte; as privações cruéis e a morte desumana de Khlébnikov (1885-1922); os suicídios anunciados de Iessiênin (1895-1925) e Maiakóvski (1893-1930). Assim pereceram, no curso dos anos 20 deste século, na idade de trinta a quarenta anos de idade, os inspiradores de toda uma geração. E cada um deles teve a nítida e insuportável consciência do irremediável. Não apenas os que foram mortos ou se suicidaram, mas também aqueles que, como Blok e Khlébnikov, ficaram presos ao leito pela doença e acabaram por morrer.[61]

Jakobson participou ativamente[62] do lançamento do último movimento de vanguarda dessa época: a Oberiu, acrônimo de Associação para uma Arte Real, cujo manifesto, em 2 de janeiro de 1928, declara: "Não somos apenas criadores de uma nova língua poética, mas também construtores de uma nova percepção da vida e de seus objetos. Nossa liberdade de criação é universal: espalha-se por todos os tipos de arte e irrompe na vida, cercando-a por todos os lados". Os artistas primeiro se defendem — "talvez digam que nossa temática é 'irreal' e 'ilógica'. Mas quem disse que a lógica do cotidiano é a lógica obrigatória em arte?" —, para daí lançarem seu desafio: "Sentir o mundo com mãos operantes, limpar o objeto do lixo das culturas antigas e decaídas — não seria isso uma reivindicação real de nosso tempo? Por isso nossa associação leva o nome Oberiu — Associação para uma Arte Real (Obediniénie Reálnogo Iskusstva)".[63]

Andrew Kahn ressalta que

> o teor ideológico, conservadorismo formal e quadro monocromático de boa parte da poesia proletária formam o pano de fundo do qual as obras dos poetas da Oberiu se destacam em relevo contrastante. Apesar da individualidade impactante dos membros do grupo, sua crença de que a poesia é um tipo de reino linguístico e formal, estruturado de acordo com suas próprias leis e processos de experimentação, afilia-os ao espírito e objetivos do futurismo. Os poetas da Oberiu (conhecidos coletivamente como *Oberiúty*) aspiravam a revelar a verdadeira realidade por trás das aparências da superfície, aplicando uma abordagem analítica.[64]

O manifesto (que, posteriormente, receberia ainda a adesão do poeta Nikolai Olêinikov, 1898-1937) era assinado por Aleksandr Vvediénski (1904-41), Konstantin Váguinov (1899-1934), Igor Bákhterev (1908-96), Nikolai Zabolótski (1903-58), Boris Lévin (1904-41) e Daniil Kharms (1904-41) — segundo Vókov, "a figura central da Oberiu", ou seja,

Daniil Iuvatchov, 22 anos, que usava o pseudônimo Kharms (segundo uma versão, formado dos vocábulos *charm* e *harm*, que em inglês significam fascínio, encanto, charme mesmo, e mal, respectivamente). Poeta, prosador e dramaturgo, considerava-se o típico excêntrico de Petersburgo. Alto, cabelos longos, parecia, como disse um de seus amigos, "um cachorrinho de bom pedigree e, ao mesmo tempo, o jovem Turguêniev". Ele passeava por Leningrado com roupas incomuns, casaco cinza, de estilo britânico, colete e *four plus* sobre meias quadriculadas. Rematavam essa sua imagem de "misterioso forasteiro" o colarinho engomado, uma fita estreita de veludo preto na testa, bengala grossa, relógio de bolso do tamanho de um pires, preso a uma corrente, e um cachimbo torto.[65]

Impedido de publicar seus escritos para adultos, Kharms sobreviveu sobretudo como autor infantil. Schnaiderman julga que

seus contos para crianças, ora em prosa ora em verso, caracterizam-se por uma leveza de toque exemplar, um ritmo veloz, uma capacidade incrível para os jogos de palavras, ao gosto das adivinhas infantis, mas sobretudo percebe-se neles uma ternura muito grande por crianças, bichos e pela natureza em geral (um desses contos trata das aventuras mirabolantes de um menino que foi ao Brasil de avião, fato completamente inconcebível para os russos na época).[66]

Sua produção para adultos inclui "causos" (que, se escritos hoje, seriam chamados de microcontos), poemas e uma obra-prima, a novela *A velha* (que serviu de base para espetáculo teatral dirigido por Bob Wilson, com Mikhail Baryshnikov e Willem Dafoe no elenco). Para Aurora Fornoni Bernardini, "a mistura do essencial e do acidental, a predileção pela fala dos bobos, loucos, simplórios, bufões etc., com todos os 'acidentes' de retórica a ela inerentes, são a primeira marca do absurdo de Kharms. Um absurdo que prenuncia — por sua hilaridade — o Ionesco de *A cantora careca* (1950)". Ela crê que "por mais cáusticas que sejam as tiradas de Kharms, até a última fase de desespero, elas não deixam de ser sinistramente engraçadas. O cômico e o paradoxo são condições *sine qua non* de seus escritos. É isso que o separa da aridez kafkiana ou mesmo do absurdo de Beckett, de quem também foi precursor".[67]

No teatro, a Oberiu também

oferece resistência estética ao mainstream realista dos anos 1920, fazendo ruir forma dramática e personagem. *Elizaveta Bam* (1928), de Daniil Kharms, é uma peça que se enquadra melhor na tradição relativamente breve do absurdo: Elizaveta Bam é visitada por dois homens, Piotr Nikoláevitch e Ivan Ivánovitch, que vêm prendê-la por um assassinato que ela ainda não cometeu: o assassinato de Piotr Nikoláevitch, no fim da peça. Kharms deliberadamente borra as fronteiras entre teatro e vida: as realidades mudam, e a sequência de eventos, tanto temporal quanto lógica, é quebrada. A peça exibe uma distorção da realidade, e transforma o teatro em um lugar que *cria* a realidade, em vez de representá-la.[68]

A vida de Kharms foi marcada por dificuldades financeiras, prisões e exílio. Ele passou fome ao ser impedido de publicar mesmo literatura infantil, em 1937; foi declarado insano em 1939; e detido pela última vez em 1941, morrendo no cárcere, em uma Leningrado que padecia as vicissitudes do cerco nazista. Seus textos só chegaram até nós porque seu amigo Iákov Drúskin (1902-80) "conservou durante muitos anos a maleta que lhe fora confiada por Marina Málitch (1909 ou 1912-2002), a segunda mulher do escritor, pouco antes da morte deste, em 1942, numa das seções do Hospital Psiquiátrico da então

Leningrado".[69] Kharms foi mais um dos incontáveis exemplos a confirmarem a afirmação do poeta e crítico literário russo radicado em Berlim Vladislav Khodassévitch (1886-1939): "Claro que sabemos do exílio de Dante, da pobreza de Camões, do cadafalso de André Chénier, e muito mais, porém em nenhum lugar fora da Rússia as pessoas foram tão longe, por quaisquer meios possíveis, para destruir seus escritores. E, todavia, isso não é causa de vergonha, mas pode até ser causa de orgulho. Isso acontece porque nenhuma outra literatura (estou falando em geral) foi tão profética quanto a literatura russa".[70]

Em foco: *Zaúm*

Maiakóvski proclamou que "na obra poética, a novidade é obrigatória",[71] e Pomorska destacou que "o ponto principal da estética futurista foi *a teoria da palavra em seu aspecto sonoro, como o único material e tema da poesia*". Desta forma,

> o elemento sonoro é igualado aos elementos pictóricos, figuras e linhas geométricas, tornando-se assim um fenômeno independente, a ser experimentado e fruído como a única poesia pura e verdadeira. Assim, os futuristas lutaram pela "palavra pura", sem relação com qualquer função referencial ou simbólica, no que diz respeito ao objeto. A "palavra em liberdade" deveria operar com sua própria estrutura e as associações entre os sons deveriam evocar "objetos novos", muitas vezes denominados "fonoimagens" (*zvokooóbrazi*).[72]

Assim, não surpreende a busca e elaboração de uma linguagem nova, lançada em 1913, mesmo ano da *Vitória sobre o sol*, no manifesto "A palavra como tal", assinado por Krutchônikh e Khlébnikov, que tiveram, na criação desse idioma, a colaboração ainda de David Burliuk. Mário Ramos explica:

A palavra *zaúm* (em russo, заумь) é formada pela união do prefixo "*za*" (que pode significar, em português, "por", "através", "por meio de") e a palavra "*um*" ("mente", "inteligência", "razão"). Uma língua *zaúm* é, portanto, uma língua transmental, regida pela transracionalidade. Até este ponto, a tradução de *zaúm* para o português encaixa-se perfeitamente ao conceito aplicado pelos cubofuturistas. Porém, na formação do adjetivo com sua desinência específica, a expressão "língua *zaúm*" (*zaúmnyi iazýk*, заумный язык), em russo, ganha um terceiro e brilhante significado. O adjetivo *zaúmnyi* pode ser traduzido literalmente por "incompreensível", "abstruso". Combinado o adjetivo à palavra *zaúm*, ou seja, o que é transmental (que vai além da razão), dá-se a carga semântica completa do termo: incompreensível, porque vai além, ultrapassa os limites da razão.

À guisa de exemplo, o manifesto traz os seguintes versos *zaúm*, afirmando que neles "há mais do russo nacional do que em toda a poesia de Púchkin":

> *dyr, bul, chtchyl*
> *ubechur*
> *skum*
> *vy so bu*
> *r l ez*[73]

Obviamente, ao empregar a *zaúm*, cada poeta o faz de um jeito. Assim, analisando Khlébnikov, Schnaiderman afirmou:

> a "língua transmental" (*zaúm*) era para ele algo bem concreto e preciso; os sons aglutinados não eram fortuitos, embora estivessem desligados do conceito habitual. A linguagem dos feiticeiros, dos xamãs da Ásia Central; a montagem

e desmontagem das palavras; a transformação de nomes próprios em verbos, de substantivos em adjetivos e vice-versa; o registro dos cantos dos pássaros, a formação de palavras nas línguas eslavas em geral — eis alguns dos recursos de que se serviu. Muito antes dos surrealistas, já prenunciava a chamada escrita automática. Superando as limitações de espaço e tempo, antecipou em certo sentido o dadaísmo. Seus caligramas são anteriores aos de Apollinaire, e suas mensagens de palavras efetuam-se na mesma época que as de Joyce, conforme foi particularmente sublinhado por Benjamin Goriély.[74]

Já Krutchônikh "utiliza a decomposição de palavras, as associações inusitadas, e cria, em alguns dos seus poemas, um clima de alucinação trágica. A sua linguagem transmental não revela sempre a preocupação de concreção semântica de Khlébnikov, aproximando-se às vezes de certos experimentos sonoristas do dadaísmo e, como eles, antecipando o letrismo".[75]

7.
Vivendo sob o fogo: Utopias e distopias

Para meus versos escritos num repente,
Quando eu nem sabia que era poeta,
Jorrando como pingos de nascente,
Como cintilas de um foguete,

Irrompendo como pequenos diabos,
No santuário, onde há sono e incenso,
Para meus versos de mocidade e de morte,
— Versos que ler ninguém pensa! —

Jogados em sebos poeirentos
(Onde ninguém os pega ou pegará)
Para meus versos, como os vinhos raros,
Chegará seu tempo.

Marina Tsvetáieva[1]

Da mesma geração dos *Oberiuty*, Andrei Platónov (1899-1951) não redigiu manifestos nem participou de nenhum movimento de vanguarda. Foi membro do Partido Comunista, jamais emigrou, era admirado por Górki e Chólokhov, e esteve no front durante a Segunda Guerra Mundial, como jornalista, recebendo o grau de major.

Dito assim, parece se tratar de um autor leal ao regime, e seguidor dos ditames do realismo socialista. Mas não é o caso. Saudado por Brodsky como "o maior escritor russo deste século",[2] Platónov realizou experimentos com a linguagem que até hoje deixam os estudiosos perplexos.

Para Tatiana Tolstáia, "Platónov escreve como se ninguém tivesse escrito nada antes dele, como se ele fosse a primeira pessoa a colocar caneta no papel", e parece que sua obra "foi escrita por um ser do espaço sideral, forçado a viver entre nós", pois "ele usa as palavras de forma esquisita, incorreta, coloca-as no lugar errado da frase, onde não poderiam estar".[3] Brodsky, por seu turno, sustenta que, "se existe alguma tradição na literatura russa, Platónov representa uma ruptura radical com ela. Eu, por meu lado, não consigo distinguir nenhum de seus antecessores, com a exceção talvez de alguns trechos de *A vida do arcipreste Avvákum*, ou qualquer sucessor seu".[4]

Pois, ainda na opinião de Brodsky, "pode-se dizer com segurança a respeito deste escritor que qualquer frase sua leva a língua russa para um beco sem saída semântico ou, mais precisamente, revela sua propensão para o impasse, a mentalidade típica de beco sem saída existente na própria língua". Platónov

> simplesmente tinha uma tendência a levar suas palavras até o fim lógico — isto é, absurdo, totalmente paralisante. Em outras palavras, à diferença de qualquer outro escritor russo antes ou depois dele, Platónov foi capaz de revelar o elemento autodestrutivo, escatológico, contido na própria língua, e isto, por sua vez, tinha consequências altamente reveladoras para a escatologia revolucionária que a história lhe forneceria como tema.[5]

Essa "escatogia revolucionária" se faz presente em seus dois livros mais célebres, ambos dos anos 1920: *Tchevengur* (1927) e *A escavação* (1930), romances que, na imagem de Brodsky, "não mostram um herói contra um pano de fundo, mas antes o próprio pano de fundo devorando o herói".[6] Como quer Tolstáia,

> Platónov, que acreditava apaixonadamente no comunismo, escreveu uma série de romances que ele achou que glorificavam a nova era e as novas ideias. Mas sua criatividade, sua linha de raciocínio fora do comum e seu estilo sem

precedentes constituíam um ataque devastador contra o regime. Não há literatura mais anticomunista que a de Platónov: paradoxalmente, sua rejeição do comunismo não é atingida por meio de acusações abertas, mas através de suas visões linguísticas.[7]

Assim, ele esteve longe de ter vida fácil sob Stálin. Schnaiderman conta que o ditador "teria escrito em 1931, à margem de seu conto 'Ainda bem', que saiu na revista *Krásnaia Nov* (Terra Virgem Vermelha): "Canalha!".[8] Seu filho de quinze anos foi detido em 1938 e condenado ao gulag siberiano, de onde saiu em 1940, doente terminal de tuberculose. Qualificados por Brodsky de "indescritíveis", pois "o poder de devastação que exercem sobre seu tema excede de longe qualquer exigência da crítica social, e só pode ser medido por um padrão que tem muito pouco a ver com a literatura como tal", *Tchevengur* e *A escavação* só seriam publicados na União Soviética na década de 1980, durante a glásnost — mesma época em que o país descobriria uma distopia que já influenciava os rumos da literatura mundial: *Nós*, de Ievguêni Zamiátin (1884-1937).

Zamiátin foi, ao lado de Mikhail Zóschenko (1894-1958), uma das figuras de proa dos Irmãos Serapião, círculo literário cujo nome foi extraído do livro homônimo do alemão E. T. A. Hoffmann (1776-1822), e cujo manifesto, em 1922, proclamava: "Acreditamos que quimeras literárias são uma realidade separada, e nos opomos ao utilitarismo. Não escrevemos propaganda".[9]

Nós tem suscitado comparações com *1984* (1949), de George Orwell (que leu o livro antes de redigir seu romance, e reconheceu sua influência),[10] e *Admirável mundo novo* (1932), de Aldous Huxley. Elaborada em 1921, a obra descreve um futuro em que a população mundial foi reduzida a 10 milhões de habitantes, que não têm nomes, apenas números e letras, e são controlados pelo Estado Único, que pune todo desvio com a morte. Publicado em inglês, nos Estados Unidos, em 1924, e em tcheco e russo em Praga, em 1927, *Nós* só apareceu na União Soviética em 1988. Houve uma campanha contra Zamiátin em seu país, suas obras pararam de ser editadas, e, em 1931, tendo obtido (graças a Górki) permissão de Stálin, ele emigrou com a esposa para a França, onde faleceu em 1937.

Para Bogomólov,

> como um pintor profissional, Zamiátin escolhe infalivelmente a cor certa para o lugar certo, sabendo de antemão como ela vai funcionar em um lugar ou outro. Esse tipo de relação com uma paleta literária é possível apenas quando métodos já estabelecidos de transformação artística da realidade existem, e apenas quando sua escolha depende do escritor. Nesse aspecto, Zamiátin é o auge da busca artística em que a prosa russa viajou no espaço entre o simbolismo e o realismo tradicional.[11]

Já Zóschenko não emigrou, e a grande tragédia de sua vida foi a

> condenação pública em 1946, no famoso informe de Jdánov [o mesmo que expôs Akhmátova à execração]. Impedido de publicar, ele, que já sofrera outras crises nervosas, caiu em depressão profunda, morrendo em 1958 por se recusar a alimentar-se, a exemplo do que teria acontecido com Gógol em 1852 (há diversas versões diferentes sobre a morte deste),

segundo Boris Schnaiderman, para quem suas obras

> dão material muito rico para os estudos literários, indo de contos e croniquetas de um humor muito triste, às vezes amargo, numa escrita sui generis que nos transmite o coloquial dos anos da Revolução, até uma autoanálise efetuada a partir de

meados dos anos 1930, com a qual visava curar-se e contribuir para a saúde mental dos leitores, um experimento que aproximava ficção e psicologia e que foi muito apreciada por numerosos psiquiatras e fisiólogos russos, inclusive Pávlov.[12]

Trótski colocou os Irmãos Serapião e o poeta Iessiênin entre os "companheiros de viagem", escritores que "não fazem parte dos carreiristas literários que aos poucos se põem a descrever a Revolução", criando "entre a arte burguesa que agoniza em repetições ou em silêncios e a nova arte que ainda não nasceu", uma "arte de transição, que se liga mais ou menos organicamente à Revolução, embora não represente a arte da Revolução".[13] Um dos mais brilhantes "companheiros de viagem" foi Boris Pilniak (1894-1938), outra vítima da repressão stalinista, autor do visionário romance *O ano nu* (1922). Para Nivat,

> é possível dizer que ele realmente criou um gênero novo: o *romance a granel*, em que só materiais provenientes da vida são dados sem conexão, aparentemente apenas justapostos. O universo de Pilniák é caótico, apsicológico; a vida reduzida a uma enumeração de atos como gritos, assassinatos, trabalho, coitos... Toda a arte de Pilniák, assim como o cinema de sua época (Vértov, Dovjenko, Eisenstein), consiste em uma montagem de materiais esparsos. Além disso, os mesmos materiais costumam reaparecer em diferentes obras, em diferentes romances, o que não facilita a tarefa crítica.

O estudioso diz ainda que

> Pilniák continua sendo, ao lado de Bábel, uma das mais extraordinárias expressões da Revolução Russa. Suas narrativas, que não têm começo nem fim, constituem uma espécie de imensa crônica da Revolução. Graças a seu temperamento

exuberante e certamente cínico, ele conseguiu captar aquilo que sem dúvida dava o tom maior da Revolução, enquanto Bábel exprimiu sobretudo seu ritmo fundamental. Ambos revelaram a crueldade da Revolução. Como disse Andrei Biély, a obra de Pilniák é um quadro que não sabemos de que distância deve ser observado.[14]

Judeu de Odessa, Isaac Bábel (1894-1940) era um dos mais célebres e influentes escritores da União Soviética, vivendo uma relação promíscua com os altos círculos do poder (chegou a ter um caso com a mulher de Nikolai Iejov, chefe do NKVD, a polícia secreta soviética) até ser subitamente assassinado pelos esbirros de Stálin. A influência de seu estilo brutal, direto e conciso se faz sentir, por exemplo, na "descrição mais profunda e assustadora da desumanização produzida pelo Terror Vermelho em seus executores" que "aparece em uma novela expressionista pouco conhecida, *A lasca* (*Schepka*, 1923), de um escritor siberiano, Vladímir Zazúbrin (1895-1938)".[15]

A carreira literária de Bábel foi lançada por Górki, e ele também traduzia do alemão, francês e iídiche — experiência, de acordo com Boris Schnaiderman, fundamental para a sua poética:

> Criado no meio de judeus russos, impregnou-se da vida judaica tradicional, mas, ao mesmo tempo, viveu intensamente o momento histórico na Rússia no início do século XX. Impregnado tanto de vivências judaicas como de elementos culturais russos, particularmente a literatura, soube expressar com intensidade, com violência até, o embate entre eles. Este trabalho na fronteira entre duas culturas era, na realidade, obra de escritor muito próximo do ato de traduzir. Não é por acaso, pois, que alguns apontam para o fato de que, escrevendo em russo, utilizou com

frequência expressões do iídiche de Odessa traduzidas literalmente, criando assim uma estranheza bem peculiar.[16]

Se os pogroms, os gângsteres (como o impagável Bênia Krik), a opressão a que eram submetidos os judeus durante o Império Russo e toda a ambiência de sua terra natal se refletem em uma série de narrativas curtas de sabor autobiográfico, como os *Contos de Odessa* (1931), a obra que lhe granjeou fama internacional foi *O Exército de Cavalaria* (1926), coleção de relatos da Guerra Civil que se seguiu à Revolução de Outubro, sobre os quais Jorge Luis Borges observou: "A música de seu estilo contrasta com a brutalidade quase inefável de certas cenas". O livro "trouxe-lhe louvor universal de críticos de diferentes posições estéticas e ideológicas", tanto radicados na União Soviética como emigrados, e "o fato de que o lendário comandante da Cavalaria Vermelha, Semion Budiónny, atacou Bábel por denegrir seu exército, enquanto Górki defendeu o escritor, mas criticou-o pela romantização excessiva dos cossacos, testemunha o caráter elusivo e ambivalente dos significados do livro".[17] Para Schnaiderman,

> pouquíssimos escritores souberam tratar de modo tão completo, tão artístico, um fragmento do real como o fez Isaac Bábel. Muitos contos de *A Cavalaria Vermelha* [ou *O Exército de Cavalaria*] são um desenvolvimento de seu diário de campanha. Mas, ao mesmo tempo, que diferença! Se estão próximos da vida real, os contos do escritor marcam realmente o que a literatura passa a construir a partir do fato empírico.[18]

Em sua fase madura, "os traços psicológicos das personagens são apresentados abruptamente, com violência, sem aquela volúpia descritiva dos autores do século XIX. Tudo é rápido, incisivo, brutal. O espírito da época, a prosa dos cubofuturistas, seu antipsicologismo devem ter exercido papel essencial neste sentido".[19]

No mesmo ano em que Bábel era executado, morria de causas naturais um escritor que também combatera na Guerra Civil — só que do outro lado das trincheiras: Mikhail Bulgákov (1891-1940). Nascido em Kíev, filho de um teólogo, Bulgákov, a exemplo de Tchékhov, formou-se em medicina, ingressando, como seus dois irmãos, Nikolai e Ivan, nas forças antibolcheviques. Sua experiência no conflito foi retratada no romance *A Guarda Branca* (1925), que ele adaptaria para os palcos, com o título de *Os dias dos Turbin* (1926). Encenado pelo Teatro de Arte de Moscou, de Stanislávski, "o espetáculo despertou as mais apaixonadas e controvertidas reações. A plateia transbordara de emoção". A estreia teve

ataques histéricos, desmaios. Sete espectadores foram parar no pronto-socorro. Os acontecimentos históricos abordados na peça ainda permaneciam muito vivos na memória das pessoas. Espectadores, que nos idos da Revolução estiveram em Kíev, identificavam-se com as personagens, atestavam a veracidade das cenas representadas, confundiam realidade e ficção. Houve quem jurasse ter conhecido pessoalmente o médico Aleksei Turbin. Ao término, a cortina foi erguida nove vezes para que os atores recebessem os aplausos frenéticos do público. Exigiam em coro a presença do autor no palco, mas Bulgákov, com os nervos à flor da pele, retirara-se sorrateiramente antes do fim da última cena.[20]

Stálin adorou — teria assistido à peça não menos do que dezesseis vezes. E talvez esse amor do ditador pelos Turbin tenha salvado o autor de *Ovos fatais* (1924) do cárcere. Afinal, em 1926, cinco meses antes da estreia da peça, ele tivera os manuscritos da novela *Um coração de cachorro* (1925) e de seus diários apreendidos pelos órgãos de segurança, que os devolveriam em 1929. Impedido de publicar, e sem perspectivas de obter trabalho, escreveu aos mandatários da União Soviética em 1930, pedindo permissão para deixar o país em companhia da esposa. Quem respondeu, por telefone, foi Stálin em pessoa, garantindo-lhe o emprego de diretor assistente do Teatro de Arte de Moscou.

Sua obra-prima é o romance *O Mestre e Margarida* (1928-40), que conta a história de uma visita do diabo e seu séquito infernal à Moscou soviética, e suas relações com o Mestre (alter ego de Bulgákov), autor de um romance histórico proibido sobre a vida de Jesus, e Margarida, sua amada — óbvia alusão ao mito do *Fausto*, que, quer na versão de Goethe, quer na de Gounod (era a ópera preferida do melômano Bulgákov), constitui referência inescapável do livro, no qual ainda é possível ver projeções gogolianas. Assim como Gógol, Bulgákov nascera na Ucrânia, era um escritor satírico e autor teatral: a decisão do Mestre de lançar seu romance no fogo (dando origem àquela que talvez seja a frase mais conhecida do livro, "os manuscritos não ardem") parece evocar o autor de *Almas mortas* lançando às chamas a segunda parte de sua obra.

Na análise de Philip Ross Bullock, nesse livro

> as aspirações utópicas da sociedade soviética são certamente ridicularizadas, com a habitual ironia humilhante do autor, mas Bulgákov também erige sua própria utopia literária. Ela assume a forma de um contra-argumento idealista; a história do herói epônimo do romance e a heroína. A ressurreição do romance perdido do Mestre constitui a tentativa de Bulgákov de conceitualizar a vitória derradeira de sua própria posteridade literária.[21]

O Mestre custou doze anos de trabalho a seu autor, que revisou o texto, literalmente, até o fim da vida. Boris Schnaiderman retrata sua agonia, diagnosticado com neuroesclerose hipertônica: "Com os movimentos dificultados e quase cego, ficou ditando a sua mulher, até os últimos dias, alterações a introduzir no texto. Quando morreu, ele estava praticamente concluído, embora, se pudesse, Bulgákov com certeza completaria as correções que ditava". E arremata: "Fica-nos, porém, a imagem deste escritor, em seu leito de morte, ditando emendas a uma obra que ele sabia ser impossível publicar na época. Segundo a viúva, disse quando estava morrendo: 'Talvez isso esteja certo. O que poderia eu escrever depois de *O Mestre*?'".[22]

Cuidadosamente conservado pela viúva do escritor, o livro teria aparição póstuma na Rússia, embora não tenha tido que esperar pela glásnost. A primeira publicação, com cerca de 14 mil palavras censuradas, aconteceu na revista *Moscou*, em 1966-7; em livro, foi editado na União Soviética em 1973. A ocasião marcou uma "virada mística" no país, "quando, apesar de algumas admoestações de parte das autoridades, as revistas de cultura começaram a abordar temas de religião e vários intelectuais de renome passaram por verdadeira crise religiosa, processo que evidentemente se intensificou com o esfacelamento da União Soviética".[23]

Em seu apelo às autoridades da nação, em 1930, Bulgákov escrevera que "todo e qualquer satírico na União Soviética atenta contra o regime soviético". Não surpreende, assim, que dois dos mais mordazes, Arkádi Aviértchenko (1881-1925) e Teffi (pseudônimo de Nadiejda Lokhvítskaia, 1872-1952), colegas na revista *Satíricon*, tenham emigrado. Essa última, irmã da poeta Mirra Lokhvítskaia (1869-1905), é autora daquele que Býkov considera "o melhor livro sobre a emigração russa": *Cidadezinha* (1927), em que "a cidadezinha que dá nome ao livro é a pequena e característica Paris russa, uma cidade pequena dentro da enorme Paris", numa "apoteose da solidão".[24]

Houve, contudo, quem se entregasse à difícil tarefa de escrever sátira no país dos sovietes sem sair de suas fronteiras.

Especialmente bem-sucedidos foram Iliá Ilf (1897-1937) e Ievguêni Petrov (1902-42), nativos de Odessa, que tiveram obra individual, mas se tornaram conhecidos sobretudo pelo trabalho a quatro mãos. Ilf e Petrov criaram Ostap Bender, um trambiqueiro individualista cujo sonho é morar no Rio de Janeiro, que surge (e morre) em *As doze cadeiras* (1928, sofreu várias adaptações cinematográficas, incluindo, na Atlântida, *Treze cadeiras*, de 1957, com Oscarito, e *Banzé na Rússia*, de Mel Brooks, em 1970) para ressurgir em *O bezerro de ouro* (1931). Býkov considera Bender a inspiração de Bulgákov para criar sua versão do diabo, Woland;[25] para Aleksandr Jolkóvski, ele não é "apenas um criminoso charmoso, mas um individualista charmoso, no limite — um antissoviético charmoso, embora seu charme seja entregue com um pesado aroma pró-soviético".[26]

Quem emigrou, voltou e acabou sentindo na pele as consequências da decisão de regressar foi aquela a que Brodsky se referiu como "maior poeta do século XX"[27]: Marina Tsvetáieva (1892-1941). Tzvetan Todorov assim resumiu seu destino:

> Ele está inextricavelmente entretecido na história contemporânea da Europa, marcada por duas guerras mundiais e pelo advento de dois regimes totalitários. Dessangrada pela Primeira Grande Guerra, a Rússia — seu país — torna-se palco da Revolução de Outubro, que a mergulha no caos e na penúria, antes de submetê-la à guerra civil e ao terror. Uma das filhas de Tsvetáieva morre de fome e inanição. Seu marido combate os Vermelhos nas fileiras dos Brancos e acaba entre os emigrados. Ela abandona o país para se reunir a ele. Mais tarde, quando a família já está instalada em Paris, ele muda diametralmente de lado: torna-se agente secreto soviético e se vê envolvido em um assassinato; novamente ela se sente na obrigação de acompanhá-lo. De volta à Rússia, a família inteira sofre a mais brutal

das repressões. O golpe fatal será dado pela invasão alemã de 1941: privada de qualquer possibilidade de seguir vivendo, Tsvetáieva dá fim a seus dias.[28]

Além da ligação ao marido, pesaram na decisão de regressar à Rússia as dificuldades de publicar e se sustentar escrevendo no exílio.[29]

Para Schnaiderman, sua obra

mostra uma luta incessante entre a musicalidade fácil, corrente, agradável, sob cuja influência a princípio esteve, e os ritmos do século, ásperos, sincopados, por vezes até cacofônicos. Aparentemente, dessa tensão, dessa luta entre os dois polos, surge uma depuração, uma linguagem tensa e condensada, uma veemência contida, uma sobriedade rara, próprias para expressar as grandes angústias da época. Pois, certamente, pouquíssimos poetas modernos souberam testemunhar com tamanha densidade e vigor o espírito do tempo como essa mulher de existência trágica.[30]

Uma existência que se viu refletida tanto em sua poesia quanto na prosa, de forte caráter autobiográfico. "Suas paixões, na maioria das vezes de curta duração, dão lugar ao que ela chama de 'idílios cerebrais' e a ciclos de poemas por elas inspirados, e só raramente desembocam em relações físicas."[31] Sintomático é o caso do editor russo Vichniák:

Ela dera tão pouca importância à pessoa real, que a "aventura cerebral" acabou tendo um desfecho cômico: quatro anos depois do "rompimento" (de um relacionamento que jamais começara!), ela cruza com ele, uma noite, num sarau em Paris, e não o reconhece. Depois das apresentações e para se justificar, ela protesta: "Mas você tirou o bigode!

E está sem óculos!". Vichniák, indignado, por sua vez (mas, em vão) diz nunca ter usado bigode nem óculos...[32]

As "aventuras cerebrais" transbordavam também nos diários e cartas, que ela "tem consciência" de que se destinam "à publicação" e, "assim como ela corrige e refaz as notas dos diários, como se fossem obras, ela redige nos cadernos o rascunho de suas cartas e as reescreve até que fiquem satisfatórias".[33]

No gênero epistolar, destaca-se, em particular, sua correspondência com Pasternak, que a pôs em contato com o austríaco Rainer Maria Rilke (1875-1926),

> e entre os três se estabelece uma correspondência durante o último ano de vida do poeta austríaco, em 1926. Ela escreve cartas inflamadas, magníficas, e a admiração pelo autor logo se transforma em amor pelo homem. Rilke parece desejar manter certa distância, não apenas pelo fato de ele ter sempre receado a presença amorosa, mas também por estar (fatalmente) doente de leucemia. Marina nada percebe. Ela ignora soberbamente as reservas discretas de Rilke e acaba decepcionada.[34]

De qualquer forma, "a troca entre os três poetas pode ser lida como uma espécie de romance epistolar, que combina alta qualidade literária com o testemunho sensível de um momento de transição social e artística nas primeiras décadas do século XX".[35]

A troca de cartas com Pasternak foi longa (1922-36), e marcada pela admiração mútua. O autor de *Doutor Jivago* chegou a afirmar que

> não há nenhum pecado capital em dizer que, com exceção de [Innokenti] Ánnenski [1855-1909] e Blok e, com algumas

limitações, Andrei Biély, a jovem Tsvetáieva era o que queriam ser e não conseguiam todos os outros simbolistas juntos. Onde a literatura deles se debatia sem forças num mundo de esquemas inventados e arcaísmos sem vida, Tsvetáieva facilmente passava por cima das dificuldades da verdadeira criatividade, lidava com suas tarefas brincando, com um brilho técnico incomparável.

Um dedicou várias obras literárias ao outro e, após muitos adiamentos, e treze anos de correspondência, finalmente se viram, em 1935: "O resultado foi bastante decepcionante, a ponto de ser chamado por Tsvetáieva posteriormente de um não encontro".[36] Afinal, como o jovem poeta Anatóli Steiger já dissera a Marina, "você é tão rica e forte que as pessoas que você encontra, você as recria por sua conta, a sua maneira; quando o ser delas, autêntico, verdadeiro, assoma à superfície — você se admira com a nulidade daquelas que tinham acabado de receber o reflexo de sua luz — porque este já não mais as ilumina".[37]

E a luz de Tsvetáieva podia ofuscar e intimidar mesmo um poeta do quilate de Brodsky: "Acho que nunca consegui me aproximar de sua voz. Ela foi a única poeta — e, se você é profissional, é isso que está passando em sua mente — com quem eu decidi não competir", ele confessou, para acrescentar: "Sua leitura do drama humano, sua voz inconsolável, sua técnica poética são absolutamente impressionantes. Creio que ninguém escreveu melhor, ao menos em russo. O tom em que ela falava, aquela espécie de vibrato trágico, aquele *tremolo*".[38] Mais uma voz prematuramente silenciada, em uma nação tão rica em poetas que se deu ao luxo de esbanjá-los.

Em foco: As escritoras russas

Falando de Tsvetáieva, Brodsky disse que "o maior poeta do século XX foi uma mulher".[39] A tradição de escritoras do sexo feminino, na Rússia, remonta pelo menos ao século XVIII: a própria Catarina, a Grande (1729-96), assinou muitos textos, incluindo libretos de óperas, peças teatrais e uma autobiografia — sintomaticamente em francês.

Vólkov nota que

> a primeira poetisa russa reconhecida, Anna Búnina (1774--1829), era parente distante do avô materno de Akhmátova. A princesa Zinaída Volkónskaia (1792-1862) e a condessa Ievdokia Rostoptchiná (1811-58), em suas épocas, chegaram a ser comparadas a cometas, riscando o firmamento literário russo, escrevendo notáveis páginas de prosa e verso. Em 1836, o próprio Púchkin foi responsável pela publicação de uma obra emocionante, *Das anotações de uma jovem cavalariana*, de Nadiejda Dúrova [1783-1866] — memórias das incríveis façanhas da autora, disfarçada de cossaco, nas batalhas contra Napoleão.[40]

Encarnação russa de Diadorim, Dúrova foi "rebatizada por Alexandre I de Aleksandr Andrêievitch Aleksándrov" e, em suas *Anotações*, descreve seu serviço no exército, em termos que fazem dela "uma precursora forte da representação da guerra encontrada em *Guerra e paz*, de Tolstói, talvez sem ir tão longe em seus gestos impactante de desfamiliarização, mas assim mesmo transmitindo aos leitores um sentido astuto, não sentimental e direto dos ritmos repetitivos da vida militar diária".[41]

No século XIX, Ievguênia Tur (1815-92), ficcionista, jornalista e anfitriã de um salão literário, recebeu elogios de Dostoiévski e

Turguêniev.[42] Mirsky destaca a poesia "extremamente atraente" de Karolina Pávlova (1807-93); a defesa do mujique por Markó Vovtchók (1833-1907), que escreveu em ucraniano e russo; o uso "picante, pitoresco e variado" da linguagem da prosadora Nadiejda Sokhánskaia (1825-84); e os diários da artista plástica Maria Bachkírtseva (1858-84).[43] Digna de nota, nesse período, é a já traduzida e publicada no Brasil Nadiejda Khvoschínskaia (1824-89), que, "dotada de uma argúcia e percepção literária que toda grande escritora possui, adiantou-se a todos os outros grandes escritores do período e publicou *A moça do internato*, em 1861, um ano antes de *Pais e filhos*, de Turguêniev, e dois anos antes de *O que fazer?*, de Tchernychévski". Segundo Odomiro Fonseca,

> a protagonista da novela *A moça do internato*, Liôlienka, é um marco na representação da mulher na literatura russa. Sabemos que foram desenhados esboços dessa emancipação em Olga Ilínskaia (*Oblómov*, de Ivan Gontcharóv) e Elena (*Na véspera*, de Turguêniev), por exemplo, mas em nenhum dos casos, a mulher era protagonista, a senhora do destino, a desafiadora da ordem — mas com a personagem Liôlienka, Nadiejda Khvoschínskaia tinha plena ciência do que queria inserir nas ruas e nas mentes da nova geração.[44]

Com a disseminação da instrução para mulheres, multiplicavam-se as leitoras do sexo feminino, e nasciam obras feitas para elas:

> Um dos primeiros e mais espantosos exemplos do peso econômico desse segmento do público ocorreu em 1909, quando *As chaves da felicidade*, novela da até então pouco conhecida escritora Anastassia Verbítskaia [1861-1921], vendeu 30 mil exemplares em quatro meses, criando, na Rússia, as expressões "gênero para mulheres" e "novela para mulheres".[45]

Dessa forma,

na década de 1910, a posição das escritoras robusteceu-se e seus nomes deixaram de representar raridades entre autores campeões de venda. A novela erótica de Ievdokia Nagródskia [1866-1930], *Fúria de Dioniso*, cuja heroína, uma artista, defendia o amor livre, alcançou dez tiragens em poucos anos. Lídia Tchárskaia [1875-1938] e Klávdia Lukachévitch [1859--1937] — esta última, madrinha do filho recém-nascido de Dmítri Chostakóvitch, em setembro de 1906, inculcou no menino o amor pela leitura — estavam entre as mais populares ficcionistas contemporâneas. Na década de 40, quando trabalhava em *Doutor Jivago*, Boris Pasternak disse que estava escrevendo "quase como Tchárskaia", para ser acessível e para realizar o sonho de ter sua prosa devorada "mesmo por uma costureira, mesmo por uma lavadora de pratos".[46]

E a poesia da era de prata também teria feições femininas. Como a da irmã de Teffi,

a afamada beldade Mirra Lókhvitskaia (1869-1905), que também morreu jovem e de tuberculose. Aplaudida e celebrada em leituras públicas, recebeu aos 27 anos o mais cobiçado prêmio literário russo da época, o Prêmio Púchkin, por sua primeira coleção. Conhecida como "a Safo russa", assim como mais tarde Akhmátova, escrevia basicamente sobre o amor ardente, exótico e extasiante. Acusada de "imodéstia", "indecência" e "imoralidade", o próprio Tolstói a defendeu, afirmando que ela era "o jovem vinho embriagador jorrando. Ele se acalmará e se tornará sereno, e águas puras fluirão".[47]

Porém,

a mais renomada das poetisas modernistas foi Zinaída Guíppius, a "Madona decadente". Toda Petersburgo comentava sua beleza esguia e seus olhos verdes, suas vestes extravagantes e estranhas maneiras. A descrição de Búnin pode ajudar-nos a entender por que a mera aparição de Guíppius causava sensação. "Uma visão celeste caminhava lentamente, um anjo de extraordinária transparência, em trajes brancos como neve e cabelo dourado, solto, ao longo de braços nus parecidos com luvas ou asas, estendidos em direção ao chão."

Junto com Merejkóvski, seu marido,

ela "dirigiu" o movimento simbolista de Petersburgo por muitos anos, recebendo em seu apartamento um fluxo constante de visitantes, sempre depois da meia-noite, reclinada numa *chaise-longue*, fumando longos e perfumados cigarros e espreitando as pessoas, através de sua famosa *lorgnette*. Emitindo opiniões e declarações epigramáticas, impiedosas e irrecorríveis, ela era respeitada, odiada e temida.[48]

A poesia feminina estava tão em alta entre os simbolistas que inspirou a criação de identidades falsas de mulher. Briússov inventou um heterônimo chamado Nelly, que Khodassévitch escreveu ser superior às outras poetas do sexo feminino da época, apesar da "imitação servil" da poesia de um certo Briússov. Mais rocambolesca foi a gênese, em 1909, de Cherubina de Gabriak, baronesa católica de sangue polonês e passado inconfessável, que tinha uma voz sedutora ao telefone e remetia seus versos para publicação em folhas de papel perfumadas. Tratava-se, na verdade, de uma mistificação do poeta Maksimilian Volóchin (1877-1932), que concebera esse pseudônimo para a professora deficiente

Elizavieta Dmítrievna (1887-1928). Quando a farsa foi revelada, Gumiliov, que tivera um caso com Dmítrievna, desafiou Volóchin para um duelo. Ambos os poetas saíram ilesos do embate; já Dmítrievna, seguidora, como muitos simbolistas, da antroposofia, prosseguiu a carreira literária até ser presa pelos bolcheviques e exilada no Uzbequistão, onde morreu de câncer hepático.[49]

Ainda na primeira metade do século XX, Anna Barkova (1901-76), "entusiasmada com a Revolução", ficou "profundamente desencantada, assim como poetas modernistas mais conhecidos. Foi presa e cumpriu longas penas nos campos de trabalho, onde a severidade das circunstâncias lhe valeu comparação com o longo sofrimento de Varlam Chalámov (1907-82)". Além disso,

> como lésbica, cabia mal no aconchego familiar artificial da era stalinista, e sua heroína lírica tornou-se algo como uma Santa Louca. A publicação da obra tardia de Barkova foi outro evento cultural significativo da perestroika, e o legado de sua resistência estoica persiste. Foi ecoado no protesto feroz contra a invasão soviética da Tchecoslováquia (1968) da poeta moscovita Natália Gorbanévskaia (1936-2013), e a persona poética de Barkova, como desajustada, inspirou a poeta posterior de Leningrado Elena Chvarts (1948-2010).

A poeta Elena Chvarts estava entre os que criaram "um animado subterrâneo poético nos anos 1970". Já em Moscou, "entre os melhores intérpretes e instigadores", havia "Nina Iskrenko (1951-95), que quebrou tabus contra a menção explícita a funções corporais e desejos femininos".[50]

Stephanie Sandler conta ainda que

> o bloqueio de novecentos dias de Leningrado revelou-se um tema poderoso para poesia, incluindo os poemas de Olga Berggolts (1910-75), transmitidos pelo rádio para reforçar a

coragem dos cidadãos soviéticos. Os poemas de Berggolts ecoam a retórica heroica dos escritos oficiais, embora sua experiência de encarceramento (grávida, apanhou selvagemente, e seu filho morreu) em 1938, e a morte do marido de fome fundamentam sua obra em tragédia pessoal profunda e, particularmente em poemas publicados apenas depois, complexidade política e estética considerável. Os poemas de Natália Krandiévskaia-Tolstáia (1888--1966), outra sobrevivente do Bloqueio, também fornecem vinhetas terríveis e evocativas da vida cotidiana durante o cerco, com imagens de cadáveres congelados nas ruas e ratazanas vivendo descaradamente em cozinhas comunais.[51]

Uma mera lista de poetas russas — abarcando, por exemplo, Sofia Parnok (1885-1933), que teve relacionamento amoroso com Tsvetáieva; Maria Petrovýkh (1908-79), cujos versos de amor mereceram elogios de Akhmátova; o "primitivismo" de Ksênia Nekrássova (1912-58); a poesia visual de Elizavieta Mnatsakanova (1922-2019); e a poesia religiosa de Olga Sedakova (1949) — já seria tão volumosa que transcenderia os limites deste livro. Quanto às prosadoras, Natália Baránskaia (1908--2004) e Irina Grekova (1907-2002) costumam ser vistas como precursoras do autêntico tsunami de escritoras talentosas que afluiriam com a glásnost — e se tornariam as protagonistas da literatura russa no terceiro milênio. Pois basta lembrar que o último Nobel conferido a um autor de língua russa foi vencido por uma mulher — Svetlana Aleksiévitch, em 2015. Desta, e de suas contemporâneas, falaremos ainda com mais vagar.

8.
O realismo socialista e a literatura dos emigrados

A poesia já não consiste em um descarado sibilo de rouxinol; a poesia está a serviço do Estado; poesia é utilidade. [...]

Nossos poetas já não pairam mais no Empíreo — eles desceram à terra; caminham conosco, passo a passo, sob a rígida marcha mecânica da Oficina Musical; sua lira é o ruído leve das escovas de dente elétricas, o estalo ameaçador das faíscas na Máquina do Benfeitor, o eco majestoso do Hino do Estado Único, o tinido tímido dos cristalinos vasos noturnos, o estalo excitante das cortinas caindo, as vozes alegres dos novíssimos livros de culinária, o ruído quase inaudível das membranas pelas ruas...

Ievguêni Zamiátin, *Nós*[1]

Logo após a Revolução de 1917, a maior preocupação dos escritores russos era a mesma dos demais habitantes do país: sobreviver. Não devemos nos esquecer de que o levante ocorreu no terceiro ano da Primeira Guerra Mundial, ruinosa para o país, e que, logo em seguida, a nação seria dilacerada por uma Guerra Civil, que se prolongaria até 1922. A situação do mercado literário era tão calamitosa quanto a das outras áreas da nação arrasada. Para ficar em apenas uma estatística, somente 1230 títulos foram publicados em Petrogrado em 1918, contra 8420 em 1912.[2]

Na década de 1920, contudo, a situação começaria a se estabilizar. Se, como já vimos, as vozes dissonantes eram despachadas de navio para os portos do Ocidente, a Rússia soviética ainda não se encontrava isolada do mundo, atrás de uma cortina de ferro. Ainda havia comunicação entre os que ficaram e os que emigraram — como prova, de forma eloquente, a correspondência entre Tsvetáieva e Pasternak (sintomaticamente interrompida em 1936, às vésperas do Grande Terror stalinista). Artistas internacionais de renome visitavam o país com regularidade, e nele atuavam (foi assim que Isadora Duncan conheceu Iessiênin), e mesmo astros que haviam deixado a Rússia após a Revolução podiam voltar para se apresentar sem irem para a cadeia — caso, por exemplo, do compositor Serguei Prokófiev (1891-1953).

Nas artes, embora o espaço para crítica e dissidência fosse restrito, o Estado não impunha uma linha estética única. Logo após a vitória na Guerra Civil, Trótski, o fundador do Exército Vermelho, escreveu em *Literatura e revolução*:

> Nossa concepção marxista do condicionamento social objetivo e da utilidade social da arte não significa, quando traduzida para a linguagem política, o desejo de dominar a arte por meio de decretos e prescrições. É falso que só consideramos nova e revolucionária a arte que fala do operário. Não passa de absurdo dizer que exigimos dos poetas apenas obras sobre chaminés de fábricas ou sobre uma insurreição contra o capital.[3]

Analogamente, o comissário do povo (nome que então se dava aos ministros) de Instrução entre 1917 e 1929, Anatóli Lunatchárski (1875-1933), afirmou:

> Já declarei dezenas de vezes que o Comissariado da Instrução deve ser imparcial em sua relação com as diversas correntes da vida artística. No que diz respeito aos problemas da forma, não se devem levar em conta os gostos do comissário do povo e dos demais representantes do poder.

É preciso proporcionar um desenvolvimento livre a todos os grupos e personalidades. Não permitir a uma corrente abafar outra, depois de se armar quer da glória tradicional, quer do êxito da moda.[4]

Assim, as "diversas correntes da vida artística" agrupavam-se em organizações distintas. Na literatura, as fronteiras eram, por vezes, bastante fluidas. Porém, se quisermos adotar uma divisão esquemática, podemos dizer que a vanguarda revolucionária se agrupava na LEF (1923-5) e na Nova LEF (1927-9), de Maiakóvski e Brik; os "escritores proletários", na RAPP; e os "companheiros de viagem", no Pereval (Travessia), do qual participaram Platónov e Nikolai Ognióv (1888-1938), autor do divertido *Diário de Kóstia Riábstev* (1926), que narra a vida de um adolescente nos primeiros anos da União Soviética.

Com a ascensão de Stálin, em 1924, e o progressivo endurecimento do regime, a parada parecia ter sido ganha pela RAPP, que chegou a ter 15 mil membros. Porém, "do nada, como um raio, em abril de 1932 Stálin dissolve a RAPP, estabelece uma única União de Escritores Soviéticos e declara um único 'método artístico' para a literatura e a cultura, obrigatório para todos os escritores: o realismo socialista".[5]

Em 1934, o Congresso de Escritores da União Soviética enunciava a doutrina estética que deveria ditar as linhas da produção cultural do país dali por diante. Em sua fala durante o evento, Jdánov dizia que, "em nosso país, os principais heróis das obras literárias são os construtores ativos de uma nova vida", e que a literatura da União Soviética estava "impregnada do entusiasmo e do espírito de feitos heroicos", e era "forte em virtude do fato de servir a uma nova causa — a causa da construção socialista". Os autores deveriam "conhecer a vida para poder descrevê-la de forma verídica em obras de arte, não descrevê-la de uma forma morta, escolástica, não simplesmente como 'realidade objetiva', mas descrever a realidade em seu desenvolvimento revolucionário".[6] Jdánov citava, em seu discurso, a frase de Stálin, segundo a qual os escritores deveriam ser os "engenheiros da alma humana",[7] e o regime começou a formá-los:

> O processo de produzir novos escritores requeria um lugar onde eles poderiam ser "forjados", então outra instituição fundamental foi criada em 1933: o Instituto Literário Górki. Conforme descrito e moldado pelo próprio Górki, esse era o lugar em que os escritores aprendiam a língua, cultura e ideologia que deviam perpetuar.[8]

Além de moldar os novos "engenheiros da alma", o sistema passou também a cooptar os antigos. Býkov descreve a trajetória de Marietta Chaguinian (1888-1982), que Trótski colocara entre os "companheiros de viagem", e autora de *Hidrocentral* (1930), sobre a construção de uma hidrelétrica na Armênia:

> Ela percorreu um caminho realmente glorioso, de poeta simbolista, bastante extravagante, que desafiara para um duelo Khodassévitch pelo que lhe parecia um tratamento horrível à primeira esposa, Marina; de criadora de dramas simbolistas que, por sinal, agradaram Blok e tinham títulos bombásticos como *Noivo de Verdade*; de criadora de tais disparates simbolistas a principal biógrafa de Vladímir Ilitch Lênin, a autora que recebeu o Prêmio Lênin por *Quatro Lições de Lênin*.[9]

Boris Schnaiderman, por seu turno, narra o caso de Iuri Oliécha (1899-1960), que, em 1927, causara furor com *Inveja*. A novela, "sem deixar de ser genuinamente russa, enquadra-se numa linha que não diverge muito da que está marcada pelos nomes de Kafka, Joyce e Proust", na qual o autor "continua uma rica experiência da própria literatura russa: o verso e a prosa desenfreados dos futuristas, as variações de som e de colorido dos prosadores simbolistas, a frase curta e incisiva da época, e que fora levada ao máximo da expressividade por Isaac Bábel".[10]

Pois bem: logo após o ataque do *Pravda* à ópera *Lady Macbeth do distrito de Mtsensk*, de Chostakóvitch, em 1936, Oliécha

> aproveitou a deixa e declarou numa conferência pública o seu reconhecimento ao Partido, por desviá-lo de obras tão perigosas como a música de Chostakóvitch e a ficção de Joyce. "Em nosso país, camaradas, todo traçado da vida social é extraordinariamente coeso. Não temos, na vida e na atuação do Estado, nada que cresça e avance com independência. Todas as partes do desenho estão ligadas, dependem uma da outra e estão submetidas a uma linha única... Se eu não concordar com esta linha em algum fragmento, todo o desenho complexo da vida, sobre o que penso e escrevo, ruirá para mim pessoalmente: deixarei então de gostar de muitas coisas que hoje me parecem adoráveis."[11]

A partir daí, ele "acaba por amoldar-se a um otimismo estreito e convencional. Seu próprio estilo modifica-se então, desaparecem as metáforas brilhantes, tudo se reduz a uma sucessão de páginas inexpressivas".[12]

Outro escritor que "teria muitas culpas a expiar perante as autoridades" era Valentin Katáiev (1897-1986): "Tendo estreado na década de 30 com contos e novelas em que o colorido da vida em Odessa serve de fundo a uma vida agitada, miserável, colorida e multiforme, consagrou-se pelo humor leve, a sátira, o tom solto com que então escrevia". Porém,

> quando o stalinismo se encarniçou em defesa do "realismo socialista", Katáiev se tornou um dos escritores mais fiéis

às novas exigências. E, sem dúvida, era dos mais talentosos entre os que assim procediam, como se pode constatar pelo romance *Branqueja uma vela solitária* (1936). Seu conto "Padre-nosso" é certamente uma das obras mais fortes sobre a ocupação de boa parte da União Soviética pelos nazistas.[13]

Valeria citar ainda Aleksei Tolstói (1883-1945), parente distante do autor de *Anna Kariênina*, que escreveu prolificamente, incluindo o infanto-juvenil *A Infância de Nikita*, a ficção científica *Aelita* (1923, filmada no ano seguinte por Iákov Protazánov) e a trilogia histórica *Caminho dos tormentos* (1922-41, uma espécie de *Doutor Jivago* com sinal ideológico invertido, transformado em 2017 em minissérie televisiva russa exibida no Brasil). Tolstói emigrou após a Revolução, morando em Paris e Berlim antes de voltar para a Rússia em 1923, quando aderiu ao regime com um empenho que lhe valeu o apelido de "Camarada Conde". Para Isaiah Berlin, Aleksei Tolstói "tinha as qualidades e a ambição de ser o Virgílio do novo império que excitara sua imaginação rica, e mobilizara seu notável dom literário".[14]

A decisão de apoiar ou não a nova orientação era, literalmente, questão de vida ou morte:

> nos anos do Grande Terror, Isaac Bábel, Boris Pilniák, Óssip Mandelstam, Nikolai Kliúiev [1884-1937], Artiom Vessióly [1899-1938] e muitos outros foram reprimidos — um total de quase 2 mil escritores (entre eles, mais de 250 dos cerca de seiscentos delegados do Primeiro Congresso da União dos Escritores Soviéticos, em 1934). Mikhail Bulgákov, Andrei Platónov, Anna Akhmátova e Mikhail Zóschenko escreveram sem esperança de serem publicados. E mesmo após a morte de Stálin, alguns escritores publicaram no exterior, como Vassíli Grossman e Boris Pasternak, ou foram exilados do país, como Aleksandr Soljenítsyn e Joseph Brodsky.[15]

Na formulação de Boris Groys, "ao espectador do período de Stálin, além disso, é oferecida a experiência do terror adicional e verdadeiramente estético, já que uma codificação ou decodificação incorreta podia significar morte". Afinal,

> a mimese do realismo socialista é a mimese da vontade de Stálin, a emulação de Stálin pelo artista, a rendição de seus egos artísticos em troca da eficácia coletiva do projeto de que participam. "O típico" do realismo socialista é o sonho de Stálin tornado visível, um reflexo de sua imaginação — uma imaginação que talvez não fosse tão rica como a de Salvador Dalí (possivelmente o único artista ocidental reconhecido, ainda que negativamente, pelos críticos soviéticos), mas muito mais eficaz.[16]

Dobrenko elenca, como princípios do realismo socialista: compromisso ideológico; mentalidade partidária; espírito popular; historicismo; tipicidade. E, como características estéticas: super-realismo; monumentalismo; classicismo; espírito heroico. Para ele,

> o realismo socialista constantemente produz novo capital simbólico, ou seja, *socialismo*. Evidentemente, era o único produto de sucesso da União Soviética. Pode-se dizer que *realismo socialista é o modo de produzir socialismo, a máquina de transformar a realidade soviética em socialismo*. Por isso, sua função principal não é propagandística, mas estética e transformadora.

Ou seja, "o realismo socialista não criava 'mentiras', mas *imagens de socialismo* que, através da percepção, voltam como *realidade* — ou, mais especificamente, como *socialismo*". A conclusão é que, se todos os movimentos literários anteriores produziram literatura, no realismo socialista a literatura foi meramente um subproduto da produção. A qualidade do produto realista socialista é questionável do ponto de vista estético, porque o realismo socialista não estava tão preocupado em produzir literatura quanto em produzir realidade. Eis por que o realismo socialista foi e continua sendo a única realidade material do socialismo. Desta forma, ao ler aqueles livros hoje, o leitor tem a única oportunidade de sentir-se como se estivesse dentro do socialismo soviético, esse produto de um experimento político-estético radical que recebeu o nome de realismo socialista. Não é coincidência que esse "método artístico" aspirasse a ser único: as obras que ele produziu são, ao mesmo tempo, inferiores como literatura, e significativamente maiores do que a literatura.[17]

Entre essas obras, obteve sucesso *Tchapáiev* (1934), de Dmítri Fúrmanov (1891-1926), sobre um personagem verídico, herói da Guerra Civil. Na novela, transformada em filme pelos irmãos Gueórgui e Serguei Vassíliev em 1934, "sob a influência de um comissário bolchevique, Tchapáiev livra-se de elementos de espontaneidade e guerrilha e é transformado em um comandante ideal do Exército Vermelho".[18] Pois o ideal de romance do realismo socialista

pode ser chamado de uma espécie de *Bildungsroman* ideológico, no qual o desenvolvimento do herói acontece grandemente na área de consciência política e de aquisição de disciplina partidária, uma trajetória que segue uma "trama principal" que lhe permite representar alegoricamente o progresso planejado no marxismo-leninismo.[19]

E a consagração internacional dessa estética pareceu ocorrer em 1965, quando o Prêmio Nobel foi conferido a Mikhail

Chólokhov (1905-84), pelo volumoso romance *O Don silencioso* (1928-1940), que retrata as lutas dos cossacos durante a Primeira Guerra Mundial, a Revolução de 1917 e a Guerra Civil.

Chólokhov é o autor de *Virgem do solo revolvido*, cujo primeiro volume apareceu em 1932, em meio aos horrores da coletivização (o segundo saiu em 1959), e incorporou a narrativa oficial desse processo na União Soviética. Era "leitura obrigatória para estudantes que se formavam em toda escola secundária soviética", pintando a coletivização como

> uma campanha dolorosa, porém necessária, que conduzia ao triunfo da justiça social e à modernização do campo. Em seu retrato, as vítimas foram poucas e inevitáveis, enquanto as forças de resistência contra essa destruição em varredura das aldeias soviéticas foram demonizadas como as vilãs clássicas, permanecendo isoladas entre os cossacos, que, primeiro relutantemente, mas cada vez mais entusiasmados, avançaram na direção da felicidade coletivizada.[20]

A recusa desse maniqueísmo em *O Don silencioso* leva Katerina Clark a afirmar que este romance, "embora citado de forma recorrente como um exemplo de realismo socialista, na verdade apenas marginalmente e com muita intermitência mostra traços desta tradição" — e não apenas pela "falta de uma binariedade política clara". Ela observa que

> o realismo socialista, conforme estipulado no discurso canônico de Jdánov ao Primeiro Congresso da União dos Escritores Soviéticos de 1934, e implementado pelos censores, era extremamente puritano, tanto no conteúdo quanto na linguagem. Nessa formulação oficial do realismo socialista, todo "fisiologismo" (leia-se sexo e funções corporais baixas) estava prescrito, assim como linguagem de baixo

calão, dialetismo e, desnecessário dizer, escatologia. Mas os romances sentenciosos e rudes de Chólokhov abundam em palavrões, dialetismos, em detalhes a respeito de funções corporais e mortes medonhas, violentas; muito disso foi progressivamente cortado em redações posteriores.

Clark assinala que

na verdade, Chólokhov também teve muita dificuldade em ter partes de *O Don silencioso* publicadas porque eram politicamente problemáticas. Elas não teriam aparecido se não fosse a intervenção de patronos poderosos como os escritores Aleksandr Serafímovitch [1863-1949] e Maksim Górki, e até Stálin. E os textos de Chólokhov foram submetidos a grandes cortes e censura progressiva a cada edição.

Por fim, ela destaca que

as ações de Chólokhov são menos previsíveis como homem soviético que diz sim que seria de se supor de um membro do Partido e querido do establishment. Enquanto ele desempenhou um papel repugnante nas campanhas do pós-guerra para vilipendiar escritores (incluindo Pasternak e Soljenítsyn), nos anos 1930 realizou atos altamente louváveis; fez petições de sucesso para salvar conterrâneos cossacos da fome de 1933, e também interveio em favor de comunistas locais que sofreram expurgos em 1937.[21]

Enquanto isso, uma literatura russa completamente independente do realismo socialista se desenvolvia — no exterior. Estudos apontam que "no ano de 1917, 1160 russos (étnicos ou cidadãos do antigo Império Russo) deixaram o país, enquanto no período de 1920 a 1925, este número atingiu 10 milhões". Os principais centros literários dessa diáspora eram Paris, Berlim, Praga, Belgrado, Sófia e Harbin, e estima-se que "entre 1919 e 1952 foram lançados nada menos do que 1571 publicações periódicas em língua russa, revelando uma grande gama de pontos de vista, interesses e simpatias políticas".[22]

Antes da ascensão do nazismo, a capital da Alemanha, especialmente, ocupava uma posição privilegiada para os escritores russos:

> A República de Weimar foi um dos primeiros governos ocidentais da Europa a reconhecerem o regime soviético (dessa forma, escritores com passaporte soviético podiam visitá-la), e a moeda alemã fraca levou a um florescimento de empreendimentos editoriais. Em 1924, havia 86 editoras russas e um substancial número de livrarias russas em Berlim e, ao longo da década de 1920, numerosos jornais, revistas e almanaques russos foram publicados lá, embora muitos tivessem vida curta.[23]

Já em Paris, a grande cronista da vida dos emigrados foi Nina Berbérova (1901-93), que era casada com Khodassévitch.[24] Ao ler os primeiros capítulos de *A defesa Lújin*, em 1929, ela percebeu um talento "gigantesco, maduro, complexo, estava diante de mim um escritor moderno, um escritor russo gigante, como a Fênix, nascido do fogo e cinzas das revoluções e exílio. A nossa existência a partir de agora começara a fazer sentido. Toda a minha geração fora justificada".[25] Esse salvador da literatura russa de emigração chamava-se Vladímir Nabókov (1899-1977).

Nabókov é conhecido sobretudo pelo sucesso avassalador de *Lolita* (1955), que ele escreveu nos Estados Unidos, em inglês (encontrando-se, portanto, fora do escopo do nosso livro). No posfácio dessa obra, ele lamenta:

Minha tragédia pessoal — que não pode e, na verdade, não deve interessar a ninguém — é que tive de abandonar meu idioma natural, minha rica, fluida e infinitamente dócil língua russa, em troca de um inglês de segunda categoria, desprovido de todos os acessórios — o espelho de truques, o pano de fundo de veludo preto, as tradições e associações implícitas — de que o ilusionista local, com as abas do fraque a voar, pode-se valer magicamente a fim de transcender tudo que lhe chega como herança.[26]

Filho de um político célebre do Partido Constitucional-Democrata (em russo, KD, daí serem conhecidos como "cadetes"), que também se chamava Vladímir Nabókov (assassinado por terroristas de extrema-direita em Berlim, em 1922), o escritor, enxadrista e lepidopterologista contumaz emigrou com a família após a tomada do poder pelos bolcheviques (adversários dos cadetes, que eram de linha liberal), residindo na Europa até 1937, quando se transferiu para os Estados Unidos, onde lecionou na Cornell University e no Wellesley College, deixando as anotações de aulas de literatura russa das quais nos servimos generosamente neste livro. Nos Estados Unidos, além de *Lolita*, escreveu em inglês romances como *Ada* (1969) e *Fogo pálido* (1962), demonstrando na nova língua a mesma maestria virtuosística que exibia no manejo do russo. Curiosamente, ao realizar, ao lado do filho, as traduções de suas próprias obras para o inglês, "romances como *Rei, dama, valete* [1928]; *Riso no escuro* [1932] ou *Desespero* [1934] passam por um processo distinto de reelaboração", com "referências específicas russas sendo substituídas por alusões à cultura ocidental".[27]

A destreza em ambos os idiomas lhe valeu comparações com o bilinguismo de Joseph Conrad (1857-1924), escritor britânico de origem polonesa, autor da novela *Coração das trevas* (1902). Com a característica ausência de humildade, ele refutava vigorosamente a analogia, referindo-se a si mesmo em terceira pessoa:

> Mencionar o caso de Conrad em relação aos romances de Nabókov escritos em inglês (*A verdadeira vida de Sebastian Knight* e *Banda sinistra*) seria ignorar o sentido da conquista deste último. Conrad — cujo estilo em inglês era, de qualquer forma, uma coleção de gloriosos clichês — não tinha vinte anos de intensa participação na literatura polonesa a seu crédito quando começou a carreira britânica. Nabókov, por outro lado, quando mudou para o inglês, era autor de vários romances e numerosos contos em russo, e de fato conquistou um lugar duradouro na literatura russa, apesar do fato de seus livros serem banidos na terra natal.

Não por caso, Búnin teria, nas palavras do próprio Nabókov, vaticinado, após conhecê-lo pessoalmente: "Você vai morrer com dores horríveis e em completo isolamento".[28]

Estas citações vêm de *Fala, memória*, a deliciosa autobiografia na qual Nabókov utiliza os mesmos procedimentos de engenhosa manipulação temporal de sua produção ficcional. Lenta e meticulosa, a elaboração da obra-prima levou nada menos que três décadas, desde a aparição, em francês, de *Mademoiselle O* (que se tornaria o quinto capítulo), passando por *Prova conclusiva* (primeira versão do livro, em 1951) até a publicação da versão definitiva e revisada, em 1966. Com seu humor característico, Nabókov conta, no prefácio, que pretendia dar à obra o título de *Fala, Mnemosine* (em alusão à deusa grega que personificava a memória), porém foi advertido de que "velhinhas não iriam querer pedir um livro cujo título não pudessem pronunciar".

Seu surgimento na literatura foi com o pseudônimo de Sírin, que, em terceira pessoa, ele assim analisa em *Fala, memória*: "Entre os jovens escritores produzidos no exílio, ele era o mais solitário e o mais arrogante. A começar pelo surgimento de seu primeiro romance em 1925 e ao longo dos quinze anos seguintes, até ele desaparecer tão estranhamente como havia aparecido, sua obra sempre despertou um agudo e bastante mórbido interesse por parte dos críticos". Nabókov prossegue:

> Leitores russos que foram criados na sólida objetividade do realismo russo e haviam denunciado o engodo de impostores decadentes ficavam impressionados com os ângulos espelhados de suas frases claras, mas estranhamente desorientadoras, e pelo fato de a vida real de seus livros fluir em suas figuras de linguagem, que um crítico comparou a "janelas dando para um mundo contíguo... um corolário deslizante, a sombra de um trem de pensamento". Através do escuro céu do exílio, Sírin passou, para usar um símile de natureza mais conservadora, como um meteoro e desapareceu deixando em seu rastro não muito mais que um vago senso de inquietação.[29]

De fato, Vólkov conta que

> nas duas primeiras décadas de sua vida, Nabókov publicou, na Europa, importantes novelas experimentais — *A defesa Lújin* (1930), *Desespero* (1936), *Convite para uma decapitação* (1938) e *O dom* (1938), com nítidos traços de Proust, Joyce e Kafka — que marcaram o surgimento de um ramo do modernismo literário típico de Petersburgo na cena internacional. Menciona-se amiúde a influência de *Petersburgo*, de Biély, sobre a sua obra, mas ela também deve muito à prosa de Púchkin e Gógol, e à poesia de Blok e dos acmeístas. O mundo que triunfa em suas novelas é aquele da exagerada teatralidade de Petersburgo; seu estilo refinado, espirituosa inventividade e significado existencial comprovavam o nascimento de um grande talento.[30]

O fato de que o imodesto Nabókov se gabava era real: embora suas obras fossem proibidas na União Soviética, exerciam fascínio e influência sobre os leitores locais, pois ele representava "o que a literatura russa poderia ter se tornado se não tivesse sido interrompida e reprimida pela ditadura do realismo socialista. Ele era o epítome de um russo modernista ideal, que salvou o legado da era de prata para a literatura mundial quando era tabu na terra natal".[31] Tatiana Tolstáia descreve:

> Os livros russos de Nabókov, publicados pela pequena editora Arsis, infiltraram-se na literatura russa dessa forma. Nabókov era o escritor mais misterioso e amado de nossa época, e os editores da Ardis — Carl e Ellendea Proffer — adquiriram o status de criaturas onipotentes, quase míticas. Dependia deles podermos desfrutar dessa prosa divina, ou sermos condenados a padecer na escuridão da ignorância. Além de Nabókov, os Proffer publicaram muitos outros autores, como fizeram muitos outros editores ocidentais — mas Nabókov teve o efeito mais mágico de todos nos leitores russos da década de 1970.[32]

Parte da literatura soviética não conformista, que surgiria a partir do momento de distensão política conhecido como degelo, seria informada pela obra de Nabókov, e produzida em diálogo com ela.

Em foco: A censura

Certa feita, Herzen escreveu que "na Rússia, todos aqueles que leem odeiam o poder; todos os que o amam não leem nada ou leem apenas besteiras francesas".[33] Os detentores do poder pareceram concordar com o pensador, submetendo a literatura do país ao que Bielínski qualificava de "censura tártara".[34]

Na Rússia tsarista, "a censura pelo Estado era inicialmente esporádica, e as autoridades gradualmente evoluíram na direção de mecanismos, regras e procedimentos mais sistemáticos de vetar, regular e frear a produção literária". Em 1796, Catarina, a Grande, fechou as tipografias privadas "e estabeleceu escritórios de censura em Moscou, São Petersburgo e, brevemente, em Odessa. Haveria três censores em cada escritório, um para obras eclesiásticas, e dois para seculares".[35]

Se Paulo I, filho da tsarina, decretou o embargo da importação de livros estrangeiros, seu sucessor, Alexandre I, relaxou essas medidas, mas lançou o primeiro estatuto da censura em 1804, para garantir a publicação apenas de livros valorizando "a iluminação verdadeira da mente e a promoção da moral". Com Nicolau I, a situação endureceu: o novo regulamento, conhecido como "Estatuto de Ferro", requeria que as obras fossem avaliadas em termos de sua apresentação da Igreja Ortodoxa Russa e da cristandade, bem como do tom de suas referências à autocracia. Em 1828, foi criado um Comitê de Censura Estrangeira — no qual trabalhou o poeta Tiúttchev —, para barrar obras importadas subversivas, incluindo as de russos emigrados. Através da famigerada Terceira Sessão, o governo de Nicolau I revelou-se especialmente empenhado no controle da literatura. Impressões falsas, capas de mentira (que colocavam obras interditadas sob títulos aprovados), a inclusão de um texto vetado em meio a uma antologia, a inserção de páginas "erradas" e a difusão em manuscritos eram algumas das estratégias dos autores anteriores à Revolução Russa para driblar a censura, que, em termos práticos, foi abolida em 1905.[36]

Na era soviética,

> o Estado estabeleceu controle estrito sobre a palavra escrita através de sua principal instituição censora, a Administração

Principal de Assuntos Literários e de Publicação (*Glavlit*, 1922), que, em colaboração com organizações do serviço secreto, asseguraram que os ditames do Partido não fossem violados. A censura soviética exercia função dupla: a primeira operava como um procedimento de exclusão, pelas possibilidades excluía a priori (autocensura e "censura prévia"); a segunda limitava os meios de expressão, preestabelecendo as possibilidades de invenção que estavam disponíveis. O resultado foi o longo domínio do realismo socialista.[37]

De acordo com o documento que definiu os papéis e objetivos da Glavlit, publicado em 2 de dezembro de 1922, "as principais características da censura soviética eram as seguintes: 1) controle de *toda* (nacional e estrangeira) obra impressa, com o direito a adotar sanções pesadas; 2) proibição de contradizer a ideologia soviética; 3) constante participação da polícia secreta em intervenções da censura; 4) profissionalização dos censores; 5) avaliação política de obras sendo resenhadas; 6) compilação de uma lista de livros banidos".[38]

Após a eclosão da Segunda Guerra Mundial, "em 1941, todas as formas de censura ficaram sob uma nova chefia, o Censor Militar Principal. Isso deu à Glavlit um caráter militarizado, produzindo um modelo de censura de guerra que persistiria depois do fim da guerra, quando primeiro a *jdanóvschina* e, depois, a Guerra Fria imporiam um clima de máximo controle".[39]

Com a morte de Stálin, "a reestruturação da Glavlit levou à sua completa submissão ao Partido, em particular à Comissão Ideológica do Comitê Central (*Ideologuístcheskaia komíssia TsK*), que, guiada por Mikhail Súslov entre 1958 e 1964, se tornou o coração da política cultural".[40] Na Era Bréjnev, "em 1966, a Glavlit readquiriu seu papel como a principal instituição censora, e agora reforçava sua posição na luta contra esses primeiros processos de intelectuais".[41] A censura só afrouxaria na década de 1980, durante a perestroika de Mikhail Gorbatchov, e só seria abolida em 27 de dezembro de 1991 — um dia após a dissolução da União Soviética.

Um aspecto por vezes pouco notado da censura soviética era o fato de ela atingir não apenas os escritores contemporâneos mas também os clássicos do século XIX. Boris Schnaiderman exemplifica com a publicação das obras completas de Tolstói, iniciada em 1928 e finalizada em 1958: "Embora conste da edição que ela tem noventa volumes, conforme fora planejado, na realidade, em virtude de inúmeras supressões, ficou reduzida a 79. A elaboração dos volumes no pós-guerra decorreu em pleno jdanovismo, quando havia a preocupação de evitar os 'contrabandos ideológicos', mesmo que proviessem de Tolstói". Excluíam-se textos de Gógol, substituíam-se palavrões de Púchkin por reticências e, obviamente, podava-se Dostoiévski: "Durante muitos anos, Dostoiévski não era reeditado, ou apareciam esporadicamente apenas alguns de seus livros. Em 1935, houve uma publicação de *Os demônios* pela editora Acadêmica, a qual, porém, foi retirada de circulação". Quanto à publicação integral de seus escritos,

depois da edição em treze volumes, que saiu em 1926-30, foi preciso esperar 1972 para que se iniciasse a publicação de outra edição de suas obras completas, com todo o aparato textológico em que os russos são mestres. Mas, antes de se iniciar esta edição, houve em 1971 uma vasta campanha de imprensa, por ocasião dos 150 anos de nascimento, para afirmar que Dostoiévski era um escritor progressista e que, se ele se voltou contra o socialismo e a Revolução, foi porque as concepções políticas dos revolucionários russos seus contemporâneos eram bem limitadas.

Sobrou até para Górki, o fundador do realismo socialista: "[...] deixava-se de publicar livros inteiros, e isto aconteceu mesmo com as suas *Obras completas*, que saíram sempre com essas lacunas".[42] A censura da União Soviética criou ainda

> os *spetskhrány* ("depósitos especiais"), áreas onde livros proibidos eram confinados. Os *spetskhrány* foram instituídos nos anos 1920 — seguindo um padrão tsarista — para conter toda literatura antissoviética, e estavam associados a todas as bibliotecas mais importantes do país. Quando um livro era censurado, podia ser mutilado, destruído ou mandado para os *spetskhrány*. O acesso a essas áreas era restrito a um número bastante limitado de leitores, exclusivamente membros do Partido. Então, enquanto o Partido estabelecia controle das bibliotecas, expurgando livros e determinando as escolhas dos leitores, um grande número de obras migrava para o "gulag dos livros"; essas ondas migratórias tornaram-se bem mais frequentes após a consolidação do realismo socialista.[43]

Schnaiderman narra que, com a distensão política e a abertura dos *spetskhrány*,

> vieram ao público fatos estarrecedores. Havia ali mais de 300 mil títulos de livros, mais de 560 mil revistas e pelo menos 1 milhão de jornais. Em cada caso, recolhiam-se ao depósito uns poucos exemplares, e queimavam-se os demais. Entre as obras proibidas, estava *Sobre Trótski e o trotskismo*, de Lênin, embora as sucessivas edições de suas obras completas fossem apresentadas como abrangentes e contivessem até bilhetes de ocasião.[44]

Essa vigilância constante sobre criadores e leitores não podia deixar de ter consequências estéticas. Jakobson assinalou que não se deve desprezar o fato de que uma censura importuna e implacável constitui um elemento essencial da história da literatura russa (isso também se aplica, e em grau bastante elevado, à época de Púchkin); a capacidade de ler nas entrelinhas torna-se desde então excepcionalmente aguda no público, e o poeta recorre às alusões, às omissões, ou — para usar a expressão russa — à "linguagem esopiana".[45]

O curioso é ver autores que foram vítimas da censura ressaltando os benefícios estilísticos que ela trouxe aos escritores que se empenharam em driblá-la. Assim, Herzen, emigrado russo do século XIX, declarou:

> É preciso dizer que a censura possibilita um extraordinário desenvolvimento do estilo e da arte de refrear o próprio discurso. Exasperada por obstáculos ultrajantes, a pessoa tem vontade de superá-los e quase sempre consegue fazer isso. O discurso alegórico conserva rastos de inquietação, de luta; nele há mais paixão do que numa narração simples. A alusão fica mais forte sob o véu, que sempre é transparente para quem quer compreender.[46]

Mesmo alguém insuspeito como Brodsky chegaria a afirmar que a censura, para o escritor, é "algo proveitoso, de certa maneira", pois "acelera o discurso metafórico, a estrutura metafórica".[47] Obviamente, não passa pela cabeça de ninguém imaginar que um autor tão duramente perseguido e censurado como Brodsky fora subitamente acometido de "síndrome de Estocolmo", a ponto de defender seus algozes. Trata-se apenas de identificar as estratégias criativas dos escritores diante do pior tipo de restrição a que um artista pode ser submetido.

9.
Degelo, gulag, emigração e clandestinidade

> *Primeiro é preciso devolver as bofetadas, e só numa segunda etapa, as esmolas. Lembrar do mal antes do bem. Lembrar de todo o bem recebido por cem anos, e de todo o mal, por duzentos. Nisso eu me diferencio de todos os humanistas russos dos séculos XIX e XX.*
>
> Varlam Chalámov[1]

Ievguêni Dobrenko lembra que "Andrei Siniávski, um dos primeiros a conseguir dizer a verdade sobre o realismo socialista (e acabou em um campo de prisioneiros por fazê-lo), chamou-o de 'meia-arte meio-*classicista*', que nem é muito *socialista*, e de *realismo* não tem nada". Tratava-se de uma orientação que

só podia existir sob condições institucionais específicas; um sistema repressivo de censura, um monopólio governamental da ideologia; e controle do Partido absolutamente rígido. O enfraquecimento dessas instituições levou ao colapso da estética do realismo socialista. Por isso a marginalização do realismo socialista começou com a morte de Stálin e o começo do Degelo de Khruschov. A emergência de dissidência política nos anos 1960-70, o desenvolvimento de uma estética pluralista (ainda que apenas subterrânea), o retorno (embora ainda não completo) dos nomes e movimentos artísticos proibidos no período stalinista — tudo levou à erosão do cânone. Seu colapso completo tornou-se só uma questão de tempo.[2]

Nikita Khruschov assumiu o posto de secretário-geral do Partido Comunista em 1953 e, no XX Congresso do PCUS, em 1956, denunciou os crimes de seu antecessor, dando início à desestalinização da União Soviética. Na análise de Marina Balina,

> embora cheio de potencial liberal durante sua "vida" breve (e, de alguma forma, beneficiando também a literatura da era da Estagnação), o Degelo tornou-se um período traumático, pois levou a um reexame dos postulados básicos da experiência soviética. A literatura — e, mais do que qualquer outro tipo, as *belles lettres* — se tornou o campo de batalha em que as forças progressistas e conservadoras do país se engajaram para escrutinar o passado soviético, por suas próprias razões e pela sociedade, mais uma vez.[3]

O período tomou seu nome do romance *Degelo*, publicado em 1954 por Iliá Ehrenburg (1891-1967), escritor no qual, na opinião de Schnaiderman, "se manifestou muito a dificuldade de conciliar a vida pessoal, sua militância, com a arte".[4] Judeu de Kíev, Ehrenburg atuou como jornalista durante a Segunda Guerra Mundial, e foi membro ativo do Comitê Antifascista Judaico, organizado para apoiar a luta da União Soviética contra o nazismo. Além disso, editou o *Livro Negro*, documentando o suplício dos judeus durante o conflito. Contudo, com o antissemitismo que marcou os anos finais do governo de Stálin (como a fictícia conspiração dos "médicos-sabotadores" de origem judaica para assassinar as lideranças soviéticas, em 1952-3, que levou a uma violenta campanha de prisões e difamações, só interrompida com a morte do ditador), a publicação do livro foi impedida, e ele só sairia na Rússia pela primeira vez em 2015. Na edição da malfadada obra, Ehrenburg trabalhou em parceria com outro escritor judeu, que também atuara como correspondente de guerra e era amigo de Platónov: Vassíli Grossman (1905-64).

Grossman foi o autor de uma das primeiras reportagens que documentaram o horror de um campo de concentração: *O inferno de Treblinka* (1944).[5] Teve Górki como "padrinho literário" e, testemunha ocular da batalha de Stalingrado, ficcionalizou a experiência em um díptico: o romance *Por uma causa justa* e sua continuação, o aclamado *Vida e destino*. "É um vasto livro em que se tratam com a maior franqueza problemas candentes da vida russa, inclusive o antissemitismo, preocupação constante do autor", sintetiza Boris Schnaiderman. "Este evidentemente deriva seu livro de Liev Tolstói em *Guerra e paz*, um modelo que o ajudou a penetrar fundo nos problemas humanos ligados com a guerra e o stalinismo".[6]

Por uma causa justa (1952) rendeu-lhe alguma dor de cabeça, porém, com o falecimento de Stálin, foi sucessivamente editado em livro em 1954, 1955, 1956, 1959 e 1964. Com sua continuação, porém, a história seria outra. Não houve apenas a recusa de publicação por parte da revista à qual ele enviou o romance. Em fevereiro de 1961, três oficiais do KGB foram ao apartamento de Grossman, confiscando o texto datilografado e tudo relacionado a *Vida e destino*, de manuscritos e esboços a papel-carbono e fitas de máquina de escrever. O escritor apelou para Khruschov, e foi recebido por Súslov, que admitiu não ter lido a obra. Porém, com base na opinião de seus consultores, que haviam examinado o romance, ele era "um perigo para o comunismo, para o poder soviético, para o povo soviético". Sua devolução ao autor estava fora de questão: "Talvez ele seja publicado dentro de uns duzentos, trezentos anos".[7]

Grossman faleceu em 1964, sem ver a obra publicada. Mas *Vida e destino* aguardaria menos tempo do que o previsto por Súslov para ser publicado. O autor deixara com uma amiga uma cópia do livro, que, depois da morte de Grossman, acabou sendo microfilmada com ajuda do físico dissidente Andrei Sákharov (1921--89), e contrabandeada para o Ocidente, saindo na Suíça, em 1980.

Na União Soviética, *Vida e destino* só veio à luz durante a glásnost, em 1988. Mas a libertação daquele que talvez fosse o último preso político da União Soviética — o manuscrito de um romance — levaria ainda mais tempo. Apenas em 2013, o FSB — serviço de segurança da Rússia, sucessor do KGB soviético — permitiu sua transferência para os arquivos do Ministério da Cultura.

Se, como já foi demonstrado de forma abundante, escritores serem enviados para o cárcere, o degredo siberiano ou o pelotão de fuzilamento era fato quase corriqueiro na União Soviética, o confisco de obras, sem que o autor fosse tocado, consistia em raridade. Só nos lembramos de um precedente: Bulgákov, em 1926.

Para Anna Berzer, amiga de Grossman, as autoridades da União Soviética temiam a repetição de um episódio que lhes causara enorme constrangimento internacional: o de Boris Pasternak (1890-1960).[8] Seu romance *Doutor Jivago* (1955), cuja publicação fora proibida no país, acabou sendo editado em Milão, em 1957. No ano seguinte, "por sua importante realização tanto na poesia lírica contemporânea quanto no campo da grande tradição épica russa",[9] Pasternak ganhou o segundo Nobel atribuído a um autor de língua russa.

Em 1958, três outros sábios soviéticos — Pável Tcherenkov, Iliá Frank e Ígor Tamm — foram laureados com o Nobel, na área de física.[10] Porém, enquanto a conquista destes foi saudada com orgulho, a de Pasternak foi recebida como afronta. O autor foi expulso da União dos Escritores, e campanhas públicas pediam sua privação de cidadania soviética e expulsão do país. Pressionado, ele recusou a honraria, escrevendo à Academia Sueca: "Por força do significado que o prêmio que me foi conferido recebeu na sociedade a que pertenço, devo renunciar a ele. Não tomem minha renúncia voluntária como insulto".

Filho de um pintor de renome — Leonid Pasternak (1862-1945) — e de uma pianista de concerto, Rosa Kaufman

(1868-1939), Boris foi aluno do compositor Reinhold Glière (1875-
-1956), e escreveu obras influenciadas por Scriábin (que era amigo
de seu pai), incluindo uma *Sonata para piano em si menor*,[11] antes de largar a música e abraçar a literatura, surgindo como des-
tacado poeta da era de prata.

Para Schnaiderman,

> Boris Pasternak esteve próximo do grupo dos cubofuturis-
> tas, mas a sua poesia logo se diferençou pela aliança entre as
> conquistas mais arrojadas das escolas de vanguarda e o verso
> tradicional russo. Sua obra reflete um deslumbramento com
> o mundo, expresso em linguagem que tem muito de colo-
> quial, mas este coloquial irrompe numa poesia altamente re-
> quintada, e que tende com muita frequência para o neoclassi-
> cismo, a par de construções sintáticas inusitadas. A natureza
> aparece transfigurada pela emoção; o que há, em Pasternak,
> não é a vivência cotidiana, camponesa, de Iessiênin.

Já no final da vida, "procurou atingir com seus versos uma sim-
plicidade serena, um tom superior e equilibrado. Deste modo,
ficavam em certa medida podadas as exuberâncias de seus primeiros livros de poemas. Chegou mesmo a modificar alguns
dos seus textos da primeira fase. Mesmo assim, sua obra poética não podia ocultar a marca dos processos apreendidos no
tempo de Khlébnikov e Maiakóvski".[12]

Pomorska considera que

> a poesia de Pasternak é um caso muito interessante de tran-
> sição do simbolismo para o futurismo. Embora tenha retido
> basicamente o *Ich-Dichtung*, tornou-se contudo conhecido
> como poeta da metonímia. De acordo com R. Jakobson,
> em Pasternak é frequente que "a ação apareça em lugar
> de um ator"; ao invés da imagem do amante rejeitado e

desesperado, apresentam-se indícios de suas divagações pela cidade, ou do "instinto" que "se apropria" dele (*Marburg*); ao invés do herói excitado e confuso, aparece um trem correndo com seus vagões rangentes.[13]

Ideologicamente, "em resposta a declarações expressando oposição ao regime soviético, Pasternak adorava dizer que era comunista. Depois, acrescentava que era comunista no mesmo sentido de Pedro, o Grande, e Púchkin, e que a Rússia agora, graças a Deus, vivia tempos puchkinianos".[14] Contudo, o protagonista de *Doutor Jivago* (vivido no cinema por Omar Sharif, em 1965, com direção de David Lean) exibe um inequívoco desencanto com os caminhos equivocados da Revolução. Como afirma Nivat,

> em *Doutor Jivago* (1958), o poeta de *Minha irmã a vida* (1922) torna-se o da decadência da intelligentsia russa, simbolizada pela degradação social do personagem epônimo, o dr. Iúri Andrêievitch, cujo nome de família, Jivago, quer dizer "o Vivo". O Vivo se estiola, se apaga da face do mundo, como seu ancestral Oblómov, mas deixa em sua gaveta os poemas esplêndidos do epílogo. O romance nos conta o fim das eras de ouro e de prata, a entrada em uma era de ferro.[15]

Nivat cita uma frase de Strélnikov, o revolucionário comunista do romance — "carregamos pedras por aqueles que amamos. E se não lhes trouxemos nada além de sofrimentos, também não os ofendemos, porque nos tornamos ainda mais mártires do que eles" — para afirmar que, pela boca dele,

> Pasternak designa todo o século XIX das revoluções, dos atentados, do socialismo se apoderando dos jovens como de "meios impiedosos elaborados em nome da piedade",

encarnados em Lênin como uma personificação do castigo. Dito de outra forma, *Doutor Jivago* não é uma acusação, mas uma espécie de purificação que leva à cura pelo castigo, não a que queria o poeta Blok em seu poema de mesmo nome, em 1913, mas ao perdão, à assimilação ao Cristo, à parúsia, como vemos nos últimos versos de Iúri Jivago no epílogo do romance: "À morte vou e no terceiro ressurjo/ E como as balsas descem pelo rio,/ Para o juízo, a mim, como em expedição/ Afluirão os séculos, vindos da escuridão".[16]

Curiosamente, este que talvez seja o mais célebre romance russo do século XX recebeu não poucas críticas, "e muitos leitores criteriosos, de Akhmátova a Chalámov e Czesław Miłosz, encararam *Doutor Jivago* como um fracasso artístico. A confiança em um número improvavelmente alto de coincidências e encontros aleatórios recebeu críticas, e foi visto como algo que minou a verossimilhança do romance".[17] Para Schnaiderman, "o malsinado romance contém páginas de extraordinária força poética e, ao mesmo tempo, ingenuidades de construção do argumento".[18] Já Býkov sai em defesa da obra: "É estúpido e sem sentido julgar *Doutor Jivago* como um romance realista", pois trata-se de um livro "absolutamente modernista, que deve ser tratado como um conto mágico", cujos encontros constantes, assim, devem ser encarados como elementos de fábula.[19]

Lembrando que "o romance de Pasternak termina com a menção do gulag", Nivat o liga a outro vencedor russo do Nobel: Aleksandr Soljenístyn (1918-2008), autor de *O arquipélago gulag* (1973).

Há entre os dois Nobel russos, Pasternak e Soljenítsyn, uma diferença de idade de 28 anos e uma fronteira capital. Um conheceu a Rússia antiga, o outro, em absoluto (apenas algumas confidências de sua mãe). Duas culturas opostas: um músico, filósofo, poeta, discípulo de Bergson e de Scriábin; o outro matemático, *komsomol*,[20] apaixonado pela história do Partido, da Revolução, com uma bagagem literária magra, seu amor por lembretes sumários. E, contudo, esses dois resistentes tão opostos, vindos de contextos heterogêneos, têm em comum um mesmo impulso moral: denunciar a mentira como raiz do mal.[21]

Preso em 1945 por escrever a um amigo cartas privadas com críticas a Stálin, Soljenítsyn foi enviado para campos de trabalho, cumprindo a maior parte da sentença no Cazaquistão, onde teve câncer, mas conseguiu se tratar. Reabilitado em 1956, graças à desestalinização de Khruschov, fez sua sensacional aparição na literatura apenas após os quarenta anos de idade, com a novela *Um dia na vida de Ivan Deníssovitch* — cuja publicação, em 1962, na revista *Nóvy Mir*,

foi o limite extremo, na década de 1960, da divulgação de fatos relacionados com os campos de reclusão. O que mais impressionava ali não era a narração de quaisquer episódios horripilantes (como ocorre em *O arquipélago*), mas um quadro de seres reduzidos à mera função vegetativa. E, assim, a passagem em que se descreve como os homens dirigiam toda a sua atenção, toda a sua vontade, tudo o que tinham de consciente e sensível, a um mísero pedaço de pão, era mais forte do que qualquer literatura grandiloquente e acusatória.[22]

Býkov crê que Khruschov permitiu e incentivou a aparição da obra porque, em 1962, "a sede de revanche stalinista era muito forte", e o mandatário soviético "precisava atrair a intelligentsia para o seu lado". Ele cita a célebre frase de Anna Akhmátova: "essa novela deve ser obrigatoriamente lida e aprendida de cor por cada um dos 200 milhões de cidadãos da União

Soviética".[23] A atração da intelligentsia pelo mandatário soviético, se houve, foi efêmera, pois, no final do mesmo ano, "com o famoso ataque de Khruschov à arte moderna, por ocasião de uma exposição em Moscou, foram cerceadas as exposições de arte ocidental e as atividades do Museu-Biblioteca [Maiakóvski], drasticamente restringidas".[24] A tal "revanche stalinista" avançava. Khruschov seria apeado do poder em 1964, e sucedido por Leonid Bréjnev, que mudou a linha do Partido Comunista

em 1969, quando Stálin foi finalmente reabilitado, e restabelecido o controle direto do partido sobre as elites culturais. Esse processo começara em 1968, quando protestos de intelectuais (como aqueles em apoio da Primavera de Praga) se espalhavam amplamente, e o Partido reagiu de forma correspondente, com um decreto secreto, em janeiro de 1969, pedindo um controle ideológico mais estrito.

Um exemplo dessa nova orientação foi

a campanha iniciada contra Aleksandr Soljenítsyn, após sua carta à União dos Escritores, em 1967, pedindo a abolição da censura. Em reação a essa carta, ataques contra o autor começaram na imprensa; ele foi subsequentemente expulso da União dos Escritores, em 1969, e por fim privado de cidadania soviética em 1974.[25]

Neste mesmo ano, ele foi expulso da União Soviética, passando pela Alemanha e pela Suíça antes de se radicar nos Estados Unidos, onde viveria até 1994, quando regressaria à Rússia pós-comunista. Só após se mudar para o Ocidente ele pôde receber o Prêmio Nobel de Literatura, que lhe havia sido conferido em 1973.

Trilogia monumental que mistura relato confessional, pesquisa história, testemunhos de terceiros, reflexão filosófica e pregação política, *O arquipélago gulag* foi, para Schnaiderman,

apenas uma "ponta de iceberg". O fato em si dos campos de trabalho soviéticos não representava novidade, mas era a primeira vez que se divulgava uma verdadeira história do gulag e se dava uma sinistra epopeia do acontecido, num livro patético e marcado pela emoção. A testemunha ocular e o historiador caminham ali, lado a lado, ora perfeitamente harmonizados, ora com um descompasso evidente, quando a emoção toma conta do relato.[26]

Katerina Clark apontou que, se a mensagem de Soljenítsyn é antissoviética, "muito de sua abordagem literária básica é no modo soviético". Para a autora, "embora os romances de Pasternak, Soljenítsyn e Grossman tenham sido lidos como contrapostos à tradição do realismo socialista, eles na verdade vêm dela, em graus variáveis, ou estão em diálogo com ela; nesse sentido, emergem de suas fronteiras".[27]

Em linha semelhante, Boris Groys afirmou que

o realismo socialista começou a ceder a um realismo tradicional, cujo representante mais típico e influente dos anos do degelo foi Aleksandr Soljenítsyn. Sonhos utópicos de um "novo ser humano" foram substituídos por um foco nos "valores eternos" encarnados no povo russo, que tinha "sofrido" a Revolução e o stalinismo, que agora pareciam ser uma espécie de ilusão diabólica e alienígena, espalhada principalmente por estrangeiros lituanos, judeus, chineses, ou, pelo menos, emigrados russos do século XIX ocidentalizados — os "demônios niilistas", como Dostoiévski os chamou em *Os demônios*. A forma em que Soljenítsyn exprimiu essa posição foi tão extrema que levou à sua deportação. Levemente velada e abafada, durante os anos 1960 e 1970 se tornou a ideologia dominante nos círculos oficiais soviéticos.[28]

Escorado pela autoridade moral conferida pelas provações de sua trajetória pessoal, bem como pelo peso do Nobel, Soljenítsyn assumiu de bom grado o papel de escritor-profeta, defendendo uma modalidade extremada de eslavofilismo. Findo o comunismo, ele logo descobriu outro inimigo para combater, no tratado em dois volumes *200 anos juntos (1795-1995)*, de 2001-2:

> Segundo Soljenítsyn, o Estado russo batalhou para acomodar os judeus, desde o século XVIII, mas os judeus responderam aos cuidados e preocupações da Rússia com agressividade ingrata. O autor descreve os judeus russos como um estrato improdutivo, comprometido com a destruição da ordem estatal russa. Ele não hesita em investir sua considerável autoridade cultural em alegações que parecem indistinguíveis de preconceitos antissemitas populares: os judeus são mostrados como organizadores e beneficiários de atos cometidos durante o Terror Vermelho, como a perseguição da cristandade e outras religiões nos anos 1920, a coletivização dos camponeses russos, e os expurgos da década de 1930. Soljenítsyn acrescenta que os judeus floresceram até no gulag, como prisioneiros, e escreve que eles conseguiram obter posições administrativas e, assim, continuaram a prejudicar o povo russo.[29]

Com retórica hostil ao socialismo e aos judeus, como Dostoiévski e, a exemplo deste, ultrarreligioso, Soljenítsyn também foi, da mesma forma que seu predecessor, acusado de escrever mal. Tatiana Tolstáia disse que "Soljenítsyn primeiro tem que ser traduzido para o russo, depois do russo para o inglês".[30]

Nesse aspecto específico, Brodsky sai em defesa do autor:

> Ele foi muito acusado por vários críticos, por vários homens de letras, de ser um escritor de segundo escalão, ou um mau escritor... Eu não acho justo... Porque as pessoas que julgam a obra literária estão construindo seu juízo com base em sistemas de estética herdados do século XIX. O que Soljenítsyn está fazendo na literatura não pode ser julgado segundo esse padrão estético, da mesma forma que o assunto sobre o qual ele escreve não pode ser julgado segundo nosso padrão ético. Porque quando o homem está escrevendo sobre a aniquilação, ou sobre a liquidação, de 60 milhões de pessoas, não há espaço, em minha opinião, para falar sobre literatura, se é boa literatura ou não. No caso dele, a literatura é absorvida na história. [...] eu acho que o regime soviético tem seu Homero em Soljenítsyn.[31]

Talvez o maior desafeto literário do autor de *Pavilhão de cancerosos* (1966) tenha sido o outro grande narrador do gulag: Varlam Chalámov (1907-82). Francisco de Araújo conta que "Chalámov, a quem Soljenítsyn chegou a propor a coautoria de *Arquipélago gulag*, iria acusá-lo de deixar-se usar pelo Ocidente como instrumento de propaganda antissoviética na Guerra Fria; Soljenístyn iria criticar a adesão de Chalámov ao leninismo e, nos anos 1970, chegou a dizer que Chalámov havia morrido, quando este ainda vivia".[32] Estilisticamente, o contraste entre a prolixidade do autor de *No primeiro círculo* (1968) e a concisão do de *A ressurreição do lariço* (1965-7) não poderia ser mais pronunciado.

Chalámov passou vinte anos entre campos de concentração (1929-31, 1937-51) e exílio (1951-6) e, assim que regressou da Sibéria, em novembro de 1953, começou a escrever os *Contos de Kolimá*, ambientados nessa região inóspita do extremo nordeste da Rússia, onde ele cumpriu sua pena. Trabalhou na obra, organizada em seis volumes, até 1973. Os relatos foram sendo publicados esporadicamente no Ocidente, a partir de 1966, e só foram aparecer em sua terra natal durante a glásnost, após a morte do autor.

Schnaiderman conta que Chalámov

> era conhecido na União Soviética pelos seus versos neoclássicos, muito requintados e de acentuado tom filosófico. Mas o poeta na aparência tranquilo guardava uma carga realmente explosiva: uma série de relatos e diários sobre as condições de vida dos presos políticos. Diante do que ele narra, o Dostoiévski de *Recordações da casa dos mortos* "parece um escritor bucólico", segundo escreveu I. Sídorov.

Sua preocupação maior "é apenas narrar os fatos, num mundo em que os homens são capazes de devorar um cão ou arrebatar um leitão congelado e comer metade num acesso de loucura. Nada de doutrinação, de argumentação ideologizante, como se encontra tanto em Soljenítsyn".[33] O autor se intitulava "um herdeiro, mas não da literatura humanista russa do século XIX, e sim do modernismo do início do século XX. Experimentação sonora. Multiplicidade de planos e simbolicidade".[34]

Chalámov passa longe, portanto, do realismo socialista, não apenas no conteúdo, com também na forma: "Cada conto meu é uma bofetada no stalinismo e, como qualquer bofetada, possui leis de caráter puramente muscular", afirma. Seu treinamento: "Antigamente, eu pegava um lápis e riscava dos contos de Bábel todas as suas belezas, todos esses incêndios semelhantes a uma ressurreição, para ver o que sobraria. De Bábel não sobrava muito, de Larissa Reisner [1895-1926, poeta e ativista bolchevique] não sobrava nada". Ele definiu os *Contos de Kolimá* como "a fixação excepcional de um estado excepcional.

Não é prosa documental, mas prosa vivida como documento, sem as deturpações de *Recordações da casa dos mortos*". Para seu criador, "os *Contos de Kolimá* estão fora da arte, mas todos eles possuem uma força ao mesmo tempo artística e documental".[35] Enquanto isso, o Degelo, nas palavras de Tatiana Tolstáia, trouxe uma nova onda de literatura "cívica", na qual "escritores, especialmente poetas, 'disseram a verdade', e centenas de milhares de pessoas se reuniram para ouvir a verdade".[36]

Multidões afluíam a praças públicas e estádios para ouvir os versos de Andrei Voznessênski (1933-2010), Ievguêni Ievtuchenko (1932-2017) e sua esposa, Bella Akhmadúlina (1937-2010). Para Schnaiderman, Ievtuchenko, "nos anos que se seguiram à morte de Stálin, tornou-se verdadeiro líder da juventude soviética inconformada com os vestígios do período stalinista. Soube frequentemente encontrar a nota justa, em relação a fatos e sentimentos ligados à realidade social e política".[37] No começo da carreira, "não eram raros os momentos em que se percebia o impacto da poesia moderna, porém nos últimos tempos foi predominando nele cada vez mais o apelo do imediato".[38] Para os fãs de Chostakóvitch, Ievtuchenko é essencialmente o autor de *Babi Iar* (1961), vigorosa denúncia do antissemitismo, que ganhou música do compositor em sua *Sinfonia nº 13* (1962). Já Voznessênski foi

> uma das vozes rebeldes daquele tempo, com momentos de grande comunicação imediata, como o do famoso *Goya*, e outros em que o requinte do verso o torna menos "popular". A partir dos fins da década de 80, sua obra aparece marcada com muita força por uma obsessão pelas lembranças dos massacres da Segunda Guerra Mundial, com textos em que parece bem tênue o limite entre poesia e prosa e outros em que o icônico e o verbal se unem, com efeitos de grande impacto.[39]

Em parceria com o compositor Aleksei Rýbnikov (n. 1945), escreveria, em 1981, a primeira ópera-rock soviética: *Juno e Avos* (1981).

Podemos considerar Joseph Brodsky (1940-96, anglicizou seu prenome Ióssif ao se mudar para os Estados Unidos), Prêmio Nobel de Literatura em 1987, um antípoda de Ievtuchenko — o emigrado que se opunha ao poeta do establishment. Se Ievtuchenko, em 1966, convidou o colega iniciante, então em desgraça na União Soviética, a juntar-se a Akhmadúlina e ao brilhante cancionista Bulat Okudjava (1924-97) em uma leitura pública na Universidade de Moscou, para comemorar o 25º aniversário de entrada da União Soviética na Segunda Guerra Mundial, em 1987 um Brodsky já consagrado renunciou a seu cargo na Academia Norte-Americana de Artes e Letras, que concedera o status de membro honorário a Ievguêni Ievtuchenko: "Não posso continuar membro, com a consciência tranquila, de uma organização que comprometeu de tal forma sua integridade".[40]

Desde a juventude, como destaca Aurora Fornoni Bernardini, "o jovem poeta escolheu o caminho da recusa: com quinze anos abandonou a escola e passou por várias peripécias, entre as quais constam sua prática como torneiro mecânico numa obsoleta fábrica de canhões e sua estada como aprendiz no necrotério do hospital que ficava ao lado da maior prisão da Rússia, em Leningrado". Sua carreira literária incipiente foi apoiada por Akhmátova, o que, na União Soviética, só podia significar problemas. Em um dos incidentes que mais dramaticamente ilustram o fim do Degelo, em 1964 "é acusado de cerca de duas dúzias de delitos, entre os quais vadiagem, distribuição de obras de autores proibidos (e. g. Akhmátova e Tsvetáieva) e corrupção da juventude". Outras acusações são "possuir uma visão de mundo prejudicial ao Estado, decadência e modernismo, incapacidade de terminar seus estudos, e parasitismo social [...] excetuando a composição de poemas horríveis". Como resultado, foi "condenado a cinco anos de exílio interno em um *sovkhoz* [fazenda estatal]".[41] Graças a uma intervenção do escritor Jean-Paul Sartre (1905-80), que, por sugestão de Ehrenburg, enviou uma carta a Anastas Mikoian (1895-78), membro do Politburo, a sentença foi comutada para dezoito meses.[42] "Numa sociedade onde tudo pertence ao Estado, tentar falar com sua própria voz etc. obviamente traz consequências", afirmaria, mais tarde.[43] Publicado no exterior, mas com dificuldades de aceitação em seu país, Brodsky foi intimado pelas autoridades soviéticas a emigrar, o que fez em 1972. Após breve estada na Europa, acabou se radicando nos Estados Unidos. Ele "aterrissou entre nós como um míssil lançado pelo outro império, um míssil benigno cuja carga útil era não só o seu gênio mas a elevada e exigente noção da autoridade do poeta que trouxe de sua literatura nativa", na descrição de Susan Sontag. Para ela,

muitas aptidões facilitaram sua rápida inserção nos Estados Unidos: a imensa capacidade de trabalho e a autoconfiança, a pronta ironia, a estudada indiferença, a astúcia. Mas a despeito de todo o ímpeto e de toda a habilidade de seus laços com seu país de adoção, basta ver Joseph Brodsky entre outros russos exilados e emigrados para se dar conta de como ele havia permanecido visceral e expressivamente russo.[44]

Efetivamente, Brodsky dizia que a Rússia "é o meu país, minha pátria. Qualquer que seja o tratamento que você receba em sua pátria, não importa. Ela ainda é sua pátria".[45] Contudo, nem com o fim da União Soviética se animou a pôr os pés em sua terra natal. Na opinião de Tolstáia,

ele queria voltar para casa? Acho que no começo, pelo menos, queria muito, mas não podia. Tinha medo do passado, das memórias, recordações, túmulos reabertos, tinha medo de sua fraqueza, medo de destruir o que fizera com seu passado em sua poesia, medo de olhar de volta para o passado — como Orfeu olhara de volta para o passado — e perdê-lo para sempre. Não podia deixar de entender que seu verdadeiro leitor estava lá, ele sabia que era um poeta russo, embora tenha convencido a si mesmo — e apenas a si mesmo — de que era um poeta de língua inglesa.[46]

Embora tenha se revelado, em inglês, um ensaísta e prosador fino (como revelam títulos disponíveis em português, como *Menos que um* e *Marca d'água*), ele dizia não gostar nem um pouco de prosa: "É algo que faço mais por necessidade. É como se prostituir".[47] E, na poesia, apegava-se às formas tradicionais:

> Para começar, você escreve poesia com o objetivo de influenciar mentes, *comover* corações, comover as pessoas. A fim de fazer isso, você tem de produzir algo que tenha uma aparência de inevitabilidade e que seja memorável, de modo a grudar na mente do leitor. Você tem de embalar o seu trabalho de modo que o leitor não seja capaz de evitá-lo, de maneira que o que você disse tenha a oportunidade de entrar no subconsciente dele e de ser lembrado. O metro e a rima são, basicamente, recursos mnemônicos.[48]

Pois, como conta Sontag,

> ele insistia em que a "tarefa" (palavra muito empregada) do poeta consistia em explorar a capacidade que tem a linguagem de viajar mais longe, mais depressa. Poesia, dizia ele, é pensamento acelerado. Era esse o seu melhor argumento, e ele elaborou vários em defesa da superioridade da poesia em relação à prosa, pois considerava a rima essencial a esse

processo. Um ideal de aceleração mental é a chave para o seu grande feito (e para os seus limites), tanto na prosa como na poesia, e para a sua presença indelével. Uma conversa com ele, como recordou seu amigo Seamus Heaney com muita felicidade, "de imediato partia para uma decolagem vertical e depois era impossível desacelerar".[49]

Para Schnaiderman,

os versos de Joseph Brodsky evidentemente filiam-se à linha da tradição clássica. Ressoam neles as suas leituras de poetas da Antiguidade e também dos metafísicos ingleses. No entanto, a poesia dele decerto não se resume a isso. Ele adquiriu nova dimensão quando, condenado como vadio por dedicar-se de maneira integral ao verso e não ser poeta reconhecido oficialmente, foi desterrado para a Sibéria e, em seguida, exilou-se nos Estados Unidos. Sua escrita ficou então marcada por um tom amargo e uma ironia que chega muitas vezes ao sarcasmo.[50]

Ironia e sarcasmo que o aproximam de um amigo dos tempos de Leningrado que ele reencontrou nos Estados Unidos: Serguei Dovlátov (1941-90), cuja obra tem sido recentemente difundida no Brasil pela editora Kalinka, que publicou seus romances *Parque cultural* (1983), *O ofício* (1985) e *O compromisso* (1981).

Brodsky e Dovlátov faziam parte da chamada terceira onda de emigração russa para o Ocidente do século XX (a primeira ocorreu na década de 1920; a segunda, na de 1940; e a quarta, na de 1990). A terceira onda,

conhecida como a emigração dos dissidentes e às vezes também chamada de "emigração judia", começou numa época de estagnação na União Soviética, quando no começo dos anos 1970 foram liberados para sair e morar permanentemente no exterior os judeus soviéticos e também os que não concordavam com o regime e eram perseguidos por suas opiniões políticas — os dissidentes.

Nessa época, emigraram

Vassíli Aksiónov [1932-2009], Joseph Brodsky, Aleksándr Soljenítsyn, Iúz Alechkóvski [n. 1929], Serguei Dovlátov, Andrei Siniávski, Eduard Limónov [1943-2020], entre outros. Os destinos dos emigrados da União Soviética foram diferentes: assim, muitos judeus soviéticos foram a Israel; uma parte se instalou em países europeus (como Alemanha e França), e um grande número foi para os Estados Unidos.[51]

Vale lembrar que, se "para a maioria dos emigrados dos anos 1920, a emigração era uma condição temporária, pois poucos acreditavam que o novo regime soviético durasse muito tempo", grande parte dos da terceira onda "nunca havia saído do país antes (ou havia visitado apenas os países socialistas, devido à Cortina de Ferro) e compreendia que partia para o Ocidente 'para sempre', perdendo a cidadania soviética, junto com a possibilidade de encontrar-se de novo com os parentes e amigos", e "a consciência da irreversibilidade da emigração diferenciava-os dos emigrados pós-revolucionários, fazendo-os tentar adaptar-se o quanto antes ao novo país, à sua cultura e às novas condições de vida".[52]

E poucas adaptações foram tão rápidas e bem-sucedidas quanto a de Dovlátov. Na União Soviética, ele fora expulso da faculdade de letras, alistado no Exército, feito carcereiro de colônia penal em Kómi (nordeste da parte europeia do país), e exercido os ofícios de "jornalista, redator, secretário literário, vigilante, guia e inclusive pedreiro na construção de uma das estações de metrô de Leningrado".[53] E jamais conseguira ter um livro lançado.

Em 1978, emigrou. "Eu fui embora para ser escritor, e me tornei escritor ao fazer uma escolha não muito difícil entre a prisão e Nova York", afirmaria mais tarde.[54] A partir daí, sua trajetória foi fulgurante: publicou em veículos respeitados como *New Yorker*, *Partisan Review* e *Grand Street*, fez amizade com figuras cultuadas como Kurt Vonnegut, e publicou doze livros em doze anos, até que o alcoolismo ceifasse sua existência prematuramente, uma semana antes de completar 49 anos. Reverenciado em sua terra natal, virou nome de rua em Nova York (Sergei Dovlatov Way, na interseção da travessa 63 com a rua 108, em Forest Hills) em 2014 e, em 2018, tema de um filme laureado em Cannes (*Dovlatov*, de Aleksei Guérman Jr.).

A seu respeito, Brodsky diz que "Serioja[55] era antes de tudo um estilista notável. Seus contos se sustentam, acima de tudo, no ritmo da frase; na cadência do discurso do autor. São escritos como versos: o enredo, neles, tem uma importância secundária, é apenas pretexto para o discurso. É antes canto que narrativa".[56]

Pode parecer uma afirmação deslocada para se referir a um satirista que praticava o jornalismo, cuja prosa trazia fortes marcas de oralidade, e que se referia a si mesmo não como escritor, e sim como contador de histórias. Contudo, por trás da aparente descontração, Dovlátov era de um rigor extremo, a ponto de inventar "uma restrição formal na literatura: em russo, todas as palavras usadas por Dovlátov numa frase deviam começar com letras diferentes". E levava isso bem a sério, "chegando a mudar citações que apareciam em seus textos, caso nelas houvesse duas palavras que começavam com a mesma letra". O estudioso russo Ígor Sukhikh afirmou que "a palavra na prosa de Dovlátov não é tecido, não é matéria, não é superfície ou ornamento, não é música, não é plástica pura, é mais um vidro transparente, através do qual podemos, seguindo o narrador, perscrutar o mundo". Assim,

> podemos distinguir os seguintes traços pós-modernistas na poética de Dovlátov: o deslocamento, fusão das categorias de autor e personagem como resultado das raízes autobiográficas de sua prosa (já que o protagonista da obra de Dovlátov leva fortes traços autobiográficos, porém é personagem de ficção); o caráter intertextual de sua obra (nela abundam tanto alusões e referências à obra de outros autores como autocitações e referências a seus próprios textos); o absurdo, o caos da existência humana como um dos temas recorrentes e focos de atenção no pensamento do autor.[57]

Além de ele escrever em primeira pessoa, e muitas vezes chamar o narrador de Serguei Dovlátov, inclui em seus livros pessoas reais, com nomes verídicos. Contudo, "como sempre sublinhou o próprio Dovlátov, que afirmava, com ironia, que 'os erros factuais eram parte de sua poética', tal aparente aspecto documental é ilusório, e o gênero ao qual o escritor se dedicou era o gênero de ficção, não o das memórias". "Em sua obra, o escritor não seguia fielmente a crônica dos acontecimentos", porém os recriava como "história ficcional". Escusado dizer que houve muitas pessoas magoadas e ofendidas com as "façanhas" que Dovlátov lhes atribuiu em seus livros.

Tolstáia narra que a "breve alvorada de literatura cívica" do Degelo "foi substituída, como sempre, por um novo crepúsculo: as esperanças de reforma social foram extintas e, entre meados da década de 1960 e da de 1980, vivemos o período que agora é moda chamar de 'era da estagnação', um período que devemos condenar a todo custo".[58]

Era da estagnação é o nome dado ao período (1964-82) em que a União Soviética esteve sob o tacão de Bréjnev. O novo sátrapa resolveu exibir suas garras contra os escritores em 1966, no julgamento público dos autores Andrei Siniávski (1925-97) e Iúli Daniel (1925-88), acusados de publicarem obras satíricas no exterior de forma ilícita. Ao contrário do que era a regra nesse tipo de ritual, a dupla, contudo, declarou-se inocente, o que levou Chalámov a escrever, na época: "O julgamento de Siniávski é o primeiro julgamento abertamente político do regime soviético em que os réus, do começo ao fim — da investigação preliminar às declarações finais —, não admitiram sua culpa, e encararam o veredicto como homens de verdade".[59] Siniávski foi condenado a sete anos de prisão em campos de trabalho; Daniel, a cinco.

Se Siniávski e Daniel não eram modelos a serem seguidos, quem era o escritor exemplar? Obviamente, o próprio Bréjnev, vencedor, em 1979, do Prêmio Lênin, pela trilogia autobiográfica *Terra Pequena*, *Renascimento* e *Terra Virgem*, redigida por ghost-writers, no mais ortodoxo estilo do realismo socialista, que o transformava em herói da Segunda Guerra Mundial e astuto artífice da reconstrução do país.

Em um cenário desses, experimentação literária só poderia circular de forma clandestina — em *samizdat*. Caso, por exemplo, de *Moscou-Petuchkí*, de Venedikt Erofêiev (1938-90), escrito em dois meses, em 1970, e publicado em Israel (1973) e França (1977), antes de aparecer na União Soviética, durante a glásnost, em uma revista de combate ao alcoolismo (o que parece no mínimo estranho a qualquer um que tenha folheado suas páginas). Apresentada, a exemplo das *Almas mortas*, de Gógol, como um "poema", a narrativa da viagem de 125 quilômetros, em trem elétrico de subúrbio, de Viénitchka, um alcoólatra desempregado, de Moscou até Petuchkí, ganha caráter de uma *Ilíada* dos tempos da estagnação, de acordo com Eduardo Soma:

lançando mão de dispositivos satíricos, o autor degrada e desloca elementos da cultura dominante — como os chavões midiáticos, a literatura russa clássica e a arte realista socialista —, ressignificando-os através do riso, de modo a construir uma narrativa intertextual de denúncia da mitologia soviética e elaborar um texto autônomo, em oposição à cultura oficial monológica.

A paródia

> não é um fim em si mesmo, tendo como finalidade engajar o leitor, invertendo o expediente oficial ao usar o discurso e a estética para expor a insubstância da cultura hegemônica. Ao sublinhar a brecha larga do desajuste entre o discurso oficial e a realidade, o autor buscou evidenciar ao leitor as camadas de ofuscação impostas pelo poder. Deste modo, este leitor seria capaz de vislumbrar a própria posição no limbo odisseico e reconectar-se a uma cultura que havia sido reduzida a um espectro ao ser refratada pelo prisma da oficialidade soviética.[60]

Da mesma época é *Escola de idiotas*, de Sacha Sokolov (n. 1943), que circulou em *samizdat* a partir de 1973, e só foi editado nos Estados Unidos, em 1976, quando seu autor já se encontrava no Canadá, onde reside até hoje. Schnaiderman conta que

> definido por Wolfgang Kayser como "a obra mais surrealista da literatura russa moderna", ele também foi muito elogiado por Nabókov. Retomando o velho tema da relação entre o mundo dos "débeis mentais" e o dos "normais", o que faz o primeiro aparecer como a versão concentrada do segundo (vejam-se os grandes exemplos *Enfermaria nº 6* de Tchekhov e *O alienista* de Machado de Assis), Sokolov cria um relato alucinado em que o cotidiano soviético e o fantástico mais desenfreado se misturam e, com frequência, uma estória surge de "realidades gramaticais" como a

ocorrência de homônimos. O romance provoca inversões temporais, funde o passado com o presente e instala o mitológico no cotidiano de uma cidade de veraneio.[61]

Schnaiderman conta que sua primeira publicação na Rússia, na revista *Outubro*,

> foi prefaciada por Andrei Bítov (1937-2018), outro escritor que se caracteriza pela busca de formas de expressão novas. Tendo permanecido na Rússia, ele guardou na gaveta ou publicou no Ocidente boa parte de sua obra. O livro dele mais conhecido, o romance *A casa de Púchkin*, teve capítulos divulgados na imprensa soviética, mas só apareceu na íntegra nos Estados Unidos, em 1978. Republicado na Rússia em 1988, encontrou finalmente o seu leitor compreensivo: embora muito traduzido, é tão repleto de alusões literárias, tão ligado à realidade linguística russa, que dava pena ver o exílio a que o livro fora condenado.[62]

Vólkov define a obra como réquiem à intelligentsia de São Petersburgo, que o autor redigiu "ao sentir o desespero de uma era moribunda, em 1964, no fim do período Khruschov. Mais tarde ele admitiu que sua extrema aflição pode ter sido causada pelo julgamento de Brodsky, a que ele não deixa de assistir, apesar de um tanto assustado". Para Vólkov,

> as manipulações estruturais de *Casa de Púchkin*, que a transformaram num texto essencialmente aberto, bem como os ensaios descritivos do autor e o recurso ao monólogo interior — jorros de consciência — colocam-na entre os marcos da prosa modernista, incluindo *Petersburgo*, de Biély, as novelas de Váguinov, *Causos*, de Kharms, as histórias de Zóschenko e *Fala, memória*, de Nabókov.[63]

Bítov foi um dos escritores publicados no almanaque literário clandestino *Metropol*, em 1978 (detalhes abaixo). Outro participante dessa iniciativa editorial, recentemente descoberto pelo leitor brasileiro, foi Friedrich Gorenstein (1932-2002) — mais um emigrado da terceira onda, que se radicou em Berlim Ocidental em 1979. Sua obra-prima é o romance *Salmo* (1974), no qual, em uma narrativa salpicada de reflexões filosóficas e citações bíblicas, e combinando "a expressividade da parábola com doloroso naturalismo de detalhe", ele "descreve o horror e devastação trazidos pela coletivização, a Segunda Guerra Mundial e a campanha antissemita do pós--guerra — tudo visto pelos olhos do Anticristo, Dan".[64]

O subtítulo da obra é "romance-meditação sobre os quatro flagelos do Senhor", e o tradutor Moissei Mountian explica que

cada capítulo é dedicado a uma punição e tem uma estrutura idêntica: um preâmbulo filosófico, trazendo passagens bíblicas, seguido de uma parábola, um procedimento bíblico que dá o tom do romance. A forma de parábola, não encontrada em nenhuma outra obra russa, fez com que muitos críticos considerassem *Salmo* um dos romances mais complexos do século XX. As digressões do autor perpassam o texto, seguindo a tradição de escritores como Dostoiévski e Tolstói. Elas não estão separadas estruturalmente do enredo, mas se entrelaçam a ele e fazem voos surpreendentes. F. G., como ele mesmo descreveu, usa as tramas de seu romance como uma tela em que ele borda seus pensamentos livremente.[65]

Gorenstein escreveu o roteiro do reverenciado longa *Solaris* (1972), de Andrei Tarkóvski — filho do poeta Arsêni Tarkóvski (1907-1989) —, baseado em livro homônimo do polonês Stanisław Lem (1921-2006). Outro filme cultuado de Tarkóvski é *Stalker* (1979), adaptação de *Piquenique na estrada* (1972), dos célebres irmãos Arkádi (1925-91) e Boris (1933-2012) Strugátski.

225

Os anos 1960 e, sobretudo 1970, testemunharam a transformação da ficção científica em subgênero esopiano. A ficção científica tinha sido uma grande colaboradora, ainda que subestimada, do projeto pós-revolucionário inicial, ajudando de fato a moldar a cultura russa da modernidade. Ela ressurgiu como força cultural significativa após o Degelo. Extremamente popular entre a intelligentsia científica, era mais política que científica como projeto: mais tipicamente, empregava paralelos sociopolíticos entre planetas distantes e processos políticos na União Soviética.[66]

Desta forma, os romances dos irmãos Strugátski "foram concebidos, de forma subversiva, como sátira social contemporânea à moda de Gógol e, aproveitando muito de Dostoiévski, como crítica ideológica da utopia materialista soviética. Sem dúvida, assim foram recebidos por milhões de leitores da União Soviética, que, com anos de censura, tinham se acostumado a ler toda literatura como alegoria".[67] Com o fim da utopia (ou distopia, de acordo com o gosto do freguês) soviética, acabaria também a censura, e a literatura russa se alteraria de forma abrupta.

Em foco: *Samizdat* e *tamizdat*

Segundo uma anedota dos tempos soviéticos, certa vez uma mulher chegou com um grosso volume à casa de uma datilógrafa, pedindo que ela o reproduzisse. Ao ler o título, a copista não entendeu nada: tratava-se de *Guerra e paz*, de Tolstói. "Por que deseja copiar esse livro? Ele não é proibido", indagou a datilógrafa. "Porque eu quero que meus filhos leiam", respondeu a prestimosa mãe de família.

A piada ilustra a importância adquirida, a partir do final da década de 1950, com a relativa popularização e barateamento da máquina de escrever, do *samizdat* (literalmente, "autopublicação"), produção caseira que permitia às obras proibidas circularem de mão em mão — assim como havia o *magnitizdat*, fitas clandestinas de músicos russos underground, ou, simplesmente, do jazz e rock ocidental (uma variante era o *roentgenizdat*, gravação de áudio em filmes de raio X). O *samizdat* "era a chave da dissidência política e cultural soviética, fornecendo um novo modo de existência para textos que navegavam entre as esferas privada e pública, e refletiam formas de dissidência individual, em vez de coletivas ou ligadas a partidos".[68]

O *samizdat* funcionava em sinergia com o

tamizdat ("publicado lá") — literatura soviética censurada editada no exterior (com frequência em russo), que era então trazida de volta à União Soviética e circulava secretamente entre a intelligentsia. Autores como Soljenítsyn, Brodsky, Akhmátova, Marina Tsvetáieva e Boris Pasternak tornaram-se conhecidos através de *samizdat* e/ou *tamizdat*.[69]

Autores fora do circuito oficial mandavam suas obras para serem publicadas em revistas como *Nóvy Jurnal* (Estados Unidos), *Kontinient* e *Ekho* (França) ou *Gráni* (Frankfurt), ou por editoras como a YMCA Press (França), a Ardis Publishing e Chekhov Publishing House in Eastern European Fund (Estados Unidos).

Com a Terceira Onda de emigração, nos anos 1970 e 1980, o número de edições russas no exterior aumentava consideravelmente, e a sua colaboração com os escritores não oficiais tornava-se ainda mais intensa. A publicação da obra em *tamizdat* elevava o prestígio de seu autor na sociedade cultural não oficial, pois chamava atenção para seu nome nos círculos literários ocidentais, [na mesma medida em que eram] mal vistas pelas autoridades.

No fim, "a publicação no exterior frequentemente servia como um degrau intermediário para a futura emigração do escritor. Assim foram os casos de Joseph Brodsky, Vassíli Aksiónov, Serguei Dovlátov, Ígor Iefímov [1937-2020] e muitos outros escritores, cujo caminho em direção à emigração começara com publicações em *tamizdat*".[70]

Embora já tenhamos citado nestas páginas muitos livros que circularam em *samizdat* e *tamizdat*, vale ainda mencionar o caso do almanaque *Metropol*, elaborado em Moscou, em 1979, com apenas doze cópias datilografadas — uma das quais, contudo, chegou aos Estados Unidos, onde ele foi editado pela Ardis Publishing. Idealizado por Víktor Erofêiev (n. 1947, refinado crítico literário e autor, entre outros, do autobiográfico *O bom Stálin*, de *Beleza russa* e de *A vida com o idiota*, transformado em ópera-cult dos tempos da glásnost por Alfred Schnittke) e Ievguêni Popov (n. 1946), o almanaque é uma verdadeira antologia da dissidência russa, com contribuições de Aksiônov, Akhmadúlina, Bítov, Voznessênski, Gorenstein, Fazil Iskander (1929-2016) e do casal formado por Semion Lípkin (1911-2003) e Inna Lisniánskaia (1928-2014), entre muitos outros, além de poemas do mais cultuado cantor e cancionista "rebelde" da era da estagnação, Vladímir Vyssótski (1938-80) — um dos hits do *magnitizdat*, e presença frequente nas rádios da Rússia até hoje.

Houve, obviamente, campanha das autoridades e repressão contra todos os envolvidos. Schnaiderman conta de uma entrevista de Aksiônov (que emigrou para os Estados Unidos em 1980) ao *Le Monde*, no qual o autor "se compara a um bicho raro, dada a sua condição de autor cujos livros não eram publicados em seu país porém vendidos pelos próprios poderes oficiais a editoras estrangeiras, no afã de conseguir divisas ('A literatura não é de modo algum como o caviar, e eu mesmo não sou um esturjão')".[71] Aksiônov tratou da experiência do *Metropol* no romance *Diga xis* (1985) e em seu canto do cisne, o autobiográfico *Paixão misteriosa* (2009).

10.
A literatura pós-soviética

*Os livros que escrevo são documentos e ao mesmo
tempo minha imagem dos tempos. Recolho detalhes
e sentimentos não só de uma vida humana
individual, mas de todo o ar de um tempo, seu
espaço, suas vozes. Não imagino, não invento, eu
monto o livro a partir da própria realidade.
O documento é aquilo que me contam, o documento,
parte dele, sou eu como artista com minha visão
de mundo, minhas impressões. Escrevo e anoto
a história contemporânea, corrente. Vozes vivas,
destinos vivos. Antes de se tornar história, elas são
a dor de alguém, o grito de alguém, o sacrifício ou o
crime de alguém. Eu me pergunto uma quantidade
incontável de vezes: como passar entre o mal
sem aumentar o mal no mundo, especialmente
agora, quando o mal assume dimensões, de certa
maneira, cósmicas? Antes de cada livro novo eu
me pergunto isso. Já é meu fardo. E meu destino.*

Svetlana Aleksiévitch[1]

Com as mudanças desencadeadas pela glásnost e a perestroika,
na década de 1980, e que culminaram com o fim da União Soviética, em 1991, os ávidos leitores russos foram agraciados
com uma enxurrada de novidades — do passado e do presente,
locais e estrangeiras. Obras que circulavam apenas em *samizdat* e *tamizdat* agora eram livremente editadas; a literatura
internacional, da mais ousada escrita experimental aos mais
comerciais best-sellers, inundava as prateleiras. Autores antes silenciados podiam falar livremente, e as novas vozes sur-
gidas se manifestavam sem a ameaça de serem internadas em
hospícios ou no gulag.

Os russos foram apresentados não apenas a seus escritores que haviam emigrado, como aos que tinham sido calados na época soviética. Isso levou não só ao ressurgimento de obras banidas, como à descoberta de autores simplesmente marginalizados na União Soviética. Caso de dois que foram editados no Brasil: Leonid Dobýtchin (1894-1936) e Sigismund Krzyzanowski (1887-1950).

Dobýtchin, autor de contos e do romance *Cidade Ene*, na opinião de Aurora Fornoni Bernardini se equipara a "Bábel, Zóschenko, Zamiátin, Platónov, Kharms e poucos outros" entre "o que de melhor se produziu nas primeiras décadas da Rússia soviética". Com um estilo "ao mesmo tempo econômico e híbrido, em que os diferentes planos coexistem, se interpenetrando futuristicamente, justapostos ou deslocados", ele "consegue reunir paródia e estilização, dois conceitos quase antagônicos explicados por Iúri Tyniánov (1894-1943), crítico, historiador e humorista".[2] Já Krzyzanowski escreveu muitos textos que se enquadram "na categoria bakhtiniana de sátira menipeia, um modo carnavalesco em que a fantasia grotesca revela contradições ocultas em conceitos filosóficos".[3]

No estilo de romance antissoviético tributário da estética do realismo socialista, *Os filhos da Rua Arbat*, de Anatóli Rybakov (1911-98), causou estardalhaço internacional ao ser publicado, em 1987. Laureado com o Prêmio Stálin em 1951, Rybakov começou a contar a história do jovem Sacha Pankrátov e da geração esmagada pelos expurgos stalinistas da década de 1930, ainda durante o Degelo. Por duas vezes, em 1966 e 1978, o romance esteve prestes a ser publicado na União Soviética. Mas só veio à luz com a glásnost, quando Rybakov aproveitou ainda para publicar os três volumes de sua continuação: *35 e outros anos*, *Medo* e, por fim, *Pó e cinzas*.

Para Býkov, foi um divisor de águas: "É possível dizer que, em 1987, a glásnost acabou, e começou a liberdade da palavra. Isso foi produzido não pela publicação de *O arquipélago gulag*, que aconteceu três anos depois, mas do romance de Rybakov, que dividiu abruptamente a liberdade bastante cosmética de 1986 da orgia de 1988. O ano de 1987 é o limiar a partir do qual a perestroika se tornou irreversível". Ele afirma que "assassinados, exilados, aniquilados, os filhos da rua Arbat eram a esperança da Rússia, uma esperança irrealizável e, por isso, ainda mais aflitiva".[4]

Começava-se também a abrir espaço não apenas para obras de conteúdo explosivo, mas também de caráter formal ousado. Boris Schnaiderman empenhou-se em divulgar, no Brasil, a poesia de Guennádi Aigui (1934-2006), poeta de origem tchuvache que sofreu um

> ostracismo de cerca de três décadas. Atacado, sem possibilidades de defesa, em sessões públicas, por causa da poesia que estava escrevendo, considerada sem vínculos com a vida, "alienada", foi expulso da Juventude Comunista (Komsomol) e impedido por muitos anos de publicar seus textos. Na ata de sua exclusão do Instituto [de Literatura Mundial Maksim Górki de Moscou], especificava-se o delito: "elaboração de um livro de versos hostil, que subvertia os fundamentos do Realismo socialista".

Enquanto Schnaiderman destaca que "as imagens em seus versos estão ligadas a toda a estrutura do poema, à sua sintaxe estranha, à utilização peculiar e inconfundível da pontuação, à realidade gráfica do poema como um todo", Jerusa Pires Ferreira enfatiza que "insistentemente vivia nele a cultura de seu povo, todo um caminho de lendas a transitarem, cantos e contos orais, práticas mágicas ritualizadas, que garantiram seus modos de ser e de expressar, imprimindo aí suas raízes".[5]

Se o verso livre na Rússia teve, entre seus "pais fundadores", o siberiano Viatcheslav Kupriyánov (n. 1939, cujo estilo, nos tempos soviéticos, não foi "bem recebido pela União dos Escritores, que o considerava um ato de 'rebeldia', uma 'traição à tradição'"),[6] a poesia dita não conformista teve um de seus expoentes mais afamados em Dmítri Prígov (1940-2007) — homenageado pelo grupo punk feminista Pussy Riot em seu protesto ao invadir o gramado durante a partida final da Copa do Mundo de futebol da Rússia, em 2018.

Poeta e artista plástico, Prígov deu muita dor de cabeça às autoridades soviéticas: em 1974, um grupo de artistas liderados por ele "tentou inaugurar uma exibição não submetida previamente à censura. A polícia bloqueou o caminho do grupo com carros de combate. Depois de demonstrações de protestos por parte da população, a mostra foi consentida e o governo franqueou espaço público aos artistas, exceto àqueles ligados a Prígov". Posteriormente,

> devido à suas performances inusitadas e trabalhos polêmicos, Prígov, ao dependurar aos galhos de uma árvore em Moscou centenas de seus versos em *layers*, como se fossem folhas, foi conduzido a um centro de tratamento psiquiátrico da ex-União Soviética do qual foi libertado apenas depois de protestos de membros de movimentos culturais.[7]

Ao lado do poeta Lev Rubinstein (n. 1947), ele era um dos líderes dos chamados conceitualistas de Moscou. Em suas próprias palavras:

> Criticávamos utopias, e as instituições estatais que as reproduziam; mirávamos na totalidade de qualquer linguagem que estava associada aos discursos estatais. Éramos alérgicos a qualquer discurso utópico... incluindo seus reflexos na chamada arte dissidente... Percebíamos Púchkin e Maiakóvski como representantes ordinários do poder

soviético. Além disso, acreditávamos que ídolos morais da geração anterior, como Akhmátova e Pasternak, após sua publicação [na União Soviética], também foram apropriados pelos discursos do poder.

Para Mark Lipovetsky, "de acordo com essa estratégia, a poesia de Prígov simultaneamente recria e parodia a retórica de poder simbólico integrada em vários discursos autorais".[8] Luiz Alberto Cezar explica que

consciente da impossibilidade linguística de uma crítica direta à consciência de massa soviética, Prígov construiu uma linguagem a partir das construções frasais que sustentavam a própria prática discursiva do sistema em que se forjou aquela consciência e, num plano mais amplo, toda a cultura russa. Moldou uma nova linguagem baseada numa espécie de sintaxe de *layers*, representativos de imagens prototípicas do discurso soviético e dos discursos tradicionais da cultura.

As construções e imagens que constituíam esses *layers*

foram extraídos ao léxico cotidiano e ao universo simbólico do homem comum soviético. Figuram uma modalidade de texto construído sobre outro texto, parecido a uma cebola discursiva de múltiplas camadas. O efeito obtido de sua leitura é de paradoxal lirismo, não sendo possível a princípio ao leitor perceber se se está diante de um texto sério ou de uma derrisão. Não se trata efetivamente nem de um nem de outro: o texto conceitualista de Prígov é eco que deixa à mostra a natureza passadista do emissor que o gerou, é ressonância cuja fonte emissora está situada fora da instância de enunciação. É simplesmente coisa na forma de texto. E nesse sentido visual.

Seu texto conceitualista

é extensão de seus trabalhos gráficos e instalações, onde se misturam aos materiais que os compõem formando um substrato imagístico único. Lê-se a um texto de Prígov como se olha a um quadro suspenso no ar. Os *layers* são unidades menores dessas imagens, sendo possível ao leitor invertê-los caleidoscopicamente a fim de que produzam outras imagens-textos derivadas.[9]

Ao grupo dos conceitualistas de Moscou pertence ainda o primeiro escritor russo a ter vindo para a Flip: Vladímir Sorókin (n. 1955), que desfilou pelas ruas de Paraty todo vestido de branco, em 2014. Suas obras "são frequentemente distinguidas por uma brutalidade chocante e o que às vezes é chamado de 'estética do repulsivo'", segundo Boris Groys, para o qual

a combinação de Sorókin de diferentes estilos, recursos literários, mitos, gêneros "alto" e "baixo" não é um jogo subjetivo ou um ato de liberdade individual, contrastando com a tirania do "discurso modernista" e sua posição no "texto absoluto". Nem, como já foi notado, é uma "carnavalização" bakhtiniana da literatura. A combinação e citação, por Sorókin, de vários tipos de discurso literário não é arbitrária, mas planejada, para revelar sua similaridade interna. Nesse aspecto, ele é simplesmente mais realista do que pós-moderno. Ele não mistura "sua" voz e a do "outro" em um êxtase carnavalesco para "apagar as fronteiras", e fundir no mistério e na arte o que está separado na vida, mas revela a unidade da rede mitológica que é oculta por essa divisão.[10]

Arlete Cavaliere explica que a geração de Sorókin evidencia "uma produção artística distante do *sovietismo* então vigente, mas, ao invés de *antissoviética*, ela se mostra muito mais *assoviética*, pois desconfia também da literatura soviética dissidente, a qual, segundo lhe parece, embora resista ao conformismo literário vigente, apresenta os mesmos critérios estéticos pautados pela representação realista". Sua peça *Dostoiévski-trip* (1997), publicada e encenada no Brasil,

> parece expor um dos grandes paradoxos da pós-modernidade russa: descrente da genialidade criativa de sua geração, mas marcada por uma autoconsciência profunda e pela estratégia de uma radical subversão da linguagem, ela afirma aquilo que ela nega. Por via da farta utilização da ironia e mesmo do deboche como modo de produzir um efeito permanente de dubiedade e desconfiança com relação ao texto, Sorókin nega e afirma Dostoiévski, criando dessa forma um outro paradigma para a sua interpretação no mundo contemporâneo.[11]

No espetáculo, viciados consomem obras literárias como se fossem drogas e, certa vez, o autor dos romances *A fila* (1983), da *Trilogia do Gelo* (2002-5) e da novela *O dia do oprítchnik* (2006) referiu-se assim a um de seus mais ilustres contemporâneos: "Sou heroína, e, Pelévin, maconha".[12]

Lipovetsky afirma que,

> no mesmo nível em que as obras de Sorókin são emblemáticas do conceitualismo, o neobarroco se manifesta de forma mais plena nas de Víktor Pelévin (n. 1962). Ao contrário de Sorókin, que dessacraliza discursos de autoridade, Pelévin mitologiza (ainda que ironicamente) o vazio que se segue como resultado da desconstrução de grandes narrativas, ideologias e símbolos transcendentais.[13]

O estudioso afirma ainda que "*Geração P*, de Pelévin, tem um lugar especial na história da literatura pós-soviética porque foi o primeiro romance pós-moderno a conseguir atrair um vasto público leitor, efetuando a incursão do pós-modernismo no mainstream da cultura pós-soviética".[14]

Bastante premiado, recluso, avesso a aparições públicas, à mídia e às redes sociais, Pelévin tem inclinações budistas. Foram publicados no Brasil seus romances *A vida dos insetos* (1993), *O elmo do horror: O mito do Teseu reencarnado* (2005) e *A metralhadora de argila* (título original: *Tchapáiev i Pustotá*, 1996). Neste último, Pustotá (em russo, "vazio"), em 1991, ano da dissolução da União Soviética, é interno de uma instituição mental, onde serve na Guerra Civil, em 1919, sob o comando do lendário Tchapáiev. Com esses elementos, "Pelévin cria um *Bildungsroman* paradoxal sobre a transformação das ilusões em uma realidade imutável somente para um indivíduo, uma realidade que se revela uma simulação desprovida de significado para qualquer outra pessoa". Trata-se ainda de "um dos primeiros romances pós-utópicos da literatura russa: o protagonista de Pelévin interpela a utopia (daí o paralelo, mais do que numérico, entre os anos de 1919 e 1991, sugerido pelos planos narrativos do romance), mas reconhece sobriamente a irrealizabilidade e perigo de uma unidade utópica atingida".[15]

Carismático, irônico e polêmico, Dmítri Býkov (n. 1967) tem comportamento oposto ao de Pelévin: encarnando a figura do intelectual público, dá concorridas conferências, participa de manifestações políticas e ocupa espaços nas mídias e nas redes sociais. Seu livro que temos citado neste trabalho, *100 conferências sobre a literatura russa do século XX*, por exemplo, reuniu palestras dadas para o canal de TV Dojd, em cujo site podem ser assistidas.[16] Celebrizou-se por biografias de Pasternak, Maiakóvski, Górki e Okudjava, mas também escreve prosa de ficção e poesia.

Todavia, o protagonismo da literatura russa pós-soviética parece pertencer, sobretudo, às mulheres. Benjamin M. Sutcliffe localiza suas origens durante a perestroika de Gorbatchov, que, além de liquidar a censura, "reduziu drasticamente o padrão de vida da intelligentsia e dos cidadãos soviéticos como um todo. Tendo lidado longamente com a ideia de uma crise diária, as autoras agora existiam em um contexto de convulsão nacional refratada pelo prisma do cotidiano". Assim,

> a prosa das mulheres veio a ser associada à animosidade e conflito da perestroika. O sucesso fenomenal das autoras Liudmila Petruchévskaia (n. 1938) e Tatiana Tolstáia (n. 1951), combinado com a publicação de seis antologias literárias de mulheres entre 1989 e 1991, fez das escritoras do sexo feminino uma característica visível e controversa da literatura soviética tardia.[17]

Petruchévskaia — que veio ao Brasil em 2018, para lançar a coletânea de contos *Era uma vez uma mulher que tentou matar o bebê da vizinha*, exibindo dotes mais do que questionáveis de cantora de cabaré — é, para Lipovetsky, "uma dessas escritoras em cujas obras — que incluem numerosos contos, peças, dois romances, contos mágicos e contos de horror — a poética neonaturalista da prosa feminina atingiu a mais alta concentração e, ao mesmo tempo, engendrou um novo nível de conceitualização".[18] Ela inicialmente chamou a atenção como roteirista — escreveu o roteiro daquela que possivelmente é a maior animação russa (ou de qualquer nacionalidade) de todos os tempos, *Conto dos contos* (1979), de Iúri Norstein (n. 1941) — e dramaturga, cujas peças "são vislumbres da existência cotidiana, paródias na melhor das hipóteses; são desprovidas de qualquer desenvolvimento. Petruchévskaia usa linguagem fuxiqueira, mas não vulgar. Por trás dos discursos espirituosos e irônicos, está a desolação da vida soviética".[19]

Já sua prosa "exemplifica a negação do idealismo e obsessão da perestroika com exposição".[20] Ela

> nunca pertenceu formalmente a nenhuma organização feminista, mas sua representação das mulheres é desavergonhadamente feminista, o que explica o efeito de escândalo que sua obra produziu, tanto no público quanto nos censores. Ela nunca se esquiva de representações do corpo, normalmente nos aspectos menos atraentes. Ela liberou a sexualidade e, de uma forma mais geral, a corporalidade na representação das mulheres.

Por isso, foi acusada de "naturalismo excessivo".[21]

Por seu turno, Tolstáia, "firmemente enraizada na intelligentsia de São Petersburgo, é uma das filhas de uma família com autores como Aleksei Tolstói e Liev Tolstói entre seus parentes". Apesar "de várias tentativas de colocar sua prosa nas fileiras nebulosas do pós-modernismo russo, o fato de privilegiar a palavra, e sua ética pessoal na literatura ligam Tolstáia mais à geração de Andrei Biély". Para ela, "a maior tragédia é esperar por algo além da vida: a existência em si é um dom".[22] Ensaísta perspicaz, com insights largamente citados ao longo deste livro, adquiriu fama internacional com a ficção de *O degrau de ouro* (1987), publicado no Brasil.

Mas a primeira mulher a ganhar o Booker Prize russo, em 2001, com o *O caso Kukótski*, foi Liudmila Ulítskaia (n. 1943). Enquanto Tchékhov e Bulgákov dividiram o interesse pela literatura com a carreira médica, ela se formou em biologia, e trabalhava no Instituto de Genética Vavílov em 1970, quando "foi pega lendo e datilografando literatura clandestina. Com medo de que o laboratório fosse completamente fechado, seus superiores a demitiram, citando a necessidade de redução da equipe". A partir daí, "abandonou seu interesse de longa data e passou a dedicar mais tempo à escrita, sua outra paixão", e, na década de 1990, "começou a adquirir fama internacional por sua prosa original, que fundia vida cotidiana e valores humanos".[23] Corajosa, ela jamais "fugiu à controvérsia, e assumiu posições fortes em favor da tolerância e abertura", sendo "desejosa de assumir o papel de intelectual pública". Para alguns leitores, ela "se tornou uma voz de autoridade moral para russos de mentalidade diferente". Especialmente "em seus contos iniciais, coletados nos volumes *Meninas* (*Diévotchki*, 2002) e *Parentes pobres* (*Biédnye ródstvenniki*, 1994), e na novela *Sônietchka*, enfrenta o desafio de trazer à superfície material reprimido, em público e em privado".[24]

Para Ulítskaia, "a família — particularmente as fortes conexões de sua variante oriental ou judaica — é uma forma poderosa de memória".[25] A autora estreou na literatura com uma coletânea de relatos autobiográficos chamada *Infância 49*, e a vida das crianças no pós-guerra, sob o stalinismo, é constante em sua produção, tanto no ciclo de narrativas *Meninas* quanto no projeto de documentário intitulado *Após a Grande Vitória*, de 2012, no qual pedia a pessoas que eram crianças entre 1945 e 1953 que enviassem suas lembranças da época (a iniciativa virou o livro *Amanhã haverá felicidade*, de 2013).

Resgate de lembranças é a chave do trabalho de Svetlana Aleksiévitch (n. 1948), que parece reunir as três Rússias em sua biografia, pois nasceu na Ucrânia (a Pequena Rússia), reside na Bielorrússia (a Rússia Branca), de onde é cidadã, e escreve no idioma da Grande Rússia, o russo.

Svetlana venceu o Prêmio Nobel de Literatura em 2015 e veio no ano seguinte ao Brasil, onde teve nada menos de cinco livros lançados: *A guerra não tem rosto de mulher* e *As últimas testemunhas* (ambos de 1985, lidando com a Segunda Guerra Mundial); *Meninos de zinco* (1991, sobre a Guerra do Afeganistão), *Vozes de Tchernóbil* (1997, sobre o afamado acidente nuclear);

e *O fim do homem soviético* (2013, a respeito do fim da União Soviética). Cada um de seus livros "é dedicado a um trauma específico que definiu a história da União Soviética", criando "uma montagem de narrativas individuais do trauma". Na fronteira entre jornalismo e literatura, Aleksiévitch "preserva a dicotomia entre história pessoal ('pequeno') e ligada ao Estado ('grande'); ela crê que os sofrimentos humanos determinam a grandeza histórica de um determinado evento".[26] Após prorromper de supetão na arena internacional no século XIX, e descrever (e sofrer) as piores vicissitudes do século XX, a literatura russa ingressa no século XXI dando incontestável prova de vitalidade, ainda que sua função social tenha se modificado.

Em foco: O fim do centrismo literário

O estrangeiro — e, especialmente, aquele que sai do Brasil —, ao chegar à Rússia, tem a impressão de estar ingressando em um país no qual a literatura é protagonista. Além de visitar as residências de seus autores favoritos, convertidas em museus, ele pode limpar os óculos com flanelas de Tolstói, degustar chocolates com a efígie de Akhmátova, ir a restaurantes chamados Gógol ou Pietchórin, embriagar-se com vodca de rótulo Oniéguin, tomar chá com caricatura de Turguêniev, pegar um metrô na estação Maiakóvski, embarcar em um aeroporto batizado Púchkin. Contudo, a percepção dos russos sobre o papel das letras em seu país é bem outra.

Os números de circulação de uma "revista grossa" como a *Ogoniók* (Fagulha) parecem ilustrar a ascensão e queda do interesse por assuntos literários nas últimas décadas. Em 1987, tinha 561 415 assinantes; na euforia da glásnost, a tiragem foi para 1 313 349 (1988), saltando para o inacreditável número de 3 082 811. Em 1994, contudo, refluíra para 123 200 assinantes.[27] Hoje, encontra-se em torno de 80 mil exemplares.

Em entrevista à *Folha de S.Paulo*, em 2016, Ievguêni Dobrenko estabeleceu uma relação entre o afrouxamento do controle estatal sobre a produção literária russa e o deslocamento da importância desta na vida cultural do país. Se a literatura russa sempre fora percebida como mais do que "apenas literatura", e única tribuna social, agora não é mais o caso: "A literatura na Rússia hoje é livre porque ninguém precisa dela. As funções de propaganda e luta política saíram da literatura para outras mídias: TV, internet etc.".[28] É uma declaração que parece próxima da análise de Maria Zambalani:

> A mudança no status da literatura, o fim do centrismo literário na cultura russa, e a perda de poder da literatura como detentora da Palavra; todas essas mudanças fazem a literatura menos temível para o Estado, que pode frequentemente, assim, ignorar o processo literário. Contudo, o campo da informação ainda é pesadamente condicionado pelo poder político. Assim, na era Pútin, o preço que o escritor tem que pagar por uma autonomia aparente é viver o mais distante possível do campo do poder, curvando-se cada vez mais ao poder do mercado.[29]

Transformados de profetas em mercadorias, os escritores russos estão tendo que se reinventar.

Notas

Introdução [pp. 7-14]

1. Apud Bruno Barretto Gomide, *Dostoiévski na rua do Ouvidor: A literatura russa e o Estado Novo*. São Paulo: Edusp; Fapesp, 2018, p. 29.
2. Apud Olivier Compagnon, "Como era belicoso o meu francês: As elites intelectuais brasileiras e a França no contexto da Primeira Guerra Mundial". In: Anaïs Fléchet, Olivier Compagnon e Sílvia Capanema P. de Almeida (Orgs.), *Como era fabuloso o meu francês!: Imagens e imaginários da França no Brasil (séculos XIX-XX)*. Rio de Janeiro: Fundação Casa de Rui Barbosa; 7 Letras, 2017.
3. Bruno Barretto Gomide, *Da estepe à caatinga: O romance russo no Brasil (1887-1936)*. São Paulo: Edusp, 2011, p. 17.
4. Gomide conta que "décadas de demonização do Império Russo foram substituídas por olhos mais doces depois que a França foi esmagada no campo de batalha pela Prússia" (Ibid., p. 43).
5. Tais "febres" acometiam não apenas os adultos, como os leitores do futuro. Segundo Gomide, "a revista infantil *O Tico-Tico*, imensamente popular no país na primeira metade do século XX, tem dezenas de menções a Tolstói em forma de contos, anúncios de livros e máximas em seções como 'Gavetinha do Saber'" (Bruno Barretto Gomide, *Dostoiévski na rua do Ouvidor*, op. cit., p. 199).
6. Ibid., pp. 55-6.
7. Ibid., p. 44.
8. Ibid., pp. 89-90.
9. Erich Auerbach, *Mimesis*. São Paulo: Perspectiva, 2002, pp. 468-9.
10. Vissarion Bielínski, "Pensamentos e observações sobre a literatura russa". In: Bruno Barretto Gomide, *Antologia do pensamento crítico russo (1802-1901)*. São Paulo: Ed. 34, 2013, p. 115.
11. Tatiana Tolstáia, *Pushkin's Children*. Boston; Nova York: Houghton Mifflin, 2003, pp. 80-1.
12. Vissarion Bielínski, op. cit., p. 122.

13. Roman Jakobson, *A geração que esbanjou seus poetas*. Trad. de Sonia Regina Martins Gonçalves. São Paulo: Cosac Naify, 2006, p. 47.
14. Joseph Brodsky, *A musa em exílio*. Trad. de Diogo Rosas. Belo Horizonte; Veneza: Âyiné, 2018, p. 404.
15. Boris Schnaiderman, *Tradução, ato desmedido*. São Paulo: Perspectiva, 2011, p. 28.
16. Bruno Barretto Gomide, *Da estepe à caatinga*, op. cit., p. 118.
17. Ibid., p. 121.
18. Denise Bottmann, "Georges Selzoff, uma crônica". *Tradução em Revista*, Rio de Janeiro, PUC, n. 14, 2013/1, p. 208.

1. Séculos de formação [pp. 15-28]

1. Nikolai Karamzin, "Prefácio à *História do Estado Russo*". In: Bruno Barretto Gomide, *Antologia do pensamento crítico russo*, op. cit., p. 44.
2. O escritor calculava que "o que há de reconhecidamente melhor na ficção e na poesia russas produzidas desde o começo do século passado monta a cerca de 23 mil páginas em caracteres normais" (Vladímir Nabókov, *Lições de literatura russa*. Trad. de Jorio Dauster. São Paulo: Três Estrelas, 2014, p. 25).
3. Apud Bruno Barretto Gomide, *Da estepe à caatinga*, op. cit., p. 168.
4. Lucas R. Simone, *Recontar o tempo: Apresentação e tradução da narrativa dos anos passados*. São Paulo, FFLCH-USP, 2019, pp. 76-7. Tese (Doutorado).
5. Ibid., p. 127.
6. Aleksei Khomiakov, "Algumas palavras sobre a 'Carta filosófica'. In: Bruno Barretto Gomide, *Antologia do pensamento crítico russo*, op. cit., p. 94.
7. Aleksandr Púchkin, "Da insignificância da literatura russa". In: Bruno Barretto Gomide, *Antologia do pensamento crítico russo*, op. cit., pp. 49-50.
8. James H. Billington, *The Icon and the Axe: An Interpretative History of Russian Culture*. Nova York: Vintage, 1970, pp. 53, 55.
9. *Príncipe Ígor ou O canto da campanha de Ígor*. Trad. de Maria Aparecida B. P. Soares. Rio de Janeiro: Francisco Alves, 2000.
10. Andrew Kahn et al., *A History of Russian Literature*. Oxford: Oxford University Press, 2018, p. 48.
11. James H. Billington, op. cit., pp. 95, 681.
12. Andrew Kahn et al., op. cit., p. 142.
13. James H. Billington, op. cit., p. 146.
14. Andrew Kahn et al., op. cit., p. 148.
15. Aleksandr Púchkin, op. cit., p. 50.
16. Ibid., pp. 50-1.

17. A gramática de Smotrítski, bem como outras que circularam anteriormente, referia-se não ao russo, mas ao idioma eslavo antigo, que era a língua literária anterior a Pedro, o Grande. Esse tema será mais bem explicado na seção "Em foco".

18. Rafael Coelho Nogueira Frate, *Mikhail Vassílievitch Lomonóssov: Uma apresentação*. São Paulo, FFLCH-USP, 2016, pp. 9-10. Dissertação (Mestrado).

19. "Os anos iniciais do reinado de Catarina foram talvez os mais decisivos de todos, pois a nova soberana praticamente mandou o público literário considerar um novo espectro de problemas — problemas que iam da política à arquitetura e à agricultura. Se o número de livros impressos anualmente no Império russo aumentara de sete, no ano após a morte de Pedro, o Grande, para 23 no final da década de 1750, a média, nos anos 1760, saltou para 105 por ano: o primeiro de uma série de aumentos geométricos. Enquanto quase todos os poucos livros impressos na primeira metade do século XVIII eram religiosos, 40% dos 8 mil livros impressos na segunda metade do século (quase todos durante o reinado de Catarina) eram puramente seculares. O número de livros novos postos em circulação na Rússia nas décadas de 1760 e 1770 era mais de sete vezes maior do que o número das décadas de 1740 e 1750" (James H. Billington, op. cit., p. 214).

20. Ibid., pp. 218, 220-1.

21. Ibid., p. 223.

22. Aurora Fornoni Bernardini, *Aulas de literatura russa: De Púchkin a Gorenstein*. São Paulo: Kalinka, 2018, pp. 23-4.

23. D. S. Mirsky, *A History of Russial Literature: From its Beginnings to 1900*. Nova York: Vintage, 1958, p. 49.

24. Joseph Brodsky, *A musa em exílio*, op. cit., p. 105.

25. Vale lembrar que as primeiras obras da Antiguidade clássica traduzidas para o russo no século XVIII foram as fábulas de Esopo (James H. Billington, op. cit., p. 189).

26. Vissarion Bielínski, op. cit., p. 124.

27. James H. Billington, op. cit., pp. 236-7.

28. "Mundo encantado! Lá brilhara/ Outrora o satirista mor,/ Fonvízin, alma libertária" (Aleksandr Púchkin, *Eugênio Onêguin*. Trad. de Alípio Correia de Franca Neto e Elena Vássina. Cotia: Ateliê, 2019, p. 35).

29. Vissarion Bielínski, op. cit., p. 132.

30. James H. Billington, op. cit., p. 235.

31. Vissarion Bielínski, op. cit., p. 132.

32. James H. Billington, op. cit., p. 260.

33. Lucas R. Simone, op. cit., p. 323.

34. Ibid., p. 324.

35. Ibid., pp. 324-5.

36. Ibid., p. 325.
37. D. S. Mirsky, op. cit., p. 34.

2. Púchkin e Gógol [pp. 29-50]

1. Nikolai Gógol, "Algumas palavras sobre Púchkin". In: Bruno Barretto Gomide, *Antologia do pensamento crítico russo*, op. cit., p. 59.
2. Nikolai Karamzin, "Do amor à pátria e do orgulho nacional". In: Bruno Barretto Gomide, *Antologia do pensamento crítico russo*, op. cit., pp. 33-4.
3. Aleksandr Púchkin, *A dama de espadas: Prosa e poemas*. Trad. de Boris Schnaiderman e Nelson Ascher. São Paulo: Ed. 34, 1999, p. 7.
4. Aurora Fornoni Bernardini, op. cit., p. 25.
5. Georges Nivat, *Les Trois Âges russes*. Paris: Fayard, 2015, p. 16.
6. Pável Ánnenkov, "Sobre o significado das obras de arte para a sociedade". In: Bruno Barretto Gomide, *Antologia do pensamento crítico russo*, op. cit., p. 252.
7. Boris Pasternak, *Doutor Jivago*. Trad. de Sônia Branco e Aurora Fornoni Bernardini. São Paulo: Companhia das Letras, 2017, p. 314.
8. Yulia Mikaelyan, *Serguei Dovlátov: Texto de cultura na literatura russa contemporânea*. São Paulo, FFLCH-USP, 2016, pp. 111-2. Tese (Doutorado).
9. Georges Nivat, op. cit., p. 10.
10. Nikolai Gógol, op. cit., p. 62.
11. Roman Jakobson, "Notas à margem da lírica de Púchkin", *Caderno de literatura e cultura russa 1: Dossiê Púchkin*, São Paulo: Ateliê, 2004, pp. 41-4.
12. Haroldo de Campos, "Púchkin: A poesia da gramática", *Caderno de literatura e cultura russa 1: Dossiê Púchkin*, op. cit., pp. 62, 65.
13. Sobre a monumental estátua de Púchkin que se destaca em Moscou, Tsvetáieva escreveu, em *O meu Púchkin*: "Ideia maravilhosa — colocar um gigante no meio das crianças. Um gigante negro — no meio de crianças brancas. Ideia maravilhosa — consagrar crianças brancas ao parentesco negro". E, mais adiante: "O monumento de Púchkin é uma prova viva de que a teoria racista não passa de infâmia e morte, é uma prova viva de que só o seu contrário é verdadeiro. Púchkin é o fato que derruba a teoria. O racismo antes de se manifestar é derrubado por Púchkin no momento exato do seu próprio nascimento". Ver Paula Vaz Costa de Almeida, *O meu Púchkin de Marina Tsvetáieva: Tradução e apresentação*. São Paulo, FFLCH-USP, 2008, p. 54. Dissertação (Mestrado).
14. "Reminiscências e materiais biográficos sobre Púchkin", *Caderno de literatura e cultura russa 1: Dossiê Púchkin*, op. cit., p. 143.
15. Ibid., p. 169.
16. Roman Jakobson, "Notas à margem do Evguêni Oniéguin", op. cit., p. 54.

17. Fiódor Dostoiévski, "Púchkin". In: Bruno Barretto Gomide, *Antologia do pensamento crítico russo*, op. cit., p. 416.

18. Ibid., p. 412.

19. Roman Jakobson, "Notas à margem do Evguêni Oniéguin", op. cit., p. 51.

20. Georges Nivat, op. cit., p. 44.

21. Joseph Brodsky, *Menos que um*. Trad. de Sergio Flaksman. São Paulo: Companhia das Letras, 1994, p. 91.

22. George Steiner, *Tolstói ou Dostoiévski: Um ensaio sobre o velho criticismo*. Trad. de Isa Kopelman. São Paulo: Perspectiva, 2006, p. 23.

23. Fiódor Dostoiévski, "Púchkin", op. cit., p. 423.

24. Joseph Brodsky, *A musa em exílio*, op. cit., p. 195.

25. Roman Jakobson, *A geração que esbanjou seus poetas*, op. cit., p. 47.

26. Apud Boris Schnaiderman, *Os escombros e o mito: A cultura e o fim da União Soviética*. São Paulo: Companhia das Letras, 1997, pp. 253-4.

27. Polyana de Almeida Ramos, *Gorie ot umá, de Aleksandr Griboiédov: Tradução e aproximações*. São Paulo, FFLCH-USP, 2010, p. 19. Dissertação (Mestrado).

28. Irving Howe, *A política e o romance*. Trad. de Margarida Goldsztajn. São Paulo: Perspectiva, 1998, pp. 83-4.

29. D. S. Mirsky, op. cit., p. 164.

30. Aleksandr Herzen, "Literatura e pensamento social depois do 14 de dezembro de 1825". In: Bruno Barretto Gomide, *Antologia do pensamento crítico russo*, op. cit., pp. 179-80.

31. Apud Roman Jakobson, *A geração que esbanjou seus poetas*, op. cit., p. 48.

32. Apud Renata Esteves, *Vissariôn G. Belínski: Uma apresentação*. São Paulo, FFLCH-USP, 2011, p. 102. Dissertação (Mestrado).

33. Anton P. Tchékhov, *Cartas a Suvórin*. Trad. de Aurora Fornoni Bernardini. São Paulo: Edusp, 2002, p. 200.

34. George Steiner, op. cit., p. 24.

35. Aleksandr Herzen, op. cit., p. 183.

36. James H. Billington, op. cit., p. 338.

37. D. S. Mirsky, op. cit., p. 161.

38. Vissarion Bielínski, "Carta a Nikolai Vassílievitch Gógol". In: Bruno Barretto Gomide, *Antologia do pensamento crítico russo*, op. cit., pp. 150, 156-7.

39. Andrew Khan et al., op. cit., p. 380.

40. Vladímir Nabókov, *Lições de literatura russa*, op. cit., p. 31.

41. Ibid., pp. 91, 94.

42. Konstantin Aksákov, "Algumas palavras sobre o poema de Gógol *As aventuras de Tchítchikov* ou *Almas mortas*". In: Bruno Barretto Gomide, *Antologia do pensamento crítico russo*, op. cit., p. 107.

43. Vladímir Nabókov, *Lições de literatura russa*, op. cit., p. 98.

44. Boris Eikhenbaum, *O proze. O poesii*. Leningrado: Khudójestvennaia literatura, 1986, pp. 46-53.
45. Apud Krystyna Pomorska, *Formalismo e futurismo*. Trad. de Sebastião Uchoa Leite. São Paulo: Perspectiva, 2010, pp. 44-6.
46. Georges Nivat, op. cit., p. 63.
47. Para Nabókov, variegada era a própria paleta de Gógol: "antes da chegada dele e de Púchkin, a literatura russa era míope. As formas que ela enxergava eram um contorno dirigido pela razão: não via a cor como tal, mas apenas usava as combinações rotineiras em que um adjetivo canino segue o substantivo cego, tal como a Europa herdara dos clássicos. O céu era azul, a aurora vermelha, a folhagem verde, os olhos da beleza negros, as nuvens cinzentas, e assim por diante. Foi Gógol (e depois dele Liérmontov e Tolstói) que pela primeira vez viu o amarelo e o violeta. Que o céu podia ser de um verde pálido ao amanhecer ou a neve de um rico azul num dia claro teria soado como uma tolice herética para o assim chamado 'escritor clássico', acostumado aos esquemas cromáticos rapidamente convencionais da escola francesa de literatura do século XVIII" (Vladímir Nabókov, *Lições de literatura russa*, op. cit., p. 53).
48. Georges Nivat, op. cit., p. 17.
49. Serguei Dovlátov, *Parque cultural*. Trad. de Yulia Mikaelyan. São Paulo: Kalinka, 2016, p. 25.

3. Tolstói e Dostoiévski [pp. 51-88]

1. George Steiner, op. cit., p. 5.
2. Joseph Frank, *Dostoiévski: O manto do profeta, 1871-1881*. Trad. de Geraldo Gerson de Souza. São Paulo: Edusp, 2018, p. 485.
3. Id., *Dostoiévski: Os anos de provação, 1850-1859*. Trad. de Vera Pereira. São Paulo: Edusp, 2008, p. 326.
4. Id., *Dostoiévski: O manto do profeta*, op. cit., p. 182.
5. Máximo Górki, *Três russos e como me tornei um escritor*. São Paulo: Martins, 2006, pp. 15-6, 44.
6. Apud Joseph Frank, *Dostoiévski: O manto do profeta*, op. cit., p. 698.
7. Ibid., p. 704.
8. George Steiner, op. cit., p. 9.
9. Ibid., pp. 5-6.
10. Ibid., p. 237.
11. Ibid., p. 178.
12. Joseph Brodsky, *Menos que um*, op. cit., p. III.
13. Aurora Fornoni Bernardini, op. cit., pp. 141-2.
14. Vladímir Nabókov, *Lições de literatura russa*, op. cit., p. 189.

15. Pável Bassínski, *Tolstói: a fuga do paraíso*. Trad. de Klara Guriánova. São Paulo: LeYa, 2013.
16. Apud Aurora Fornoni Bernardini, op. cit., p. 150.
17. George Steiner, op. cit., p. 179.
18. Máximo Górki, op. cit., p. 46.
19. Georges Nivat, op. cit., p. 18.
20. Ibid., p. 97.
21. D. S. Mirsky, op. cit., p. 270.
22. Viktor Chklóvski, *Viagem sentimental*. Trad. de Cecília Rosas. São Paulo: Ed. 34, 2018, p. 92.
23. Andrew Kahn et al., op. cit., p. 500.
24. Georges Nivat, op. cit., p. 97.
25. Máximo Górki, op. cit., p. 39.
26. Thomas Mann, *O escritor e sua missão: Goethe, Dostoiévski, Ibsen e outros*. Trad. de Kristina Michahelles. Rio de Janeiro: Zahar, 2011, pp. 32-3.
27. George Steiner, op. cit., pp. 56-7.
28. Alexander Genis, "*Voiná i mir* v XXI veke". Disponível em: <https://magazines.gorky.media/october/2003/9/vojna-i-mir-v-xxi-veke.html>. Acesso em: 3 fev. 2021.
29. George Steiner, op. cit., p. 82.
30. Thomas Mann, "Tolstói no centenário de seu nascimento". In: *O escritor e sua missão*, op. cit., p. 36.
31. Vladímir Nabókov, *Lições de literatura russa*, op. cit., p. 199.
32. Apud Viktória Górnaia, *Mir tchitáiet "Annu Kariêninu"*. Moscou: Kniga, 1979, pp. 24, 45.
33. Vladímir Nabókov, *Lições de literatura russa*, op. cit., p. 235.
34. Para Hermann Broch, "o radicalismo de Tolstói não se contentou com uma compreensão artística do mito, e sim buscou, ao contrário do que aconteceu nos casos de Goethe e Beethoven, que apesar de sua grandiosidade humana eram em primeira linha artistas, uma totalidade mais elevada, que consistiu em nada menos do que na criação de uma teogonia completamente abstrata. Pois àquele estilo maduro que por fim se tornou próprio de Tolstói, se impôs um objetivo que se desviava do homérico e estava mais próximo do de Hesíodo e do de Sólon, já que culminou na fusão completa entre mito e arte: com um zelo que se parecia ao de Savonarola, Tolstói se esfalfou em busca de conhecimentos radical e definitivamente válidos, e por fim refutou consequentemente toda e qualquer arte para erigir sua própria totalidade de mundo ético" (Hermann Broch, "Mito e estilo maduro". In: *Espírito e espírito de época: Ensaios sobre a cultura da modernidade*. São Paulo: Benvirá, 2014, p. 118).

35. Liev Tolstói, *O que é a arte?*. Trad. de Yolanda Steidl de Toledo e Yun Jung Im. São Paulo: Experimento, 1994, pp. 133, 160.

36. Id., *Os últimos dias*. Trad. de Anastassia Bytsenko, Belkiss J. Rabello, Denise Regina de Sales, Graziela Schneider e Natalia Quintero. São Paulo: Penguin Classics Companhia das Letras, 2011, pp. 339-40.

37. Vladímir Nabókov, *Lições de literatura russa*, op. cit., p. 292.

38. Máximo Górki, op. cit., pp. 9, 3.

39. Carlos Drummond de Andrade, "Vinte livros na ilha deserta". *Folha da Manhã*, São Paulo, 8 out. 1942. In: Bruno Barretto Gomide, *Dostoiévski na rua do Ouvidor*, op. cit., 2018.

40. Bruno Barretto Gomide, *Dostoiévski na rua do Ouvidor*, op. cit., pp. 198, 316, 267, 272.

41. Boris Schnaiderman, *Turbilhão e semente: Ensaios sobre Dostoiévski e Bakhtin*. São Paulo: Duas Cidades, 1983.

42. Joseph Frank, *Dostoiévski: O manto do profeta*, op. cit., p. 26.

43. Id., *Dostoiévski: As sementes da revolta, 1821-1849*. Trad. de Vera Pereira. São Paulo: Edusp, 2018, p. 29.

44. Fiódor Dostoiévski, *Humilhados e ofendidos*. Trad. de Fátima Bianchi. São Paulo: Ed. 34, 2018, p. 313.

45. Joseph Frank, *Dostoiévski: As sementes da revolta*, op. cit., pp. 314, 8.

46. Id., *Dostoiévski: Os anos de provação*, op. cit., p. 27.

47. Id., *Dostoiévski: As sementes da revolta*, op. cit., p. 308.

48. George Steiner, op. cit., p. 168.

49. Apud Joseph Frank, *Dostoiévski: Os anos milagrosos, 1865-1871*. Trad. de Geraldo Gerson de Souza. São Paulo: Edusp, 2013, p. 81.

50. D. S. Mirsky, op. cit., pp. 286-7.

51. George Steiner, op. cit., p. 113.

52. Máximo Górki, op. cit., p. 169.

53. Irving Howe, op. cit., p. 52.

54. Mikhail Bakhtin, *Problemas da poética de Dostoiévski*. 5. ed. Trad. de Paulo Bezerra. Rio de Janeiro: Forense Universitária, 2013, pp. 4, 34, 5, 36, 47, 31.

55. Joseph Frank, *Dostoiévski: As sementes da revolta*, op. cit., pp. 160-2.

56. Thomas Mann, op. cit., pp. 127-8.

57. Serguei Belov, *Dostoiévski: Entsiklopédia*. Moscou: Prosveschenie, 2010, pp. 119-27.

58. Joseph Frank, *Dostoiévski: Os anos de provação*, op. cit., p. 229.

59. George Steiner, op. cit., p. 214.

60. Joseph Frank, *Dostoiévski: O manto do profeta*, op. cit., p. 67.

61. Apud Joseph Frank, "Aproximações ao *Diário de um escritor*". In: Joseph Frank, *Pelo prisma russo: Ensaios sobre literatura e cultura*. São Paulo: Edusp, 1992.

62. Joseph Frank, *Dostoiévski: O manto do profeta*, op. cit., pp. 884, 477, 174, 929.
63. Fiódor Dostoiévski, *Diário de um escritor*. Trad. de Irineu Franco Perpetuo. São Paulo: Hedra, 2015, p. 167.
64. Aurora Fornoni Bernardini, op. cit., pp. 92, 123.
65. Nikolai Mikhailóvski, "Um talento cruel". In: Bruno Barretto Gomide, *Antologia do pensamento crítico russo*, op. cit., pp. 454, 475.
66. Anton P. Tchékhov, op. cit., p. 182.
67. Vladímir Nabókov, *Lições de literatura russa*, op. cit., pp. 141-2.
68. Nikolai Mikhailóvski, op. cit., p. 494.
69. Joseph Frank, *Dostoiévski: O manto do profeta*, op. cit., p. 71.
70. Joseph Brodsky, *Menos que um*, op. cit., pp. 111-2.
71. Apud Joseph Frank, *Dostoiévski: As sementes da revolta*, op. cit., p. 272.
72. Thomas Mann, *O escritor e sua missão*, op. cit., p. 117.
73. Joseph Frank, *Dostoiévski: O manto do profeta*, op. cit., p. 911.
74. George Steiner, op. cit., pp. 146, 68.
75. Andrew Kahn et al., op. cit., p. 444.
76. Henry James, *The Portable Henry James*. Penguin, 1979, p. 451.
77. Georges Nivat, op. cit., p. 25.
78. Ivan Turguêniev, *Memórias de um caçador*. Trad. de Irineu Franco Perpetuo. São Paulo: Ed. 34, 2013, p. 479.
79. Andrew Kahn et al., op. cit., p. 444.
80. Orlando Figes, *Uma história cultural da Rússia*. Rio de Janeiro: Record, 2017, p. 334.
81. Vladímir Maiakóvski, *Poemas*. Trad. de Augusto de Campos et al. São Paulo: Perspectiva, 2017, p. 30.
82. Liev Trotsky, *Literatura e revolução*. Trad. de Luiz Alberto Moniz Bandeira. Rio de Janeiro: Jorge Zahar, 2007, pp. 199-200.
83. George Steiner, op. cit., p. 24.
84. Helena Nazário, "Humor e irreverência na prosa de Púchkin". In: *Caderno de literatura e cultura russa 1: Dossiê Púchkin*, op. cit., p. 80.
85. Thomas Mann, op. cit., p. 183.
86. Fiódor Dostoiévski, *Memórias do subsolo*. Trad. de Irineu Franco Perpetuo. São Paulo: Mediafashion, 2016.

4. Pais supérfluos, filhos niilistas [pp. 89-110]

1. George Steiner, op. cit., p. 29.
2. Edmund Wilson, *Rumo à estação Finlândia*. Trad. de Paulo Henriques Britto. São Paulo: Companhia das Letras, 1986, p. 254.
3. Aleksandr Herzen, op. cit., p. 168.

4. Ibid., p. 168.
5. James H. Billington, op. cit., pp. 378-9.
6. Aleksandr Herzen, op. cit., p. 172.
7. James H. Billington, op. cit., pp. 330, 329.
8. Isaiah Berlin, *Pensadores rusos*. México: Fondo de Cultura Económica, 1992, p. 351.
9. James H. Billington, op. cit., p. 324.
10. Isaiah Berlin, *Pensadores rusos*, op. cit., pp. 355-6.
11. Joseph Frank, *Dostoiévski: Os efeitos da Libertação, 1860-1865*. Trad. de Geraldo Gerson de Souza. São Paulo: Edusp, 2013, p. 273.
12. Isaiah Berlin, op. cit., p. 390.
13. Óssip Mandelstam, *O rumor do tempo e Viagem à Armênia*. Trad. de Paulo Bezerra. São Paulo: Ed. 34, 2000, p. 94.
14. Vissarion Bielínski, op. cit., p. 131.
15. Gueórgui Plekhánov, "V. F. Bielínski". In: Bruno Barretto Gomide, *Antologia do pensamento crítico russo*, op. cit., pp. 584, 553.
16. Isaiah Berlin, *Pensadores rusos*, op. cit., pp. 488-9.
17. Ibid.
18. Apud Ivan Turguêniev, *Memórias de um caçador*, op. cit., p. 471.
19. Leonard Shapiro, *Turgenev, His Life and Times*. Cambridge Mass.: Harvard University Press, 1982, p. 43.
20. Joseph Frank observa que, "na verdade, como Mikhail Saltykov-Schedrin escreveu em celebrado ensaio, os escritores russos da geração de 1840 viviam na Rússia apenas fisicamente. Espiritualmente viviam na França — a França de Saint-Simon, Cabet, Fourier, Louis Blanc, e particularmente de George Sand. De lá chegava até nós a crença no gênero humano; de lá irrompia sobre nós a certeza de que 'a idade de ouro' estava não atrás, mas à frente de nós" (Joseph Frank, *Dostoiévski: O manto do profeta*, op. cit., p. 423).
21. Henry James, op. cit., p. 453.
22. Ivan Turguêniev, *Pais e filhos*. Trad. de Rubens Figueiredo. São Paulo: Cosac Naify, 2015, p. 329.
23. Isaiah Berlin, *Pensadores rusos*, op. cit., pp. 483, 499.
24. Irving Howe, op. cit., p. 86.
25. Ibid., p. 94.
26. Isaiah Berlin, *Pensadores rusos*, op. cit., p. 500.
27. Ivan Turguêniev, *Pais e filhos*, op. cit.
28. Irving Howe, op. cit., pp. 95-6.
29. Ibid., p. 97.
30. Apud Joseph Frank, *Dostoiévski: Os anos milagrosos*, op. cit., p. 387.
31. Apud Ivan Gontcharóv, *Oblómov*. Trad. de Rubens Figueiredo. São Paulo: Cosac Naify, 2012, p. 733.

32. Vladímir Soloviov, "Três discursos em memória de Dostoiévski". In: Bruno Barretto Gomide, *Antologia do pensamento crítico russo*, op. cit., p. 516.

33. Nikolai Dobroliúbov, "O que é o oblomovismo?". In: Bruno Barretto Gomide, *Antologia do pensamento crítico russo*, op. cit., pp. 325-6.

34. Para Howe, "em *O diário de um homem supérfluo*, a sensação de ser indesejado é um enigma psicológico, um fato da existência que não pode ser reduzido a outros termos. Nos romances, adquire uma dimensão social: os heróis de Turguêniev definem sua humilhação em função de sua esperança. Nunca até o surgimento de Kafka um escritor descreveu tão fielmente o sentimento de ser indesejado, de ser extremamente insignificante ou sem valor para qualquer criatura viva, e em Kafka isso se torna novamente o que era em *O diário de um homem supérfluo*, a própria condição da existência" (Irving Howe, op. cit., p. 90).

35. Nikolai Dobroliúbov, op. cit., p. 307.

36. Joseph Frank, *Dostoiévski: Os anos milagrosos*, op. cit., p. 562.

37. Andrew Kahn et al., p. 455.

38. Anton P. Tchékhov, op. cit., p. 160.

39. Gueórgui Plekhánov, op. cit., p. 555.

40. Joseph Frank, *Dostoiévski: Os efeitos da libertação*, op. cit., pp. 29-30.

41. Ibid., p. 393.

42. Ibid., pp. 394-5.

43. Id., *Dostoiévski: O manto do profeta*, op. cit., p. 89.

44. Krystyna Pomorska, op. cit., p. 75.

45. Boris Pasternak, op. cit., p. 315.

46. Apud Joseph Frank, *Dostoiévski: O manto do profeta*, op. cit., p. 648.

47. Apud Boris Schnaiderman et al., *Poesia russa moderna*. São Paulo: Perspectiva, 2001, p. 19.

48. Georges Nivat, op. cit., p. 65.

49. Walter Benjamin, *Magia e técnica, arte e política: Ensaios sobre literatura e história da cultura. Obras escolhidas*, 3. ed. Trad. de Sergio Paulo Rouanet. São Paulo: Brasiliense, 1987, v. I., p. 203

50. In: Nikolai Leskov, *Homens interessantes e outras histórias*. Trad., posf. e notas de Noé Oliveira Policarpo Polli. São Paulo: Ed. 34, 2012, p. 279.

51. Apud Máximo Górki, op. cit., p. 44.

52. D. S. Mirsky, op. cit., pp. 325-6.

53. Boris Eikhenbaum, op. cit., pp. 242, 253, 250.

54. In: Nikolai Leskov, op. cit., pp. 314-5.

55. Jacó Guinsburg, *Stanislávski, Meyerhold e cia*. São Paulo: Perspectiva, 2001, p. 288.

56. Pável Ánnenkov, op. cit., pp. 247-8.

57. Piotr Tchaadáiev, "Primeira carta filosófica". In: Bruno Barretto Gomide, *Antologia do pensamento crítico russo*, op. cit., p. 76.

58. Aleksei Khomiakov, op. cit., p. 90.
59. Andrew Kahn et al., op. cit., p. 512.
60. Irving Howe, op. cit., p. 35.
61. Bruno Barretto Gomide, *Antologia do pensamento crítico russo*, op. cit., p. 87.

5. Do poeta do vazio ao primeiro Nobel [pp. 111-33]

1. Vladímir Nabókov, *Lições de literatura russa*, op. cit., p. 313.
2. Boris Eikhenbaum, op. cit., p. 224.
3. Isaiah Berlin, op. cit., pp. 391-2.
4. Joseph Frank, *Dostoiévski: O manto do profeta*, op. cit., p. 118.
5. Thomas Mann, op. cit., pp. 173, 200.
6. Vladímir Nabókov, *Lições de literatura russa*, op. cit., pp. 306, 312-3.
7. Anton P. Tchékhov, op. cit., pp. 43-4.
8. Ibid., p. 61.
9. Thomas Mann, op. cit., p. 184.
10. Expressão corrente baseada numa fábula de Ivan Krylov, significando algo que foi feito e refeito, mas não saiu perfeito. [Nota da edição original]
11. Anton P. Tchékhov, op. cit., pp. 92-3.
12. Hermann Broch, "A arte e seu des-estilo no final do século XIX". In: *Espírito e espírito de época*, op. cit., pp. 152-3.
13. Anton P. Tchékhov, op. cit., p. 296.
14. Ibid., p. 52.
15. Boris Schnaiderman, *A poética de Maiakóvski*. São Paulo: Perspectiva, 1984, pp. 146, 145.
16. Máximo Górki, op. cit., p. 91.
17. Anton P. Tchékhov, op. cit., p. 75.
18. Rodrigo Alves do Nascimento, *Tchékhov e os palcos brasileiros*. São Paulo: Perspectiva; Fapesp, 2018, p. 22.
19. Anton P. Tchékhov, op. cit., p. 105.
20. Apud Elena Vássina e Aimir Labaki, *Stanislávski: Vida, obra e sistema*. Rio de Janeiro: Funarte, 2015, p. 33.
21. Vladímir Nabókov, *Lições de literatura russa*, op. cit., pp. 364-5.
22. Birgit Reumers, "Drama and Theatre". In: Evgeny Dobrenko e Marina Balina, *The Cambridge Companion to Twentieth-Century Russian Literature*. Cambridge: Cambridge University Press, 2011, p. 216.
23. Vassíli Tolmatchov, "O não visual no 'drama novo': Ibsen, Maeterlinck e Tchékhov". In: Arlete Cavaliere e Elena Vássina (Orgs.), *Teatro russo: literatura e espetáculo*. São Paulo: Ateliê, 2011, pp. 240-1.
24. Rodrigo Alves do Nascimento, op. cit., pp. 3-4.

25. No juízo de Tolstói, Korolenko "não é grão-russo, por isso deve ver a nossa vida com mais justeza e melhor do que nós mesmos" (Máximo Górki, op. cit., p. 51).
26. Aurora Fornoni Bernardini, op. cit., p. 184.
27. Vladímir Nabókov, *Lições de literatura russa*, op. cit., p. 361.
28. Boris Schnaiderman, *Encontros*. Rio de Janeiro: Beco do Azougue, 2010, p. 51.
29. Víktor Chklóvski, op. cit., p. 268.
30. Máximo Górki, op. cit., pp. 167, 178-9.
31. Maria Zambalani, "Literary Policies and Institutions". In: Evgeny Dobrenko; Marina Balina, *The Cambridge Companion to Twentieth-Century Russian Literature*, op. cit., p. 257.
32. Víktor Chklóvski, op. cit., pp. 267-70.
33. Dmítri Býkov, *100 liéktsi o rússkoi literatúrie XX veka*. Moscou: Eskmo, 2019, p. 32.
34. Bruno Barretto Gomide, *Dostoiévski na rua do Ouvidor*, op. cit., pp. 61-2.
35. Evgeny Dobrenko, op. cit., p. 103.
36. Dmítri Býkov, op. cit., p. 54.
37. Apud Máximo Górki, p. III.
38. Boris Schnaiderman, *Encontros*, op. cit., p. 44.
39. Máximo Górki, op. cit., p. 192.
40. Elena Vássina, "*Pequeno-burgueses* de Górki na leitura cênica de Gueórgui Tovstonógov". In: Arlete Cavaliere e Elena Vássina (Orgs.), *Teatro russo: literatura e espetáculo*, op. cit., pp. 343 e 345.
41. Birgit Reumers, op. cit., p. 217.
42. Boris Schnaiderman, *Tradução, ato desmedido*, op. cit., p. 41.
43. Andrew Kahn et al., op. cit., p. 646.
44. Máximo Górki, op. cit., p. 118.
45. Dmítri Býkov, op. cit., p. 15.
46. Máximo Górki, op. cit., p. 119.
47. Nikolai Bogomolov, "Prose between Symbolism and Realism". In: Evgeny Dobrenko e Marina Balina, *The Cambridge Companion to Twentieth-Century Russian Literature*, op. cit., p. 36.
48. Aleksandr Kuprin, *O bracelete de granada e outros contos*. Trad. de Noé Silva. São Paulo: Globo, 2006, p. 231.
49. Ivan Búnin, *Contos escolhidos*. Trad. de Márcia Pileggi Vinha. Barueri: Amarilys, 2014, p. 13.
50. In: Varlam Chalámov, *Contos de Kolimá*. Trad. de Elena Vasilevich e Denise Sales. São Paulo: Ed. 34, 2015, p. 300.
51. Boris Schnaiderman, *Os escombros e o mito*, op. cit., p. 72.
52. Márcia Pileggi Vinha, *O fio do tempo: O universo de Ivan Búnin*. São Paulo, FFLCH-USP, 2007, pp. 189-90. Dissertação (Mestrado).
53. Nikolai Bogomolov, op. cit., p. 36.

54. Dmítri Býkov, op. cit., p. 123.
55. Andrew Kahn et al., op. cit., p. 441.
56. Bruno Barretto Gomide, *Antologia do pensamento crítico russo*, op. cit., pp. 10-1.
57. Georges Nivat, op. cit., p. 19.
58. James H. Billington, op. cit., p. 388.
59. Irving Howe, op. cit., pp. 33-4.
60. Solomon Vólkov, *São Petersburgo: Uma história cultural*. Trad. de Marcos Aarão Reis. Rio de Janeiro: Record, 1997, p. 168.
61. Boris Pilniak, *O ano nu*. Trad. de Lucas Simone. São Paulo: Ed. 34, 2017, p. 91.
62. Andrew Kahn et al., op. cit., pp. 739-40.

6. A era de prata e as vanguardas [pp. 134-60]

1. Apud Georges Nivat, op. cit., p. 16.
2. Maria Zambalani, op. cit., p. 253.
3. Boris Gasparov, "Poetry of the Silver Age". In: Evgeny Dobrenko e Marina Balina, *The Cambridge Companion to Twentieth-Century Russian Literature*, op. cit., p. 1.
4. Ibid., p. 7.
5. Apud Nikolai Bogomolov, op. cit., p. 21.
6. Solomon Vólkov, op. cit., pp. 175-6.
7. Krystyna Pomorska, op. cit., pp. 74, 76-8.
8. Nikolai Bogomolov, op. cit., p. 21.
9. Andrew Kahn et al., op. cit., p. 653.
10. Georges Nivat, op. cit., p. 116.
11. Solomon Vólkov, op. cit., pp. 231-3.
12. Krystyna Pomorska, op. cit., p. 97.
13. Ibid., p. 76.
14. Ibid., pp. 84-5.
15. Solomon Vólkov, op. cit., pp. 197, 177-8.
16. Boris Schnaiderman et al., *Poesia russa moderna*, op. cit., p. 29.
17. Roman Jakobson, *A geração que esbanjou seus poetas*, op. cit., p. 12.
18. Georges Nivat, op. cit., p. 172.
19. Boris Schnaiderman, *Os escombros e o mito*, op. cit., p. 132.
20. Boris Gasparov, op. cit., pp. 9-10.
21. Krystyna Pomorska, op. cit., p. 71.
22. Solomon Vólkov, op. cit., p. 206.
23. Segundo Pomorska, "Nikolai Gumiliov (1886-1921), tendo abandonado muito cedo o estilo rococó, desenvolve motivos nietzschianos, sobretudo sua ideia principal do super-homem, através de imagens adequadas

de criaturas anfíbias e diversos outros seres exóticos antediluvianos, que simbolizam a ousadia e a invulnerabilidade" (Krystyna Pomorska, op. cit., pp. 60-1).

24. Joseph Brodsky, *Menos que um*, op. cit., pp. 34-5.

25. Georges Nivat, op. cit., pp. 47-8.

26. Joseph Brodsky, *Menos que um*, op. cit., p. 44.

27. Boris Schnaiderman conta que, "em agosto de 1946, as revistas de Leningrado *Zviezdá* (A Estrela) e *Leningrad* foram censuradas publicamente pelo Comitê Central do Partido, divulgando-se ao mesmo tempo um informe de A. Jdánov que se tornaria famoso, no qual há formulações brutais contra toda obra de arte que se afastasse das normas de um otimismo patrioteiro e simplificado. No referido informe, fazia-se carga sobretudo contra Mikhail Zóschenko e Anna Akhmátova. O grande ficcionista era definido simplesmente como *hooligan* e a grande poeta, apresentada como meio freira e meio prostituta. A baixeza e brutalidade desses ataques dariam o tom a tudo que se seguiu" (Boris Schnaiderman, *Os escombros e o mito*, op. cit., p. 40).

28. Joseph Brodsky, *Menos que um*, op. cit., p. 45.

29. Óssip Mandelstam, op. cit., p. 14.

30. Boris Schnaiderman, *Os escombros e o mito*, op. cit., p. 129.

31. Para Brodsky, esses livros "não são tanto memórias e guias para as vidas de dois grandes poetas, por mais que tenha sido soberba a maneira como se desincumbiram dessas funções; seus livros elucidaram a consciência do país. Ou pelo menos da parte dele que conseguiu pôr as mãos num exemplar" (Joseph Brodsky, *Menos que um*, op. cit., p. 93).

32. Varlam Chalámov, *Contos de Kolimá*, op. cit., p. 110.

33. Krystyna Pomorska, op. cit., p. 64.

34. Joseph Brodsky, *Menos que um*, op. cit., pp. 79-80, 83.

35. Georges Nivat, op. cit., p. 170.

36. Boris Schnaiderman, *A poética de Maiakóvski*, op. cit., p. 114.

37. Ibid., p. 70.

38. Krystyna Pomorska, op. cit., pp. 73-4.

39. Yekaterina Andreyevna, *Kazimir Malevich: The Black Square*. São Petersburgo: Arca, 2019, pp. 5-8.

40. Boris Gasparov, op. cit., p. 15.

41. Boris Schnaiderman et al., *Poesia russa moderna*, op. cit., p. 42.

42. Ibid., pp. 40-1.

43. Krystyna Pomorska, op. cit., p. 113.

44. Ibid., pp. 51-2.

45. "É com o amor de sempre que penso em David. O amigo maravilhoso. Meu verdadeiro professor. Burliuk me fez poeta. Lia-me franceses e alemães. Empurrava-me livros. Ia caminhando e falava sem cessar. Não deixava

afastar-me nem um passo. Dava-me cinquenta copeques por dia. Para que escrevesse sem passar fome" (Vladímir Maiakóvski, op. cit., p. 67).

46. Krystyna Pomorska, op. cit., p. 106.

47. Em sua autobiografia, Maiakóvski escreve: "Sala de Reunião da Nobreza. Um concerto. Rachmáninov. A ilha dos mortos. Fugi da insuportável chatura melodizada. Instantes depois, também Burliuk. Soltamos gargalhada, um na cara do outro. Saímos para vadiar juntos. Conversa. Da chatura rachmaninoviana, passamos à da escola, e da escola a toda chatura clássica. Em David, havia a ira de um mestre que ultrapassara os contemporâneos, em mim — o patético de um socialista, que conhecia o inevitável da queda das velharias. Nascia o futurismo russo" (Vladímir Maiakóvski, op. cit., p. 66).

48. In: Vladímir Maiakóvski, op. cit., p. 32.

49. Roman Jakobson, *A geração que esbanjou seus poetas*, op. cit., p. 13.

50. "Eu nunca tivera um terno. Tinha duas blusas, de aspecto miserável. Método já experimentado: enfeitar-me com uma gravata. Não tinha dinheiro. Apanhei com minha irmã um pedaço de fita amarela. Amarrei. Fiz furor. Quer dizer: o mais aparente e bonito numa pessoa é a gravata. Logo: se você aumenta a gravata, também aumentará o furor. E visto que as dimensões das gravatas são limitadas, lancei mão de esperteza: fiz da gravata uma blusa e da blusa uma gravata. Uma impressão irresistível (Vladímir Maiakóvski, op. cit., p. 68).

51. Boris Schnaiderman, *A poética de Maiakóvski*, op. cit., p. 198.

52. Ibid., p. 120.

53. Boris Schnaiderman et al., *Poesia russa moderna*, op. cit., pp. 26-7.

54. Krystyna Pomorska, op. cit., p. 149.

55. Apud Boris Schnaiderman, *A poética de Maiakóvski*, op. cit., p. 199.

56. Apud Vladímir Maiakóvski, op. cit., p. 249.

57. Letícia Pedreira Mei, Sobre isto: *Síntese da poética de Maiakóvski*. São Paulo, FFLCH-USP, 2015, p. 131. Dissertação (Mestrado).

58. Roman Jakobson, *A geração que esbanjou seus poetas*, op. cit., pp. 25-6.

59. Boris Schnaiderman, *Os escombros e o mito*, op. cit., p. 124.

60. Roman Jakobson, *A geração que esbanjou seus poetas*, op. cit., p. 25.

61. Ibid., pp. 11-2.

62. Aurora Fornoni Bernardini, op. cit., p. 265.

63. Daniil Kharms, *Os sonhos teus vão acabar contigo*. Trad. de Aurora Fornoni Bernardini et al. São Paulo: Kalinka, 2013, pp. 175-7.

64. Andrew Kahn, "The Poetry of Dystopia and the Absurd". In: Evgeny Dobrenko e Marina Balina, *The Cambridge Companion to Twentieth-Century Russian Literature*, op. cit., p. 53.

65. Solomon Vólkov, op. cit.

66. Boris Schnaiderman, *Os escombros e o mito*, op. cit., p. 120.
67. Aurora Fornoni Bernardini, op. cit., pp. 263-4.
68. Birgit Reumers, op. cit., p. 222.
69. Aurora Fornoni Bernardini, op. cit., pp. 255.
70. David Bethea e Siggy Frank, "Exile and Russian Literature". In: Evgeny Dobrenko e Marina Balina (Orgs.), op. cit., p. 196.
71. Apud Boris Schnaiderman, *A poética de Maiakóvski*, op. cit., p. 172.
72. Krystyna Pomorska, op. cit., pp. 102-3.
73. Mário Ramos Francisco Jr., *Zanguézi, de Velimir Khlébnikov: A utopia da obra de arte como síntese perfeita do universo*. São Paulo, FFLCH-USP, 2007, pp. 157-8. Tese (Doutorado).
74. Boris Schnaiderman et al., *Poesia russa moderna*, op. cit., pp. 23-4.
75. Ibid., p. 24.

7. Vivendo sob o fogo: Utopias e distopias [pp. 161-80]

1. Mariana Pithon e Nathalia Campos (Orgs.), *Poemas russos*. Trad. de Aurora Fornoni Bernardini. Belo Horizonte: FALE/UFMG, 2011, p. 51.
2. Joseph Brodsky, *A musa em exílio*, op. cit., p. 129.
3. Tatiana Tolstáia, op. cit., pp. 219-20.
4. Joseph Brodsky, *Menos que um*, op. cit., p. 120.
5. Ibid., p. 117.
6. Ibid., p. 119.
7. Tatiana Tolstáia, op. cit., p. 89.
8. Boris Schnaiderman, *Os escombros e o mito*, op. cit., p. 112.
9. Andrew Kahn, et al., op. cit., p. 531.
10. Ievguêni Zamiátin, *Nós*. Trad. de Francisco de Araújo. São Paulo: Ed. 34, 2017, p. 268.
11. Nikolai Bogomolov, op. cit., p. 37.
12. Boris Schnaiderman, *Os escombros e o mito*, op. cit., pp. 82-3.
13. Liev Trotsky, op. cit., 2007, pp. 63-4.
14. Boris Pilniak, op. cit., p. 247.
15. Andrew Kahn et al., op. cit., p. 712.
16. Boris Schnaiderman, *Os escombros e o mito*, op. cit., p. 99.
17. Andrew Kahn et al., op. cit., p. 716.
18. Boris Schnaiderman, *Os escombros e o mito*, op. cit., p. 99.
19. Ibid., pp. 64-5.
20. Homero Freitas de Andrade, *O diabo solto em Moscou*. São Paulo: Edusp, 2002, p. 122.
21. Philip Ross Bullock, "Utopia and the Novel after the Revolution". Evgeny Dobrenko e Marina Balina, op. cit., p. 83.

22. Boris Schnaiderman, *Os escombros e o mito*, op. cit.
23. Ibid., p. 161.
24. Dmítri Býkov, op. cit., pp. 89-90.
25. Ibid., p. 217.
26. Andrew Kahn et al., op. cit., p. 667.
27. Joseph Brodsky, *A musa em exílio*, op. cit., p. 136.
28. In: Marina Tsvetáieva, *Vivendo sob o fogo: Confissões*. Trad. de Aurora Fornoni Bernardini. São Paulo: Martins, 2008, p. 11.
29. Cecília Rosas, *O fio longo dos espaços: A correspondência entre Marina Tsvetáieva e Boris Pasternak (1922-1926)*. São Paulo, FFLCH-USP, 2018, p. 8. Tese (Doutorado).
30. Boris Schnaiderman et al., *Poesia russa moderna*, op. cit., pp. 30-1.
31. Marina Tsvetáieva, op. cit., p. 18.
32. Ibid., p. 34.
33. Ibid., pp. 72-3.
34. Ibid., pp. 36-7.
35. Cecília Rosas, op. cit., p. 1.
36. Ibid., pp. 14, 3.
37. Marina Tsvetáieva, op. cit., p. 623.
38. Joseph Brodsky, *A musa em exílio*, op. cit., pp. 209-11.
39. Ibid., p. 136.
40. Solomon Vólkov, op. cit., p. 181.
41. Andrew Kahn et al., p. 387.
42. Joseph Frank, *Dostoiévski: Os anos de provação*, op. cit., p. 241.
43. D. S. Mirsky, op. cit., pp. 128, 208, 214, 355.
44. In: Nadiejda Khvoschínskaia, *A moça do internato*. Trad. de Odomiro Fonseca. Porto Alegre: Zouk, 2017, pp. 10-1.
45. Solomon Vólkov, op. cit., p. 182.
46. Ibid., p. 183.
47. Ibid., p. 184-5.
48. Ibid., p. 185.
49. Andrew Kahn et al., op. cit., p. 577.
50. Stephanie Sandler, "Poetry after 1930". In: Evgeny Dobrenko e Marina Balina, op. cit., p. 117.
51. Ibid., p. 119.

8. O realismo socialista e a literatura dos emigrados [pp. 181-200]

1. Ievguêni Zamiátin, op. cit., p. 84.
2. Ibid., p. 263.
3. Liev Trotsky, op. cit., p. 138.

4. Apud Boris Schnaiderman, *A poética de Maiakóvski*, op. cit., p. 69.
5. Evgeny Dobrenko, "Socialist Realism". In: Evgeny Dobrenko e Marina Balina, op. cit., p. 99.
6. Disponível em: <https://www.marxists.org/subject/art/lit_crit/sovietwritercongress/zhdanov.htm>. Acesso em: 3 fev. 2021.
7. Stálin usou essa frase em um discurso sobre o papel dos escritores soviéticos na casa de Maksim Górki, em 26 de outubro de 1932. Cf. Isaiah Berlin, *The Soviet Mind: Russian Culture under Communism*. Washington, D. C.: Brookings Institution Press, 2004, p. 135.
8. Maria Zambalani, op. cit., p. 259.
9. Dmítri Býkov, op. cit., p. 217.
10. Iuri Oliécha, *Inveja*. Trad. de Boris Schnaiderman. São Paulo: Ed. 34, 2017, p. 184.
11. Boris Schnaiderman, *Os escombros e o mito*, op. cit., p. 51.
12. Iuri Oliécha, op. cit., p. 179.
13. Boris Schnaiderman, *Os escombros e o mito*, op. cit., pp. 53-4.
14. Isaiah Berlin, op. cit., p. 18.
15. Evgeny Dobrenko, "Socialist Realism". In: Evgeny Dobrenko e Marina Balina, Marina, op. cit., p. 100.
16. Boris Groys, *The Total Art of Stalinism*. Princeton, Nova Jersey: Princeton University Press, 1992, pp. 56, 53.
17. Evgeny Dobrenko, "Socialist Realism". In: Evgeny Dobrenko e Marina Balina, op. cit., p. 112.
18. Ibid., p. 105.
19. Katerina Clark, "Russian Epic Novels of the Soviet period". In: Evgeny Dobrenko e Marina Balina, op. cit., p. 138.
20. Andrew Kahn et al., op. cit., pp. 735-6.
21. Katerina Clark, op. cit., pp. 140-1, 136-7.
22. Márcia Pileggi Vinha, op. cit., pp. 191-2.
23. David Bethea e Siggy Frank, op. cit., p. 197.
24. Saudado no romance *O dom*, de Nabókov, como "o maior poeta russo que o século XX produziu" (Vladímir Nabókov, *O dom*. Trad. de José Rubens Siqueira. Rio de Janeiro: Alfaguara, 2017, p. 8).
25. Nina Berbérova, *Kursiv moi*. Moscou: Zakharov, 2009, p. 364.
26. Vladímir Nabókov, *Lolita*. Trad. de Jorio Dauster. Rio de Janeiro: O Globo; São Paulo: Folha de S.Paulo, 2003.
27. David Bethea e Siggy Frank, op. cit., pp. 207-8.
28. Apud Vladímir Nabókov, *Fala, memória*. Trad. de José Rubens Siqueira. Rio de Janeiro: Objetiva, 2014, pp. 297-8, 265.
29. Ibid., p. 266-7.
30. Solomon Vólkov, op. cit., pp. 330-1.

31. Andrew Kahn et al., op. cit., p. 669.
32. Tatiana Tolstáia, op. cit., pp. 92-3.
33. Aleksandr Herzen, op. cit., p. 175.
34. Vissarion Bielínski, op. cit., p. 154.
35. Andrew Kahn et al., op. cit., pp. 368-9.
36. Ibid., pp. 369-71.
37. Maria Zambalani, op. cit., p. 252.
38. Ibid., p. 256
39. Ibid., p. 261.
40. Ibid., pp. 261-2.
41. Ibid., p. 262.
42. Boris Schnaiderman, *Os escombros e o mito*, op. cit., pp. 61-3.
43. Maria Zambalani, op. cit., p. 256.
44. Boris Schnaiderman, *Os escombros e o mito*, op. cit., p. 64.
45. Roman Jakobson, "Notas à margem da lírica de Púchkin", op. cit., p. 47.
46. Aleksandr Herzen, op. cit., p. 171.
47. Joseph Brodsky, *A musa em exílio*, op. cit., p. 139.

9. Degelo, gulag, emigração e clandestinidade [pp. 201-28]

1. Varlam Chalámov, *A luva, ou KR-2*. Trad. de Nivaldo dos Santos e Francisco de Araújo. São Paulo: Ed. 34, 2019, p. 52.
2. Evgeny Dobrenko, op. cit., pp. 108, 107.
3. Marina Balina, "Prose after Stalin". In: Evgeny Dobrenko e Marina Balina, *The Cambridge Companion to Twentieth-Century Russian Literature*, op. cit., p. 154.
4. Boris Schnaiderman, *Encontros*, op. cit., p. 190.
5. Vassili Grossman, *A estrada*. Trad. de Irineu Franco Perpetuo. Rio de Janeiro: Alfaguara, 2015.
6. Boris Schnaiderman, *Os escombros e o mito*, op. cit.
7. Vassili Grossman, *Vida e destino*. Trad. de Irineu Franco Perpetuo. Rio de Janeiro: Alfaguara, 2015.
8. Anna Berzer, *Proschánie*. Moscou: Kniga, 1990.
9. Disponível em: <https://www.nobelprize.org/prizes/literature/1958/pasternak/facts>. Acesso em: 3 fev. 2021.
10. Disponível em: <https://www.nobelprize.org/prizes/physics/1958/summary>. Acesso em: 3 fev. 2021.
11. Christopher Barnes, "Pasternak as Composer and Scriabin-Disciple". *Tempo*, New Series, Cambridge University Press, n. 121, pp. 13-25, jun. 1977.
12. Boris Schnaiderman et al., *Poesia russa moderna*, op. cit., 2001, pp. 28-9.
13. Krystyna Pomorska, op. cit., p. 110.

14. Cecília Rosas, op. cit., p. 9.
15. Georges Nivat, op. cit., p. 47.
16. Georges Nivat, op. cit., pp. 193-4. Os trechos citados foram extraídos de Boris Pasternak, *Doutor Jivago*, op. cit., 2017.
17. Andrew Khan et al., op. cit., p. 748.
18. Boris Schnaiderman et al., *Poesia russa moderna*, op. cit., 2001, p. 182.
19. Dmítri Býkov, op. cit., p. 368.
20. Membro da Juventude Comunista.
21. Georges Nivat, op. cit., pp. 194, 191.
22. Boris Schnaiderman, O*s escombros e o mito*, op. cit., p. 100.
23. Dmítri Býkov, op. cit., p. 390.
24. Boris Schnaiderman, *Os escombros e o mito*, op. cit., p. 180.
25. Maria Zambalani, op. cit., p. 262.
26. Boris Schnaiderman, *Os escombros e o mito*, op. cit., p. 100.
27. Katerina Clark, op. cit., pp. 142, 136.
28. Boris Groys, op. cit., p. 76.
29. Andrew Khan et al., op. cit., p. 748.
30. Tatiana Tolstáia, op. cit., p. 69.
31. Joseph Brodsky, *A musa em exílio*, op. cit., pp. 142-3.
32. In: Varlam Chalámov, *Ensaios do mundo do crime*. Trad. de Francisco de Araújo. São Paulo: Ed. 34, 2016, p. 159.
33. Boris Schnaiderman, *Os escombros e o mito*, op. cit., pp. 101.
34. In: Varlam Chalámov, *Contos de Kolimá*, op. cit., p. 13.
35. Varlam Chalámov, *A ressurreição do lariço*. Trad. de Daniela Mountian e Moissei Mountian. São Paulo: Ed. 34, 2016, pp. 298-9, 314.
36. Tatiana Tolstáia, op. cit., pp. 89-90.
37. Boris Schnaiderman et al., *Poesia russa moderna*, op. cit., p. 347.
38. Boris Schnaiderman, *Os escombros e o mito*, op. cit., p. 134.
39. Ibid., p. 135.
40. Joseph Brodsky, *A musa em exílio*, op. cit., pp. 32-3, 37.
41. Ibid. p. 13.
42. Aurora Fornoni Bernardini, op. cit., p. 280.
43. Joseph Brodsky, *A musa em exílio*, op. cit., pp. 273-4.
44. Susan Sontag, *Questão de ênfase: Ensaios*. Trad. de Rubens Figueiredo. São Paulo: Companhia das Letras, 2005, pp. 422-3.
45. Joseph Brodsky, *A musa em exílio*, op. cit., p. 119.
46. Tatiana Tolstáia, op. cit., p. 171.
47. Joseph Brodsky, *A musa em exílio*, op. cit., p. 344.
48. Ibid., pp. 269-70.
49. Susan Sontag, op. cit., pp 423-4.
50. Boris Schnaiderman, *Os escombros e o mito*, op. cit., p. 133.

51. Yulia Mikaelyan, op. cit.
52. Ibid., pp. 53-5.
53. Ibid.
54. Ibid., p. 59.
55. Diminutivo carinhoso de Serguei.
56. Disponível em: <http://www.sergeidovlatov.com/books/brodsky.html>. Acesso em: 3 fev. 2021.
57. Yulia Mikaelyan, op. cit., pp. 77, 78, 68, 88.
58. Tatiana Tolstáia, op. cit., pp. 89-90.
59. Andrew Kahn et al., op. cit., p. 748.
60. Eduardo Soma, *Ulisses em tempos de estagnação: Tradução e estudo de Moskvá-Petuchki, de Venedíkt Eroféiev*. São Paulo, FFLCH-USP, 2016, pp. 22-3. Dissertação (Mestrado).
61. Boris Schnaiderman, *Os escombros e o mito*, op. cit., p. 96.
62. Ibid., pp. 96-7.
63. Solomon Vólkov, op. cit., pp. 517-9.
64. Andrew Kahn et al., op. cit., p. 748.
65. In: Friedrich Gorenstein, *Salmo*. Trad. de Moissei Mountian e Irineu Franco Perpetuo. São Paulo: Kalinka, 2015.
66. Andrew Kahn et al., op. cit., p. 552.
67. Orlando Figes, op. cit., p. 620.
68. Andrew Kahn et al., op. cit., p. 554.
69. Maria Zambalani, op. cit., p. 263.
70. Yulia Mikaelyan, op. cit., pp. 46-7.
71. Boris Schnaiderman, *Os escombros e o mito*, op. cit., pp. 96-7.

10. A literatura pós-soviética [pp. 229-41]

1. Svetlana Aleksiévitch, *Meninos de zinco*. Trad. de Cecília Rosas. São Paulo: Companhia das Letras, 2020, p. 344.
2. Aurora Fornoni Bernardini, op. cit., pp. 243, 246-7.
3. Andrew Kahn et al., op. cit., p. 662.
4. Dmítri Býkov, op. cit., pp. 531, 537.
5. In: Guenádi Aigui, *Silêncio e clamor*. Trad. de Boris Schnaiderman e Jerusa Pires Ferreira. São Paulo: Perspectiva, 2010, pp. 18, 24, 34.
6. Viatcheslav Kupriyánov, *Luminescência: Antologia poética*. Trad. de Auroura Fornoni Bernardini. São Paulo: Kalinka, 2015, pp. 14-5.
7. Luiz Alberto Cezar, *Cinquenta gotas de sangue: A estética conceitualista de Dmitri Prigov*. São Paulo, FFLCH-USP, 2006, pp. 20 e 22. Dissertação (Mestrado).

8. Mark Lipovetsky, "Post-Soviet Literature between Realism and Post-modernism". In: Evgeny Dobrenko e Marina Balina, op. cit., p. 187.

9. Luiz Alberto Cezar, op. cit., p. 22.

10. Boris Groys, op. cit., pp. 99, 101.

11. In: Vladímir Sorókin, *Dostoiévski-trip*. Trad. de Arlete Cavaliere. São Paulo: Ed. 34, 2014, pp. 75, 99.

12. Dmítri Býkov, op. cit., p. 557.

13. Mark Lipovetsky, op. cit., p. 189.

14. Ibid., p. 190.

15. Andrew Kahn, op. cit., p. 702.

16. Disponível em: <https://tvrain.ru/lite/teleshow/sto_lektsij_s_dmitriem_bykovym>. Acesso em: 3 fev. 2021.

17. Benjamin M. Sutcliffe, *The Prose of Life: Russian Woman Writers from Khruschev to Putin*. Madison: The University of Wisconsin Press, 2009, p. 59.

18. Mark Lipovetsky, op. cit., p. 180.

19. Birgit Reumers, op. cit., p. 229.

20. Benjamin M. Sutcliffe, op. cit., p. 61.

21. Andrew Kahn et al., op. cit., p. 681.

22. Benjamin M. Sutcliffe, op. cit., pp. 62, 71.

23. Ibid., p. 99.

24. Andrew Kahn et al., op. cit., p. 684.

25. Benjamin M. Sutcliffe, op. cit., pp. 102-3.

26. Andrew Kahn, op. cit., p. 766.

27. Boris Schnaiderman, *Os escombros e o mito*, op. cit., p. 18.

28. Irineu Franco Perpetuo, "Literatura na Rússia hoje só é livre porque hoje ninguém mais lê, diz professor". Entrevista de Ievgêni Dobrenko a Irineu Franco Perpetuo. *Folha de S.Paulo*, Ilustríssima, 21 out. 2017.

29. Maria Zambalani, op. cit., p. 266.

Referências bibliográficas

AIGUI, Guenádi. *Silêncio e clamor*. Trad. de Boris Schnaiderman e Jerusa Pires Ferreira. São Paulo: Perspectiva, 2010.

AKSÁKOV, Konstantin. "Algumas palavras sobre o poema de Gógol *As aventuras de Tchítchikov* ou *Almas mortas*". In: GOMIDE, Bruno Barretto. *Antologia do pensamento crítico russo (1802-1901)*. São Paulo: Ed. 34, 2013.

ALEKSIÉVITCH, Svetlana. *Meninos de zinco*. Trad. de Cecília Rosas. São Paulo: Companhia das Letras, 2020.

ALMEIDA, Paula Vaz Costa de. *O meu Púchkin de Marina Tsvetáieva: Tradução e apresentação*. São Paulo, FFLCH-USP, 2008. Dissertação (Mestrado).

ANDRADE, Carlos Drummond de. "Vinte livros na ilha deserta". *Folha da Manhã*, São Paulo, 8 out. 1942. In: GOMIDE, Bruno Barretto. *Dostoiévski na rua do Ouvidor: A literatura russa e o Estado Novo*. São Paulo: Edusp; Fapesp, 2018.

ANDRADE, Homero Freitas de. *O diabo solto em Moscou*. São Paulo: Edusp, 2002.

ANDREYEVNA, Yekaterina. *Kazimir Malevich: The Black Square*. São Petersburgo: Arca, 2019.

ÁNNENKOV, Pável. "Sobre o significado das obras de arte para a sociedade". In: GOMIDE, Bruno Barretto. *Antologia do pensamento crítico russo (1802--1901)*. São Paulo: Ed. 34, 2013.

AUERBACH, Erich. *Mimesis*. São Paulo: Perspectiva, 2002.

BAKHTIN, Mikhail. *Problemas da poética de Dostoiévski*. 5. ed. Trad. de Paulo Bezerra. Rio de Janeiro: Forense Universitária, 2013.

BALINA, Marina. "Prose after Stalin". In: DOBRENKO, Evgeny; BALINA, Marina. *The Cambridge Companion to Twentieth-Century Russian Literature*. Cambridge: Cambridge University Press, 2011.

BARNES, Christopher. "Pasternak as Composer and Scriabin-Disciple". *Tempo*, New Series, Cambridge University Press, n. 121, jun. 1977.

BASSÍNSKI, Pável. *Tolstói: a fuga do paraíso*. São Paulo: LeYa, 2013.

BELOV, Serguei. *Dostoiévski: Entsiklopédia*. Moscou: Prosveschenie, 2010.

BENJAMIN, Walter. *Magia e técnica, arte e política: Ensaios sobre literatura e história da cultura. Obras escolhidas*, 3. ed. Trad. de Sergio Paulo Rouanet. São Paulo: Brasiliense, 1987, v. I.

BERBÉROVA, Nina. *Kursiv moi*. Moscou: Zakharov, 2009.

BERLIN, Isaiah. *Pensadores rusos*. México: Fondo de Cultura Económica, 1992.
____. *The Soviet Mind: Russian Culture under Communism*. Washington, D. C.: Brookings Institution Press, 2004.

BERNARDINI, Aurora Fornoni. *Aulas de literatura russa: De Púchkin a Gorenstein*. São Paulo: Kalinka, 2018.

BERZER, Anna. *Proschánie*. Moscou: Kniga, 1990.

BETHEA, David; FRANK, Siggy. "Exile and Russian Literature". In: DOBRENKO, Evgeny; BALINA, Marina. *The Cambridge Companion to Twentieth-Century Russian Literature*. Cambridge: Cambridge University Press, 2011.

BIELÍNSKI, Vissarion. "Carta a Nikolai Vassílievitch Gógol". In: GOMIDE, Bruno Barretto. *Antologia do pensamento crítico russo (1802-1901)*. São Paulo: Ed. 34, 2013.

____. "Pensamentos e observações sobre a literatura russa". In: GOMIDE, Bruno Barretto. *Antologia do pensamento crítico russo (1802-1901)*. São Paulo: Ed. 34, 2013.

BILLINGTON, James H. *The Icon and the Axe: An Interpretative History of Russian Culture*. Nova York: Vintage, 1970.

BOGOMOLOV, Nikolai. "Prose between Symbolism and Realism" In: DOBRENKO, Evgeny; BALINA, Marina. *The Cambridge Companion to Twentieth-Century Russian Literature*. Cambridge: Cambridge University Press, 2011.

BOTTMANN, Denise. "Georges Selzoff, uma crônica". *Tradução em Revista*, Rio de Janeiro: PUC, n. 14, 2013.

BROCH, Hermann. "A arte e seu des-estilo no final do século XIX". In: *Espírito e espírito de época: Ensaios sobre a cultura da modernidade*. São Paulo: Benvirá, 2014.

____. "Mito e estilo maduro". In: *Espírito e espírito de época: ensaios sobre a cultura da modernidade*. São Paulo: Benvirá, 2014.

BRODSKY, Joseph. *Menos que um*. Trad. de Sergio Flaksman. São Paulo: Companhia das Letras, 1994.

____. *A musa em exílio*. Trad. de Diogo Rosas. Belo Horizonte; Veneza: Âyiné, 2018.

BULLOCK, Philip Ross. "Utopia and the Novel after the Revolution". In: DOBRENKO, Evgeny; BALINA, Marina. *The Cambridge Companion to Twentieth-Century Russian Literature*. Cambridge: Cambridge University Press, 2011.

BÚNIN, Ivan. *Contos escolhidos*. Trad. de Márcia Pileggi Vinha. Barueri: Amarilys, 2014.

BÝKOV, Dmítri. *100 liéktsi o rússkoi literatúrie XX veka*. Moscou: Eskmo, 2019.

CADERNO de literatura e cultura russa 1: Dossiê Púchkin. São Paulo: Ateliê, 2004.

CAMPOS, Haroldo de. "Púchkin: A poesia da gramática", *Caderno de literatura e cultura russa 1: Dossiê Púchkin*, São Paulo: Ateliê, 2004.

CEZAR, Luiz Alberto. *Cinquenta gotas de sangue: A estética conceitualista de Dmitri Prigov*. São Paulo, FFLCH-USP, 2006. Dissertação (Mestrado).

CHALÁMOV, Varlam. *Contos de Kolimá*. Trad. de Elena Vasilevich e Denise Sales. São Paulo: Ed. 34, 2015.

_____. *A ressurreição do lariço*. Trad. de Daniela Mountian e Moissei Mountian. São Paulo: Ed. 34, 2016.

_____. *Ensaios do mundo do crime*. Trad. de Francisco de Araújo. São Paulo: Ed. 34, 2016.

_____. *A luva, ou KR-2*. Trad. de Nivaldo dos Santos e Francisco de Araújo. São Paulo: Ed. 34, 2019.

CHKLÓVSKI, Víktor. *Viagem sentimental*. Trad. de Cecília Rosas. São Paulo: Ed. 34, 2018.

CLARK, Katerina. "Russian Epic Novels of the Soviet period". In: DOBRENKO, Evgeny; BALINA, Marina. *The Cambridge Companion to Twentieth-Century Russian Literature*. Cambridge: Cambridge University Press, 2011.

COMPAGNON, Olivier. "Como era belicoso o meu francês: As elites intelectuais brasileiras e a França no contexto da Primeira Guerra Mundial". In: FLÉCHET, Anaïs; COMPAGNON, Olivier; ALMEIDA, Sílvia Capanema P. de (Orgs.). *Como era fabuloso o meu francês!: Imagens e imaginários da França no Brasil (séculos XIX-XX)*. Rio de Janeiro: Fundação Casa de Rui Barbosa; 7 Letras, 2017.

DOBRENKO, Evgeny. "Socialist Realism". In: _____; BALINA, Marina. *The Cambridge Companion to Twentieth-Century Russian Literature*. Cambridge: Cambridge University Press, 2011.

_____; BALINA, Marina. *The Cambridge Companion to Twentieth-Century Russian Literature*. Cambridge: Cambridge University Press, 2011.

DOBROLIÚBOV, Nikolai. "O que é o oblomovismo?". In: GOMIDE, Bruno Barretto. *Antologia do pensamento crítico russo (1802-1901)*. São Paulo: Ed. 34, 2013.

DOSTOIÉVSKI, Fiódor. "Púchkin". In: GOMIDE, Bruno Barretto. *Antologia do pensamento crítico russo (1802-1901)*. São Paulo: Ed. 34, 2013.

_____. *Diário de um escritor*. Trad. de Irineu Franco Perpetuo. São Paulo: Hedra, 2015.

_____. *Memórias do subsolo*. Trad. de Irineu Franco Perpetuo. São Paulo: Mediafashion, 2016.

_____. *Humilhados e ofendidos*. Trad. de Fátima Bianchi. São Paulo: Ed. 34, 2018.

DOVLÁTOV, Serguei. *Parque cultural*. Trad. de Yulia Mikaelyan. São Paulo: Kalinka, 2016.

EIKHENBAUM, Boris. *O proze. O poesii*. Leningrado: Khudójestvennaia literatura, 1986.

ESTEVES, Renata. "Vissariôn G. Belínski: Uma apresentação". São Paulo, FFLCH-USP, 2011. Dissertação (Mestrado).

FIGES, Orlando. *Uma história cultural da Rússia*. Rio de Janeiro: Record, 2017.

FRANCISCO JR., Mário Ramos. *Zanguézi, de Velimir Khlébnikov: A utopia da obra de arte como síntese perfeita do universo*. São Paulo, FFLCH-USP, 2007. Tese (Doutorado).

FRANK, Joseph. *Pelo prisma russo: Ensaios sobre literatura e cultura*. São Paulo: Edusp, 1992.

_____. *Dostoiévski: Os anos de provação, 1850-1859*. Trad. de Vera Pereira. São Paulo: Edusp, 2008.

_____. *Dostoiévski: Os anos milagrosos, 1865-1871*. Trad. de Geraldo Gerson de Souza. São Paulo: Edusp, 2013.

_____. *Dostoiévski: Os efeitos da libertação, 1860-1865*. Trad. de Geraldo Gerson de Souza. São Paulo: Edusp, 2013.

_____. *Dostoiévski: As sementes da revolta, 1821-1849*. Trad. de Vera Pereira. São Paulo: Edusp, 2018.

_____. *Dostoiévski: O manto do profeta, 1871-1881*. Trad. de Geraldo Gerson de Souza. São Paulo: Edusp, 2018.

FRATE, Rafael Coelho Nogueira. *Mikhail Vassílievitch Lomonóssov: uma apresentação*. São Paulo, FFLCH-USP, 2016. Dissertação (Mestrado).

GASPAROV, Boris. "Poetry of the Silver Age". In: DOBRENKO, Evgeny; BALINA, Marina. *The Cambridge Companion to Twentieth-Century Russian Literature*. Cambridge: Cambridge University Press, 2011.

GENIS, Alexander. "*Voiná i mir* v XXI veke". Disponível em: <https://magazines.gorky.media/october/2003/9/vojna-i-mir-v-xxi-veke.html>. Acesso em: 3 fev. 2021.

GÓGOL, Nikolai. "Algumas palavras sobre Púchkin". In: GOMIDE, Bruno Barretto. *Antologia do pensamento crítico russo (1802-1901)*. São Paulo: Ed. 34, 2013.

GOMIDE, Bruno Barretto. *Da estepe à caatinga: O romance russo no Brasil (1887-1936)*. São Paulo: Edusp, 2011.

_____. *Antologia do pensamento crítico russo (1802-1901)*. São Paulo: Ed. 34, 2013.

_____. *Dostoiévski na rua do Ouvidor: A literatura russa e o Estado Novo*. São Paulo: Edusp; Fapesp, 2018.

GONTCHARÓV, Ivan. *Oblómov*. Trad. de Rubens Figueiredo. São Paulo: Cosac Naify, 2012.

GORENSTEIN, Friedrich. *Salmo*. Trad. de Moissei Mountian e Irineu Franco Perpetuo. São Paulo: Kalinka, 2015.

GÓRKI, Máximo. *Três russos e como me tornei um escritor*. São Paulo: Martins, 2006.

GÓRNAIA, Viktória. *Mir tchitáiet "Annu Kariêninu"*. Moscou: Kniga, 1979.

GROSSMAN, Vassili. *A estrada*. Trad. de Irineu Franco Perpetuo. Rio de Janeiro: Alfaguara, 2015.

GROSSMAN, Vassili. *Vida e destino*. Trad. de Irineu Franco Perpetuo. Rio de Janeiro: Alfaguara, 2015.

GROYS, Boris. *The Total Art of Stalinism*. Princeton, Nova Jersey: Princeton University Press, 1992.

GUINSBURG, Jacó. *Stanislávski, Meyerhold e cia*. São Paulo: Perspectiva, 2001.

HERZEN, Aleksandr. "Literatura e pensamento social depois do 14 de dezembro de 1825". In: GOMIDE, Bruno Barretto. *Antologia do pensamento crítico russo (1802-1901)*. São Paulo: Ed. 34, 2013.

HOWE, Irving. *A política e o romance*. Trad. de Margarida Goldsztajn. São Paulo: Perspectiva, 1998.

JAKOBSON, Roman. "Notas à margem da lírica de Púchkin", *Caderno de Literatura e Cultura Russa I: Dossiê Púchkin*. São Paulo: Ateliê, 2004.

_____. *A geração que esbanjou seus poetas*. Trad. de Sonia Regina Martins Gonçalves. São Paulo: Cosac Naify, 2006.

JAMES, Henry. *The Portable Henry James*. Penguin, 1979.

KAHN, Andrew. "The Poetry of Dystopia and the Absurd". In: DOBRENKO, Evgeny; BALINA, Marina. *The Cambridge Companion to Twentieth-Century Russian Literature*. Cambridge: Cambridge University Press, 2011.

_____ et al. *A History of Russian Literature*. Oxford: Oxford University Press, 2018.

KARAMZIN, Nikolai. "Do amor à pátria e do orgulho nacional". In: GOMIDE, Bruno Barretto. *Antologia do pensamento crítico russo (1802-1901)*. São Paulo: Ed. 34, 2013.

_____. "Prefácio à *História do Estado Russo*". In: GOMIDE, Bruno Barretto. *Antologia do pensamento crítico russo (1802-1901)*. São Paulo: Ed. 34, 2013.

KHARMS, Daniil. *Os sonhos teus vão acabar contigo*. Trad. de Aurora Fornoni Bernardini et al. São Paulo: Kalinka, 2013.

KHOMIAKOV, Aleksei. "Algumas palavras sobre a 'Carta filosófica'". In: GOMIDE, Bruno Barretto. *Antologia do pensamento crítico russo (1802-1901)*. São Paulo: Ed. 34, 2013.

KHVOSCHÍNSKAIA, Nadiejda. *A moça do internato*. Trad. de Odomiro Fonseca. Porto Alegre: Zouk, 2017.

KUPRIN, Aleksandr. *O bracelete de granada e outros contos*. Trad. de Noé Silva. São Paulo: Globo, 2006.

KUPRIYÁNOV, Viatcheslav. *Luminescência: Antologia poética*. Trad. de Auroura Fornoni Bernardini. São Paulo: Kalinka, 2015.

LESKOV, Nikolai. *Homens interessantes e outras histórias*. Trad., posf. e notas de Noé Oliveira Policarpo Polli. São Paulo: Ed. 34, 2012.

LIPOVETSKY, Mark. "Post-Soviet Literature between Realism and Postmodernism". In: DOBRENKO, Evgeny; BALINA, Marina. *The Cambridge Companion to Twentieth-Century Russian Literature*. Cambridge: Cambridge University Press, 2011.

MAIAKÓVSKI, Vladímir. *Poemas*. Trad. de Augusto de Campos et al. São Paulo: Perspectiva, 2017.

MANDELSTAM, Óssip. *O rumor do tempo e Viagem à Armênia*. Trad. de Paulo Bezerra. São Paulo: Ed. 34, 2000.

MANN, Thomas. *O escritor e sua missão: Goethe, Dostoiévski, Ibsen e outros*. Trad. de Kristina Michahelles. Rio de Janeiro: Zahar, 2011.

MEI, Letícia Pedreira. Sobre isto: *Síntese da poética de Maiakóvski*. São Paulo, FFLCH-USP, 2015. Dissertação (Mestrado).

MIKAELYAN, Yulia. *Serguei Dovlátov: Texto de cultura na literatura russa contemporânea*. São Paulo, FFLCH-USP, 2016. Tese (Doutorado).

MIKHAILÓVSKI, Nikolai. "Um talento cruel". In: GOMIDE, Bruno Barretto. *Antologia do pensamento crítico russo (1802-1901)*. São Paulo: Ed. 34, 2013.

MIRSKY, D. S. *A History of Russial Literature: From its Beginnings to 1900*. Nova York: Vintage, 1958.

NABÓKOV, Vladímir. *Lolita*. Trad. de Jorio Dauster. Rio de Janeiro: O Globo; São Paulo: Folha de S.Paulo, 2003.

_____. *Fala, memória*. Trad. de José Rubens Siqueira. Rio de Janeiro: Objetiva, 2014.

_____. *Lições de literatura russa*. Trad. de Jorio Dauster. São Paulo: Três Estrelas, 2014.

_____. *O dom*. Trad. de José Rubens Siqueira. Rio de Janeiro: Alfaguara, 2017.

NASCIMENTO, Rodrigo Alves do. *Tchékhov e os palcos brasileiros*. São Paulo: Perspectiva; Fapesp, 2018.

NAZÁRIO, Helena. "Humor e irreverência na prosa de Púchkin". In: *Caderno de literatura e cultura russa 1: Dossiê Púchkin*. São Paulo: Ateliê, 2004.

NIVAT, Georges. *Les Trois Âges russes*. Paris: Fayard, 2015.

OLIÉCHA, Iuri. *Inveja*. Trad. de Boris Schnaiderman. São Paulo: Ed. 34, 2017.

PASTERNAK, Boris. *Doutor Jivago*. Trad. de Sônia Branco e Aurora Fornoni Bernardini. São Paulo: Companhia das Letras, 2017.

PERPETUO, Irineu Franco. "Literatura na Rússia hoje só é livre porque hoje ninguém mais lê, diz professor". Entrevista de Ievgêni Dobrenko a Irineu Franco Perpetuo. *Folha de S.Paulo*, Ilustríssima, 21 out. 2017.

PILNIAK, Boris. *O ano nu*. Trad. de Lucas Simone. São Paulo: Ed. 34, 2017.

PITHON, Mariana; CAMPOS, Nathalia (Orgs.). *Poemas russos*. Trad. de Aurora Fornoni Bernardini. Belo Horizonte: FALE/UFMG, 2011.

PLEKHÁNOV, Gueórgui. "V. F. Bielínski". In: GOMIDE, Bruno Barretto. *Antologia do pensamento crítico russo (1802-1901)*. São Paulo: Ed. 34, 2013.

POMORSKA, Krystyna. *Formalismo e futurismo*. Trad. de Sebastião Uchoa Leite. São Paulo: Perspectiva, 2010.

Príncipe Ígor ou O canto da campanha de Ígor. Trad. de Maria Aparecida B. P. Soares. Rio de Janeiro: Francisco Alves, 2000.

PÚCHKIN, Aleksandr. *A dama de espadas: Prosa e poemas*. Trad. de Boris Schnaiderman e Nelson Ascher. São Paulo: Ed. 34, 1999.

_____. "Da insignificância da literatura russa". In: GOMIDE, Bruno Barretto. *Antologia do pensamento crítico russo (1802-1901)*. São Paulo: Ed. 34, 2013.

_____. *Eugênio Onêguin*. Trad. de Alípio Correia de Franca Neto e Elena Vássina. Cotia: Ateliê, 2019.

RAMOS, Polyana de Almeida. *Gorie ot umá, de Aleksandr Griboiédov: Tradução e aproximações*. São Paulo, FFLCH-USP, 2010. Dissertação (Mestrado).

REUMERS, Birgit. "Drama and Theatre". In: DOBRENKO, Evgeny; BALINA, Marina. *The Cambridge Companion to Twentieth-Century Russian Literature*. Cambridge: Cambridge University Press, 2011.

ROSAS, Cecília. *O fio longo dos espaços: A correspondência entre Marina Tsvetáieva e Boris Pasternak (1922-1926)*. São Paulo, FFLCH-USP, 2018. Tese (Doutorado).

SANDLER, Stephanie. "Poetry after 1930". In: DOBRENKO, Evgeny; BALINA, Marina. *The Cambridge Companion to Twentieth-Century Russian Literature*. Cambridge: Cambridge University Press, 2011.

SCHNAIDERMAN, Boris. *Turbilhão e semente: Ensaios sobre Dostoiévski e Bakhtin*. São Paulo: Duas Cidades, 1983.

_____. *Os escombros e o mito: A cultura e o fim da União Soviética*. São Paulo: Companhia das Letras, 1997.

_____. *Encontros*. Rio de Janeiro: Beco do Azougue, 2010.

_____. *Tradução, ato desmedido*. São Paulo: Perspectiva, 2011.

_____ et al. *Poesia russa moderna*. São Paulo: Perspectiva, 2001. SHAPIRO, Leonard. *Turgenev, His Life and Times*. Cambridge, Mass.: Harvard University Press, 1982.

SIMONE, Lucas R. *Recontar o tempo: Apresentação e tradução da narrativa dos anos passados*. São Paulo, FFLCH-USP, 2019. Tese (Doutorado).

SOLOVIOV, Vladímir. "Três discursos em memória de Dostoiévski". In: GOMIDE, Bruno Barretto. *Antologia do pensamento crítico russo (1802-1901)*. São Paulo: Ed. 34, 2013.

SOMA, Eduardo. *Ulisses em tempos de estagnação: Tradução e estudo de Moskvá-Petuchki, de Venedíkt Eroféiev*. São Paulo, FFLCH-USP, 2016. Dissertação (Mestrado).

SONTAG, Susan. *Questão de ênfase: Ensaios*. Trad. de Rubens Figueiredo. São Paulo: Companhia das Letras, 2005.

SORÓKIN, Vladímir. *Dostoiévski-trip*. Trad. de Arlete Cavaliere. São Paulo: Ed. 34, 2014.

STEINER, George. *Tolstói ou Dostoiévski: Um ensaio sobre o velho criticismo*. Trad. de Isa Kopelman. São Paulo: Perspectiva, 2006.

SUTCLIFFE, Benjamin M. *The Prose of Life: Russian Woman Writers from Khruschev to Putin*. Madison: The University of Wisconsin Press, 2009.

TCHAADÁIEV, Piotr. "Primeira carta filosófica". In: GOMIDE, Bruno Barretto. *Antologia do pensamento crítico russo (1802-1901)*. São Paulo: Ed. 34, 2013.

TCHÉKHOV, Anton P. *Cartas a Suvórin*. Trad. de Aurora Fornoni Bernardini. São Paulo: Edusp, 2002.

TOLMATCHOV, Vassíli. "O não visual no 'drama novo': Ibsen, Maeterlinck e Tchékhov". In: CAVALIERE, Arlete; VÁSSINA, Elena (Orgs.). *Teatro russo: literatura e espetáculo*. São Paulo: Ateliê, 2011.

TOLSTÁIA, Tatiana. *Pushkin's Children*. Boston; Nova York: Houghton Mifflin, 2003.

TOLSTÓI, Liev. *O que é a arte?*. Trad. de Yolanda Steidl de Toledo e Yun Jung Im. São Paulo: Experimento, 1994.

_____. *Os últimos dias*. Trad. de Anastassia Bytsenko, Belkiss J. Rabello, Denise Regina de Sales, Graziela Schneider e Natalia Quintero. São Paulo: Penguin Classics Companhia das Letras, 2011.

TROTSKY, Liev. *Literatura e revolução*. Trad. de Luiz Alberto Moniz Bandeira. Rio de Janeiro: Jorge Zahar, 2007.

TSVETÁIEVA, Marina. *Vivendo sob o fogo: Confissões*. Trad. de Aurora Fornoni Bernardini. São Paulo: Martins, 2008.

TURGUÊNIEV, Ivan. *Memórias de um caçador*. Trad. de Irineu Franco Perpetuo. São Paulo: Ed. 34, 2013.

_____. *Pais e filhos*. Trad. de Rubens Figueiredo. São Paulo: Cosac Naify, 2015.

VÁSSINA, Elena. "*Pequeno-burgueses* de Górki na leitura cênica de Gueórgui Tovstonógov". In: CAVALIERE, Arlete; VÁSSINA, Elena (Orgs.). *Teatro russo: literatura e espetáculo*. São Paulo: Ateliê, 2011.

_____. Aimar Labaki, *Stanislávski: Vida, obra e sistema*. Rio de Janeiro: Funarte, 2015.

VINHA, Márcia Pileggi. *O fio do tempo: O universo de Ivan Búnin*. São Paulo, FFLCH-USP, 2007. Dissertação (Mestrado).

VÓLKOV, Solomon. *São Petersburgo: Uma história cultural*. Trad. de Marcos Aarão Reis. Rio de Janeiro: Record, 1997.

WILSON, Edmund. *Rumo à estação Finlândia*. Trad. de Paulo Henriques Britto. São Paulo: Companhia das Letras, 1986.

ZAMBALANI, Maria. "Literary Policies and Institutions". In: DOBRENKO, Evgeny; BALINA, Marina. *The Cambridge Companion to Twentieth-Century Russian Literature*. Cambridge: Cambridge University Press, 2011.

ZAMIÁTIN, Ievguêni. *Nós*. São Paulo: Ed. 34, 2017.

Apêndice

Os nomes russos

Um dos aspectos mais intimidadores da literatura russa para os neófitos é a quantidade de personagens que eles imaginam encontrar em seus livros. De fato, em calhamaços como *Guerra e paz* ou *Vida e destino*, o desfile de gente é tão grande que mesmo leitores experimentados têm a impressão de se perder no meio da multidão. Por outro lado, o jeito peculiar que os russos têm de chamar uns aos outros pode dar a impressão de que o número de personagens é ainda maior do que é na realidade.

Todo russo tem três nomes: o prenome, o patronímico e o sobrenome. Assim, por exemplo, o autor de *Anna Kariênina* se chama Liev Nikoláievitch (ou seja, filho de Nikolai) Tolstói. No caso de mulheres, esses nomes recebem terminação feminina. Assim, a esposa do escritor se chamava Sófia Andrêievna (ou seja, filha de Andrei) Tolstáia (e não Tolstói, como às vezes encontramos, especialmente em traduções para o inglês).

Uma forma respeitosa de tratamento é chamar a pessoa pelo nome e patronímico. Assim, designa-se Tolstói por Liev Nikoláievitch. Esse patronímico, por vezes, pode ser contraído. E daí encontramos Nikoláitch (em vez de Nikoláievitch), Vassílitch (em vez de Vassílievitch), Stepánitch (em vez de Stepánovitch) etc.

Já para o tratamento afetuoso, os russos empregam os diminutivos carinhosos, os tais hipocorísticos. Liev, por exemplo, é Liova (daí o alter ego de Tolstói em *Anna Kariênina* chamar-se Lióvin). Isso pode confundir, especialmente porque vários hipocorísticos russos são adotados no Brasil como prenome: Kátia, Nádia, Sônia, Tânia... Lembro-me de minha perplexidade, na juventude, ao descobrir que meu volume de *Tio Vânia*, de Tchékhov, não fora impresso com erro de tradução: tratava-se, simplesmente, do hipocorístico de Ivan.

Embora seja praxe indicar diminutivos em nota de rodapé, segue abaixo uma lista deles — uma espécie de GPS para o leitor perdido no cipoal de nomes russos. A lista, obviamente, não é exaustiva, nem conclusiva. Até porque os russos por vezes acrescentam sufixos diminutivos, quando querem ser ainda mais carinhosos. Assim, não basta chamar uma Maria de Macha: se você gostar mesmo dela, no seu coração ela será sempre Máchenka.

NOMES MASCULINOS

Aleksandr: Sacha, Sânia, Chura
Aleksei: Aliocha, Liocha
Anatóli: Tólia
Andrei: Andriucha
Boris (em russo, nome oxítono): Bória
Daniil: Dânia
Dmítri: Dima, Mítia
Fiódor (e não Fedor, como cacofonicamente aparece às vezes): Fédia
Gueórgui: Gocha, Goga, Jora
Grigóri: Gricha
Ievguêni: Jênia
Iúri: Iura
Ivan: Vânia
Liev: Liova
Mikhail: Micha
Nikolai: Kólia
Pável: Pacha
Piotr: Pétia
Serguei: Serioja
Valentin: Vália

Valéri: Valera
Vassíli: Vássia
Víktor: Vítia
Vitáli: Vitalik
Vladímir (em russo, nome paroxítono): Volódia, Vova

NOMES FEMININOS

Aleksandra: Sacha, Sânia, Chura
Anastassia (em russo, nome paroxítono): Nástia
Anna: Ánia
Dária: Dacha
Elizavieta: Liza
Galina: Gália
Iekaterina: Kátia
Ielena: Lena
Ievguênia: Jênia
Irina: Ira
Liubov: Liuba
Liudmila: Liuda, Liúcia, Mila
Maria: Macha, Mânia, Mússia, Marússia
Nadiejda: Nádia
Natália: Natacha
Olga: Ólia
Svetlana: Sveta
Tatiana: Tânia
Valentina: Vália
Valéria: Lera
Viktória: Vika
Zinaída: Zina

Índice remissivo

100 conferências sobre a literatura russa do século XX (Býkov), 236

"150.000.000" (poema de Maiakóvski), 151

1984 (Orwell), 163

200 anos juntos (1795-1995) (Soljenítsyn), 211

35 e outros anos (Rybakov), 230

A

A plenos pulmões (Maiakóvski), 149

"A propósito de um novo drama" (Dostoiévski), 83

abolição da censura prévia (1905), 134, 196; *ver também* censura

abolição da servidão na Rússia (1861), 85, 89

absurdo, teatro do, 157

Academia Norte-Americana de Artes e Letras, 215

Academia Russa de Ciências, 120

acmeísmo, 141-6, 194

Ada (Nabókov), 192

Admirável mundo novo (Huxley), 163

Adolescência (Tolstói), 58, 69

Adolescente, O (Dostoiévski), 52, 78, 86

Adour da Câmara, Jayme, 7

Aelita (Aleksei Tolstói), 186

aforismos dostoievskianos, 74

Águia branca, A (Leskov), 105

Aigui, Guennádi, 231

"Ainda bem" (Platónov), 163

Akhmadúlina, Bella, 214-5, 228

Akhmátova, Anna, 38, 135, 142-4, 164, 175, 177, 180, 186, 207-8, 215, 227, 233, 240, 257n

Aksákov, Konstantin, 47, 109

Aksiónov, Vassíli, 219, 228

Aldeia de Stepántchikovo e seus habitantes, A (Dostoiévski), 84

Aldeia, A (Búnin), 86, 129

Alechkóvski, Iúz, 219

Aleksiévitch, Svetlana, 180, 229, 239-40

Alemanha, 8, 13, 96, 108, 133, 191, 209, 219

Alexandre I, tsar, 175, 196

Alexandre II, tsar, 78, 101, 112

Alexandre III, tsar, 79, 117

alfabeto cirílico, 27-8

Alienista, O (Machado de Assis), 88, 223

Allen, Woody, 73

Almas mortas (Gógol), 42, 45-6, 48, 89, 169, 222

Amanhã haverá felicidade (Ulítskaia), 239

Amor de Mítia, O (Búnin), 129

Anais da Pátria (revista), 104

Andrade, Carlos Drummond de, 67

Andrêiev, Leonid, 123-6, 128

281

Anjo de fogo, O (Briússov), 137
Anjo de fogo, O (ópera de Prokófiev), 137
Anjo selado, O (Leskov), 107
Anna Kariênina (Tolstói), 36, 53-4, 57-8, 63-5, 110, 186, 277
Anna, tsarina, 22
Ánnenkov, Pável, 30, 107
Ánnenski, Innokenti, 173
Ano nu, O (Pilniak), 132, 165
Antiguidade clássica, 25, 32, 89, 218
antissemitismo, 68, 79, 202, 203, 211, 214, 225
Apollinaire, Guillaume, 141, 160
Após a Grande Vitória (documentário), 239
Araújo, Francisco de, 212
aristocracia russa, 22, 24
Aristóteles, 32
Armênia, 184
Arnold, Matthew, 51
Arquipélago gulag, O (Soljenítsyn), 207, 210-2, 231
arte, visão tolstoiana da, 65, 249-50*n*
artes plásticas, 134, 149
Asas (Kuzmin), 142
Ásia, 114, 159
Assim falou Zaratustra (Nietzsche), 72
Assis, Machado de, 88, 223
Associação para uma Arte Real (Obediniénie Reálnogo Iskusstva) *ver* Oberiu
Associação Russa dos Escritores Proletários *ver* RAPP
Astápovo, estação ferroviária de, 60-1
Atenas, 89
Atlântida Cinematográfica, 171
Auerbach, Erich, 9
Austen, Jane, 143

Avenida Niévski (Gógol), 45
Aviértchenko, Arkádi, 170
Avvákum (líder dos cismáticos), 19, 162

B

Bábel, Isaac, 165-7, 185-6, 213, 230
Babi Iar (Ievtuchenko), 214
Bachkírtseva, Maria, 176
Bákhterev, Igor, 155
Bakhtin, Mikhail, 75-6, 88, 230, 234
Bakúnin, Mikhail, 89-90, 95, 97
balé russo, 12, 134
Balmont, Konstantin, 136
Balzac, Honoré de, 55, 70, 99
Banda sinistra (Nabókov), 193
Banhos, Os (Maiakóvski), 153
Banzé na Rússia (filme), 171
Baránskaia, Natália, 180
Baratínski, Ievguêni, 38
Barkova, Anna, 179
Barreto, Lima, 7
barroco, 19
Bartleby, o escrivão (Melville), 99
Baryshnikov, Mikhail, 156
Batalha de Stalingrado (1942-3), 203
Batiúchkov, Konstantin, 38
Beckett, Samuel, 157
Beethoven, Ludwig van, 65, 93, 249*n*
Beleza russa (Erofêiev), 228
Belgrado, 191
Belinky, Tatiana, 14, 24
Bênia Krik (Bábel), 167
Benjamin, Walter, 105
Berbérova, Nina, 191
Berdiáev, Nikolai, 55, 133
Berggolts, Olga, 179-80
Bergson, Henri, 137, 208
Berlim, 191-2, 225
Berlin, Isaiah, 92-4, 96-7, 111, 186

Bernardini, Aurora Fornoni, 30, 56, 80, 120, 156, 215, 230
Berzer, Anna, 204
Bezerra, Paulo, 14
Bezerro de ouro, O (Ilf e Petrov), 171
Bíblia, 27, 225
Bielínski, Vissarion, 9, 12, 24-5, 36, 42, 45-6, 70-1, 91-5, 101, 109, 195
Bielomórski-Baltíiski kanal: Istória stroítelstva [Canal do mar Branco-Báltico: História da construção] (Górki), 122
Bielorrússia, 239
bielorrusso, idioma, 26
Biély, Andrei, 88, 135-9, 146, 166, 174, 194, 224, 238
"bilhetes de bétula" (documentos em eslavo antigo), 27-8
Billington, James H., 17-8, 43, 90, 131
Bítov, Andrei, 224-5, 228
Blok, Aleksandr, 37, 132, 135-7, 139-42, 146, 154, 173, 184, 194, 207
Bobók (Dostoiévski), 79
Boborýkin, Piotr, 131
"Bofetada no gosto público" (manifesto futurista russo), 146, 150; *ver também* futurismo
bogatyres (guerreiros míticos), 18
Bogomólov, Nikolai, 128, 164
bolcheviques, 28, 121, 125-6, 133, 140, 142, 179, 188, 192, 213
Boltin, Ivan, 23
Bom Stálin, O (Erofêiev), 228
Bonaparte, Napoleão, 110, 175
Borges, Jorge Luis, 167
Borghi, Renato, 119
Boris Godunov (ópera de Mússorgski), 25
Boris Godunov (peça inacabada de Dostoiévski), 76
Boris Godunov (Púchkin), 25, 32

Borodin, Aleksandr, 18
Branqueja uma vela solitária (Katáiev), 186
Brasil, 7-15, 27, 32, 37, 39, 42, 67, 103-4, 108, 119, 122-4, 126, 137, 147, 149, 154, 156, 176, 186, 218, 230-1, 235-40, 278
Bréjnev, Leonid, 197, 209, 221-2
Briga dos dois Ivans, A (Gógol), 43
Brik, Lília, 152
Brik, Óssip, 152, 183
Briullov, Karl, 44
Briússov, Valiéri, 136-7, 178
Broch, Hermann, 249*n*
Brodsky, Joseph, 12, 23, 37-8, 55, 81, 134, 142, 144-5, 161-3, 171, 174-5, 186, 200, 212, 215-6, 218-20, 224, 227-8, 258*n*
Brooks, Mel, 171
Bulgákov, Mikhail, 168-71, 186, 204, 238
búlgaro, idioma, 27
Bullock, Philip Ross, 169
Búnin, Ivan, 86, 126-9, 135, 178, 193
Búnina, Anna, 175
Burliuk, David, 149, 158, 258*n*
Burliuk, Nikolai, 149
Býkov, Dmítri, 122-3, 126, 129, 170-1, 184, 207-8, 230, 236
bylinas (narrativas populares), 18
Byron, Lord, 32, 40, 41

C

Cabana do pai Tomás, A (Stowe), 85
Caméléon Littéraire, Le (revista russa em francês), 22
Caminho dos tormentos (Aleksei Tolstói), 186
Camões, Luís de, 30, 158

camponeses/campesinato, 58-9,
85-7, 113, 130, 132, 211; *ver*
também mujiques
Campos, Haroldo de, 33
Canadá, 223
Canhoto vesgo de Tula e a pulga de
aço, O (Leskov), 107
Canto da campanha de Ígor (obra
medieval), 18
Cantora careca, A (Ionesco), 157
Cantos de um Hooligan (Iessiênin),
87
Capote, O (Gógol), 43, 45, 47-8
Cardoso, Lúcio, 8
"carnavalização" da literatura
(conceito bakhtiniano), 230, 234
Carruagem, A (Gógol), 43
Casa de Púchkin, A (Bítov), 224
Caso Kukótski, O (Ulítskaia), 238
Catarina, a Grande, tsarina, 22-4,
26, 37, 130, 175, 196, 245n
Causos (Kharms), 224
Cavalaria Vermelha, A (Bábel), 167
"Cavaleiro de bronze, O" (Púchkin),
49, 87-8
Cavaliere, Arlete, 234-5
Cazaquistão, 208
censura, 51, 89, 91, 103, 134, 170, 190,
195-201, 209, 226, 232, 237, 257n
centrismo literário, fim do, 240-1
Cervantes, Miguel de, 30
Cezar, Luiz Alberto, 233
Chagall, Marc, 134
Chaguinian, Marietta, 184
Chalámov, Varlam, 114, 127, 145, 179,
201, 207, 212-3, 222
Chaves da felicidade, As
(Verbítskaia), 176
Chénier, André, 158
Cheremétievo (aeroporto de
Moscou), 49
Chestov, Lev, 59

China, 108
Chirínski-Chikhmátov, príncipe, 71
Chklóvski, Víktor, 61, 107, 121-2
Chólokhov, Mikhail, 161, 188-90
Chostakóvitch, Dmítri, 45, 107, 134,
153, 177, 185, 214
Chvarts, Elena, 179
Cidadão, O (revista), 78
Cidade Ene (Dobýtchin), 230
cidade versus campo, 84-8
Cidadezinha (Teffi), 170
Ciganos, Os (Púchkin), 32
cinema, 7, 64, 73-5, 123, 134, 140,
150, 165, 171, 206
cirílico, alfabeto, 27-8
Cirilo, São, 27
cisma dos "velhos crentes", 19
Clark, Katerina, 189-90, 210
classicismo, 32, 187
Código Civil de 1649 (*Sobórnoie*
ulojênie 1649 goda), 20, 28
Coleção Dostoiévski (Editora José
Olympio), 67
coletivização soviética, 85, 87, 189,
211, 225
Colinas de Púchkin
(Mikháilovskoie), 50
comédia, 39-40, 42, 103, 119
Comissão Ideológica do Comitê
Central (*Ideologuístcheskaia*
komíssia TsK), 197
Comissariado da Instrução (União
Soviética), 182
Comitê Antifascista Judaico, 202
Comitê de Censura Estrangeira
(1828), 196
Complete Works of William
Shakespeare (Abridged), The
(Long, Singer e Winfield), 16
Compromisso, O (Dovlátov), 218
comunismo, 122, 127, 153, 162,
203, 211

Congresso de Escritores da União
Soviética (1934), 183, 186, 189
Contemporâneo, O (revista), 101, 103
Conto dos contos (animação russa),
237
conto russo moderno, 116
Contos de Kolimá (Chalámov),
145, 212-4
Contos de Odessa (Bábel), 167
Contos de Sebastopol (Tolstói), 58
*Contos do falecido Ivan Pietróvitch
Biélkin* (Púchkin), 37
Convite para uma decapitação
(Nabókov), 194
Copa do Mundo (Rússia, 2018), 232
Coração das trevas (Conrad), 192
Coração de cachorro, Um (Bulgákov),
168
Correa, José Celso Martinez, 119
Corrêa, Luís Antonio Martinez, 154
cortina de ferro, 182
cossacos, 37, 167, 175, 189-90
Criatura dócil, Uma (Dostoiévski),
81
Crime e castigo (Dostoiévski), 7, 14,
19, 37, 53, 67, 73, 80, 84, 88
cristianismo, 16-8, 53, 58, 65, 67;
ver também Igreja Ortodoxa
"cristianismo tolstoiano", 58
Cristo *ver* Jesus Cristo
Crocodilo, O (Dostoiévski), 81
cubismo, 148
cubofuturistas, 149, 159, 167, 205
culto a Púchkin, 48-50
cultura ocidental, 73, 192; *ver
também* Ocidente
cultura russa, 8, 30, 39, 60, 102, 143,
226, 233, 241
Cunha, Euclides da, 15

D

D'Alembert, Jean Le Rond, 23
D'Anthès, Georges, 35
dadaísmo, 147, 160
Dafoe, Willem, 156
Dalí, Salvador, 187
Dama de espadas, A (ópera de
Tchaikóvski), 37
Dama de espadas, A (Púchkin), 37,
88, 138
Dama do cachorrinho, A (Tchékhov),
119
Daniel, Iúli, 222
Dante Alighieri, 30, 55, 76, 158
*Das anotações de uma jovem
cavalariana* (Nadiejda
Dúrova), 175
defesa Lújin, A (Nabókov), 191, 194
Degelo (desestalinização da União
Soviética), 201-2, 208, 214-5,
221, 226, 230
Degelo (Ehrenburg), 202
Degrau de ouro, O (Tolstáia), 238
Demônios, Os (Dostoiévski), 53,
73-4, 78, 100-1, 198, 210
Derjávin, Gavrila, 23
Desespero (Nabókov), 192, 194
Desgraça de ter espírito, A
(Griboiêdov), 39-40
dezembristas *ver* Revolta
Dezembrista (1825)
*Dia na vida de Ivan Deníssovitch,
Um* (Soljenítsyn), 208
Diabo mesquinho, O (Sologub), 137-8
Diário de Kóstia Riábtsev (Ognióv),
183
Diário de um escritor (Dostoiévski),
68, 73, 78, 83, 86
Diário de um homem supérfluo
(Turguêniev), 100, 253n

Diário de um louco (Gógol), 45, 88
Dias dos Turbin, Os (Bulgákov), 168
Dickens, Charles, 70, 83
Diderot, Denis, 23
Diélvig, Anton, 39
Diga xis (Aksiónov), 228
discurso alegórico, 200
distopias, 154, 161, 163, 226
Dmítrievna, Elizavieta, 178-9
"Do declínio e novas correntes da
   literatura russa contemporânea"
   (Merejkóvski), 136
Dobrenko, Ievguêni, 123, 187, 201,
   240, 241
Dobroliúbov, Nikolai, 99-102
Dobýtchin, Leonid, 230
Dom Quixote (Cervantes), 74
Dom, O (Nabókov), 194, 262n
Domodédovo (aeroporto de
   Moscou), 21
Don silencioso, O (Chólokhov),
   189-90
Donne, John, 23
Dostoiévskaia, Anna Grigórievna,
   52, 73, 79
Dostoiévskaia, Maria Dmítrievna, 72
Dostoiévski, Fiódor Mikháilovitch,
   7-9, 14, 19, 31, 35, 37-8, 43, 47,
   49, 51-7, 67-89, 93, 96, 98-100,
   103, 109, 111, 113-4, 122, 131, 135,
   138, 146, 176, 198, 210-1, 213,
   225-6, 235
Dostoiévski, Mikhail Mikháilovitch,
   72, 109
Dostoiévski-trip (Sorókin), 235
Dostoiewski (Nogueira), 67
Doutor Jivago (Pasternak), 30, 133,
   173, 177, 186, 204, 206-7
Dovjenko, Aleksandr, 134, 165
Dovlatov (filme), 220
Dovlátov, Serguei, 50, 218-21, 228
Doze cadeiras, As (Ilf e Petrov), 171

"Doze, Os" (Blok), 140
Drúskin, Iákov, 157
Dubróvski (Púchkin), 50
dukhóvnost (espiritualidade), 109
Duncan, Isadora, 87, 182
Duplo, O (Dostoiévski), 88
Dúrova, Nadiejda, 175

E

Editora José Olympio, 67
Editora Kalinka, 218
Ehrenburg, Iliá, 202, 216
Eikhenbaum, Boris, 47-8, 106, 111,
   141
Einstein, Albert, 47
Eisenstein, Serguei, 134, 165
Ekho (revista), 227
Elizaveta Bam (Kharms), 157
*Elmo do horror: O mito do Teseu
   reencarnado, O* (Pelévin), 236
Em má companhia (Korolenko), 120
emigrados russos, 14, 167, 171, 181,
   191, 196, 200, 210, 216, 219, 227
Enciclopédia (Diderot e
   D'Alembert), 23
Encouraçado Potiômkin, O (filme), 134
Enfermaria nº 6 (Tchékhov), 88, 223
Ensaio autobiográfico (Pasternak),
   149
Ensaios e contos (Górki), 121
Época, A (revista), 72, 109
Era da Estagnação (URSS, 1964-82),
   202, 221, 228
era de prata da literatura russa, 129,
   134-60, 177, 195, 205
*Era uma vez uma mulher que
   tentou matar o bebê da vizinha*
   (Petruchévskaia), 237
Erofêiev, Venedikt, 222, 228
Escavação, A (Platónov), 162-3

Escola de idiotas (Sokolov), 223
Escola Natural, 46, 94, 107; *ver também* realismo russo
escritoras russas, 175-80, 236
eslavo antigo, idioma, 26, 28
eslavófilos, 17, 47, 108, 110
eslavônico (eslavo eclesiástico antigo), 27-8
Esperança abandonada (Nadiejda Mandelstam), 145
Esperança contra esperança (Nadiejda Mandelstam), 145
Ésquilo, 55
Estados Unidos, 12-3, 85, 123, 128, 164, 191-2, 209, 215-6, 218-9, 223-4, 227-8
"Estatuto de Ferro" (estatuto da censura de 1804), 196
"estética do repulsivo", 234
Eterno marido, O (Dostoiévski), 52
Euclides, 47
Europa, 9, 17, 20, 41-2, 46, 70-1, 89, 92, 110, 129, 132, 171, 191-2, 194, 216, 248*n*
Exército de Cavalaria, O (Bábel), 167
expressionismo, 125, 128
expurgos stalinistas, 49, 190, 211, 230; *ver também* Stálin, Ióssif

F

Faculdade de Direito do Recife, 119
Fala, memória (Nabókov), 193, 224
Família Golovin, A (Saltykov--Schedrin), 105
Fausto (Goethe), 169
Fausto (ópera de Gounod), 169
"febres de eslavismo" no Brasil, 8, 9, 67, 122, 125, 243*n*
Feira de Sorotchínski, A (Gógol), 43

Feira de Sorotchínski, A (ópera de Mússorgski), 43
feminismo, 232, 237-8
Fénelon, François, 25
Ferreira, Jerusa Pires, 231
Fet, Afanássi, 103
ficção científica russa, 186, 226
Figaro, Le (jornal), 146
Filha do capitão, A (Púchkin), 37
Filhos da Rua Arbat, Os (Rybakov), 230
Filosofia da história (Voltaire), 22
fim do centrismo literário, 240-1
Fim do homem soviético, O (Aleksiévitch), 239
Finlândia, 125
Fiódorov, Ivan, 19
Flaubert, Gustave, 61, 95-6
Flip (Festa Literária Internacional de Paraty), 234
fluxo de consciência (monólogo interior), 64
Fogo pálido (Nabókov), 192
Fokine, Mikhail, 134
Folha de S.Paulo (jornal), 240
Fonseca, Odomiro, 176
Fonvízin, Denis, 24, 25
formação da literatura russa, 15-28
formalistas russos, 47, 150
Fortaleza de Pedro e Paulo (São Petersburgo), 80, 102
França, 7-8, 15, 91, 96, 123, 126-8, 164, 219, 222, 227, 243*n*, 252*n*
francês, idioma, 22, 31
francomania (Rússia, séc. XVIII), 22
Frank, Iliá, 204
Frank, Joseph, 68, 72, 81, 101, 252*n*
Frate, Rafael, 21
Fraude, A (Leskov), 105
Fúria de Dioniso (Nagródskia), 177
Fúrmanov, Dmítri, 188
futurismo, 141, 146-51, 155, 158, 185, 205

G

Gabin, Jean, 123
Gaivota, A (Tchékhov), 95, 117-8
Gandhi, Mahatma, 59
Ganhando meu pão (Górki), 121
Gannibal, Abraham Petróvitch, 34
Gaspárov, Boris, 141, 147
Genis, Alexander, 63
Gente pobre (Dostoiévski), 70
georgiano, idioma, 147
Geração P (Pelévin), 235
*Geração que esbanjou seus poetas,
A* (Jakobson), 154
Gide, André, 127
glagolítico, alfabeto, 27
glásnost, 163, 170, 180, 204, 213, 222,
228-30, 240
Glavlit (Administração Principal
de Assuntos Literários e de
Publicação, URSS), 197
Glière, Reinhold, 205
Glinka, Mikhail, 44
Goethe, Johann Wolfgang von, 30,
38, 72, 169, 249n
Gógol, Nikolai, 29, 32, 42-8, 57, 68,
70-1, 82, 84, 88-9, 91, 93, 103-4,
138, 164, 169, 194, 198, 222, 226,
240, 248n
Golítzin, príncipe, 103
Gomide, Bruno Barretto, 8, 13, 110,
122, 129, 243n
Gontcharóv, Ivan, 41, 89, 98-9, 176
Gontcharova, Natália, 35
Gonzaga, Tomás Antônio, 34
Gorbanévskaia, Natália, 179
Gorbatchov, Mikhail, 198, 236-7
Gorenko, Anna *ver* Akhmátova,
Anna
Gorenstein, Friedrich, 225, 228
Goriély, Benjamin, 160

Górki, Maksim, 7-8, 52, 59, 62, 66,
74, 86-7, 113, 116, 120-7, 140, 161,
164, 166-7, 184, 190, 199, 203,
236, 261n
Gounod, Charles, 169
Gramática Russa (Lomonóssov), 22
Grand Street (revista), 220
Grande Inquisidor, lenda do, 13;
*ver também Irmãos Karamázov,
Os* (Dostoiévski)
Grande Terror stalinista, 182, 186
Gráni (revista), 227
Grekova, Irina, 180
Griboiêdov, Aleksandr, 39-41, 73
Grigóriev, Apollon, 49
Grossman, Vassíli, 186, 202-4, 210
Grosstadt dostoievskiana
(metrópole moderna), 84
Groys, Boris, 187, 210, 234
Guarda Branca, A (Bulgákov), 168
Guérman Jr., Aleksei, 220
Guerra Civil Russa (1917-22), 37,
140, 167-8, 171, 181-2, 188-9,
236; *ver também* Revolução
Russa (1917)
Guerra da Crimeia (1853-6), 8, 58, 112
Guerra do Afeganistão (1979), 239
Guerra e paz (Tolstói), 53-4, 57-8,
61-4, 69, 86, 95, 110, 175, 203,
226, 277
Guerra Fria, 197, 212
*Guerra não tem rosto de mulher,
A* (Aleksiévitch), 239
Guinsburg, Jacó, 107
Guíppius, Zinaída, 135-6, 178
gulag, 114, 127, 143-4, 163, 199, 201,
207, 210-2, 229, 231
Gumiliov, Nikolai, 142-3, 154, 178,
257n
Guró, Elena, 146
Gutemberg, Johannes, 18

H

Halpérine-Kaminsky, Ély, 13
Hans Küchelgarten (Gógol), 43
Harbin (China), 191
Hauser, Arnold, 75
Heaney, Seamus, 218
Hegel, Georg Wilhelm Friedrich,
92, 94
Heine, Heinrich, 38, 79
Herói do nosso tempo, O
(Liérmontov), 41, 100
Herzen, Aleksandr, 41-3, 68, 90-3,
95, 97, 100, 109, 112, 195, 200
Hesíodo, 249*n*
Hidrocentral (Chaguinian), 184
hipocorísticos russos, 277-8
História desagradável, Uma
(Dostoiévski), 84
História do Estado russo (Karamzin),
25
História do meu contemporâneo
(Korolenko), 120
"História enfadonha, Uma"
(Tchékhov), 115
History of Russian Literature,
A (Kahn et al.), 11, 129
Hjelmslev, Louis, 33
Hoffmann, E. T. A., 32, 37-8, 70, 163
"homem supérfluo" (tipo literário
russo), 36, 39-40, 100-1
Homero, 54, 62, 212, 249*n*
homossexualidade na literatura
russa, 142
Howe, Irwing, 40, 75, 96, 98, 109,
131, 253*n*
Humilhados e ofendidos
(Dostoiévski), 69
Huxley, Aldous, 163

I

Iásnaia Poliana (residência rural de
Tolstói), 58, 60
idealismo, 102, 237
Idiota, O (Dostoiévski), 53, 73-4, 80
Iefímov, Ígor, 228
Iejov, Nikolai, 166
Iessiênin, Serguei, 87, 154, 165, 182,
205
Ievguêni Oniéguin (ópera de
Tchaikóvski), 35
Ievguêni Oniéguin (Púchkin), 25, 30,
33, 35-6, 100
Ievtuchenko, Ievguêni, 214-5
Igreja Ortodoxa, 28, 58-9, 74, 79,
105, 196
Ilf, Iliá, 170-1
Ilha de Sacalina, A (Tchékhov), 114
Ilíada (Homero), 62, 99, 222
Iliazd (poeta georgiano), 147
Iluminismo, 24-5, 72
iluministas franceses, 22-3
imagistas anglo-americanos, 141
Império Russo, 22, 34, 131, 167, 190,
243*n*, 245*n*
Infância (Górki), 121
Infância (Tolstói), 57-8, 69
Infância 49 (Ulítskaia), 239
Inferno de Treblinka, O (Grossman),
203
Inglaterra, 13, 15, 89, 91
inglês, idioma, 13, 143, 156, 164,
191-3, 211, 217, 277
Inspetor geral, O (Gógol), 42-6
intelligentsia, 45, 111, 122, 129-33,
135, 206, 208, 224, 226-7, 237-8
Inveja (Oliécha), 184
Ionesco, Eugène, 157
Irmãos Karamázov, Os
(Dostoiévski), 13, 53, 73, 77-9

Irmãos Serapião (círculo literário russo), 163, 165
Irmãos Serapião (Hoffmann), 163
Isabel, tsarina, 22
Iskander, Fazil, 228
Iskrenko, Nina, 179
Israel, 219, 222
Itália, 46, 121, 146
Iuvatchov, Daniil *ver* Kharms, Daniil
Ivan IV, tsar ("o Terrível"), 18

J

Jakobson, Roman, 12, 32-3, 35-6, 38, 104, 140, 150, 153-4, 199-200, 205
James, Henry, 53, 55, 85, 95, 138
Janáček, Leoš, 107
Jardim das cerejeiras, O (Tchékhov), 118
Jdánov, Andrei, 164, 183-4, 189, 257n
jdanovismo, 198
Jesus Cristo, 74, 77, 169, 207
João, São (evangelista), 60
Jogador, Um (Dostoiévski), 72-3
Jolkóvski, Aleksandr, 171
jornalismo, 53, 104, 134, 151, 220, 239
Joyce, James, 54, 64-5, 139, 160, 184-5, 194
Judeu Iankel (peça inacabada de Dostoiévski), 76
judeus, 79, 128, 166-7, 202, 210-1, 219, 239
Jukóvski, Stanislav, 149
Juno e Avos (ópera-rock soviética), 215
Juventude (Tolstói), 58, 69
Juventude Comunista (Komsomol), 208, 231

K

Kafka, Franz, 73, 157, 184, 194, 253n
Kahn, Andrew, 155
Kandinsky, Wassily, 134
Kantemir, Antiokh, 20, 23
Karamzin, Nikolai, 15, 25, 29, 78, 85
Katáiev, Valentin, 185
Kátia Kabánova (ópera de Janáček), 107
Kaufman, Rosa, 204-5
Kayser, Wolfgang, 223
Kélin, P. I., 149
KGB (serviço secreto soviético), 203-4
Khadji-Murat (Tolstói), 65
Kharms, Daniil, 155-8, 224, 230
Khlébnikov, Velimir, 135, 147-9, 154, 158-60, 205
Khodassévitch, Vladislav, 158, 178, 184, 191
Khomiakov, Aleksei, 17, 109
Khruschov, Nikita, 201-3, 208-9, 224
Khvoschínskaia, Nadiejda, 176
Kierkegaard, Søren, 72
Kíev, 16, 28, 105, 168, 202
Kirêievski, Ivan, 109
Kirêievski, Piotr, 109
Kliúiev, Nikolai, 186
Kontinient (revista), 227
Korolenko, Vladímir, 119-20
Krandiévskaia-Tolstáia, Natália, 180
Krásnaia Nov [Terra Virgem Vermelha] (revista), 163
Krêmlin, 19
Kropótkin, Piotr, 112
Krutchônikh, Aleksei, 147, 149, 158, 160
Krylóv, Ivan, 23, 24
Krzyzanowski, Sigismund, 230
Kundera, Milan, 80
Kuprin, Aleksandr, 126

Kupriyánov, Viatcheslav, 231-2
Kurosawa, Akira, 74, 123
Kuzmin, Mikhail, 135, 141-2

L

Lady Macbeth do Distrito de Mtsensk
(Leskov), 107
Lady Macbeth do Distrito de Mtsensk
(ópera de Chostakóvitch),
107, 185
Lasca, A (Zazúbrin), 166
Lavoisier, Antoine-Laurent de, 21
Lawrence, D. H., 127
layers, versos em, 232-4
Lean, David, 206
LEF (revista), 152, 183
Lem, Stanisław, 225
Lênin, Vladímir, 102, 121, 184,
199, 207
Leningrad (revista), 257n
Leningrado, 143, 156-8, 179, 215,
218, 220, 257n; *ver também* São
Petersburgo
leninismo, 188, 212
Leskov, Nikolai, 105-7
Lévin, Boris, 155
Liérmontov, Mikhail, 39, 41-2, 53,
57, 68, 248n
Limónov, Eduard, 219
"língua transmental" *ver zaúm*
Lípkin, Semion, 228
Lipovetsky, Mark, 233, 235, 237
Lira LXXI (Gonzaga), 34
Lisniánskaia, Inna, 228
Lispector, Clarice, 8
"literatura cívica", 214, 221
literatura confessional, 121
literatura europeia, 30, 40, 113
literatura infantil, 156-7
literatura monástica, 17

literatura mundial, 64, 163, 195
literatura pós-soviética, 229-41
Literatura e revolução (Trótski), 182
Lituânia, 19
Livro Negro (ed. Ehrenburg), 202
Lobatchévski, Nikolai, 47
Lobato, Monteiro, 8
Lokhvítskaia, Mirra, 170, 177
Lokhvítskaia, Nadiejda *ver* Teffi
Lolita (Nabókov), 46, 191-2
Lomonóssov, Mikhail Vassílievitch,
21
Long, Adam, 16
Lukachévitch, Klávdia, 177
Lunatchárski, Anatóli, 182

M

Madame Bovary (Flaubert), 61
Mademoiselle O (Nabókov), 193
Mãe, A (filme), 123
Mãe, A (Górki), 122, 123
"Magia das palavras, A" (Biély), 139
Maiakóvski, Vladímir, 12, 116, 135,
146-7, 149-54, 158, 183, 205,
209, 232, 236, 240, 258n
Máikov, Valerian, 82
Maksímovitch, Aleksei, 122
Maliévitch, Kazimir, 134, 147
Málitch, Marina, 157
Mandelstam, Nadiejda, 145
Mandelstam, Óssip, 93, 135, 142,
144-5, 186
"Manifesto futurista" (Marinetti),
146
Mann, Thomas, 62, 64, 76, 78, 83,
88, 113, 115, 127
Marca d'água (Brodsky), 217
Maria Stuart (peça inacabada de
Dostoiévski), 76
Marinetti, Filippo Tommaso, 146

Marmeládova, Sônia, 73
marxismo, 130, 182, 188
"Mascarado" (Dostoiévski), 83
Massine, Leonid, 134
materialismo, 102, 226
Matiúchin, Mikhail, 146
Maupassant, Guy de, 64
Medo (Rybakov), 230
Melville, Herman, 99
Memórias de um caçador
(Turguêniev), 85-6, 94, 100
Memórias do subsolo (Dostoiévski),
11, 72-4, 88
Meninas (Ulítskaia), 239
Meninos de zinco (Aleksiévitch), 239
Menor, O (Fonvízin), 24, 25
Menos que um (Brodsky), 217
Mensageiro do Norte, O (revista), 115
Merejkóvski, Dmítri, 135-6, 178
Mérimée, Prosper, 37, 95
Meschiérski, príncipe, 78
Mestre e Margarida, O (Bulgákov),
169
metafísica dostoievskiana, 14, 56, 82
metafísicos, 62, 145, 218
Metódio, são, 27
Metralhadora de argila, A (Pelévin),
236
metrificação, sistema de, 22
Metropol (almanaque literário
clandestino), 225, 228
Meu passado e pensamentos (Herzen),
93
Meu Púchkin, O (Tsvetáieva), 246n
Meyerhold, Vsévolod, 134, 153
Michelangelo, 55
Miénchikov, Oleg, 106
Mifune, Toshiro, 123
Mikaelyan, Yulia, 50
Mikhail, tsar, 19
Mikháilovski, Nikolai, 80-1
Mikháilovskoie (Rússia), 34, 50

Mikoian, Anastas, 216
Milão, 204
Miłosz, Czesław, 207
Minhas universidades (Górki), 121
Mirsky, D. S., 28, 41, 61, 73, 176
Missão da Rússia, A (Euclides da
Cunha), 15
Mistério-bufo (Maiakóvski), 152-3
Mnatsakanova, Elizavieta, 180
Moça do internato, A
(Khvoschínskaia), 176
modernismo, 125, 194, 213, 215, 236,
238
Modigliani, Amedeo, 142
Monastério das Cavernas (Kíev), 16
Monde, Le (jornal), 228
mongóis, 17
moralismo tolstoiano, 53, 55-6, 58-9,
249-50n
Morte de Ivan Ilitch, A (Tolstói), 65, 86
Moscou, 18, 21, 23, 34-5, 40, 42, 48-
9, 58, 69, 87, 90, 94, 110, 117,
119, 124-5, 136, 168-70, 179, 196,
209, 215, 228, 231-2, 234
Moscou-Petuchkí (Erofêiev), 222
Mountian, Moissei, 225
Mujique Marei (Dostoiévski), 86
mujiques, 84-7, 106, 176; *ver também*
camponeses/campesinato
música, 7, 12, 33, 127, 134-5, 139-
40, 146, 148, 153, 167, 185, 205,
214, 220
Músico cego, O (Korolenko), 120
Mússorgski, Modest, 25, 43

N

Nabókov, Vladímir, 15, 18, 46-7, 57,
64-6, 80, 111, 113, 118, 120, 191,
193-5, 223-4, 244n, 248n, 262n
Nabókov, Vladímir (pai), 192

Nagródskia, Ievdokia, 177
Nariz, O (Gógol), 43, 45, 48
naródnitchestvo ver "populismo russo"
"Narrador, O" (Benjamin), 105
Narrativa dos tempos passados (crônica monástica), 16, 18
Nascimento, Rodrigo Alves de, 119
naturalismo, 153, 225, 238
nazismo, 128, 157, 186, 191, 202
Negro de Pedro, o Grande, O (novela inacabada de Púchkin), 34
Nekrássov, Nikolai, 68, 101, 103-4
Nekrássova, Ksênia, 180
Nelly (heterônimo de Briússov), 178
Nemiróvitch-Dántchenko, V., 124
Netcháiev, Serguei, 75
Neue Gedichte (Rilke), 141
New Yorker (revista), 220
Nicolau I, tsar, 34-5, 42, 44, 71, 79, 89, 98, 112, 196
Nietzsche, Friedrich, 72, 257*n*
niilismo, 97, 98
Nijínski, Vaslav, 134
Níkon, patriarca, 19
Nivat, Georges, 30, 32, 37, 48, 60-1, 85, 105, 130, 140, 143, 165, 206-7
NKVD (polícia secreta soviética), 166
No crepúsculo (Tchékhov), 116
No primeiro círculo (Soljenítsyn), 212
Nogueira, Hamilton, 67
Noite de maio, A (Gógol), 43
Noite de maio, A (ópera de Rímski--Kórsakov), 43
Noite de Natal (Gógol), 43
Noites brancas (Dostoiévski), 81, 88
Noivo de Verdade (Chaguinian), 184
nomes russos, 277-9
Nona sinfonia (Beethoven), 65
Norstein, Iúri, 237
Nós (Zamiátin), 88, 154, 163-4, 181

Notas à margem da lírica de Púchkin (Jakobson), 32
Notas de inverno sobre impressões de verão (Dostoiévski), 81
Nova York, 220
Nóvgorod, região de, 16, 120, 131
Nóvy Jurnal (revista), 227
Nóvy Mir (revista), 208

O

O que é a arte? (Tolstói), 65
O que fazer? (Tchernychévski), 92, 102-3, 115, 152, 176
Oberbürgermeister Haken (navio), 133
Oberiu (Obediniénie Reálnogo Iskusstva) [Associação para uma Arte Real], 154-5, 157
Oberiúty (poetas da Oberiu), 155, 161
Oblómov (Gontcharóv), 89, 98-100, 176
oblomovismo, 99-101
Obras completas (Górki), 199
óbschina (comuna camponesa russa), 109, 112
ocidentalistas versus eslavófilos, 108-10
Ocidente, 9-10, 12-3, 16, 20, 25, 30, 96, 108-9, 127, 130, 133, 152, 181, 203, 209, 212-3, 218-9, 224
Odessa, 166-7, 171, 185, 196
Odisseia (Homero), 99
Odóievski, Vladímir, 49
Ofício, O (Dovlátov), 218
Ogariov, Nikolai, 92
Ognióv, Nikolai, 183
Ogoniók [Fagulha] (revista), 240
Olêinikov, Nikolai, 155
Oliécha, Iuri, 184, 185
ópera-rock soviética, 215

óperas russas, 18, 25, 35, 37, 43-5, 107, 137, 146, 175, 185

Oranienbaum, 21

Oriente, 108, 114, 133, 136

Orwell, George, 163

Oscarito, 171

Ostróvski, Aleksandr, 107-8, 111

Outubro (revista), 224

Ovos fatais (Bulgákov), 168

P

Padre Sérgio (Tolstói), 65

"Padre-nosso" (Katáiev), 186

Pais e filhos (Turguêniev), 95, 97-8, 176

Paixão misteriosa (Aksiónov), 228

Panáev, Ivan, 95, 101

pan-eslavistas, 109

Parentes pobres (Ulítskaia), 239

Paris, 24, 95, 127-8, 147, 149, 170-2, 186, 191

Parnok, Sofia, 180

Parque cultural (Dovlátov), 50, 218

Partido Comunista, 50, 125, 153, 161, 190, 197, 199, 201-2, 208-9, 257*n*

Partisan Review (revista), 220

Pasternak, Boris, 30, 104, 133, 135, 149, 173, 177, 182, 186, 190, 204-7, 210, 227, 233, 236

Pasternak, Leonid, 204

Paulo I, tsar, 26, 196

Pávlov, Ivan, 165

Pávlova, Karolina, 176

Pechkov, Aleksei *ver* Górki, Maksim

Pedro, o Grande, tsar, 20, 22, 28, 31, 34, 41, 68, 85, 87, 110, 130, 132, 206, 245*n*

Pelévin, Víktor, 235, 236

Pequenas tragédias (Púchkin), 50

Pequeno herói, O (Dostoiévski), 81

Pequeno-burgueses, Os (Górki), 123

Percevejo, O (Maiakóvski), 152-4

Peregrino encantado, O (Leskov), 107

perestroika, 179, 198, 229, 231, 236-7

Pereval (Travessia, organização literária), 183

Péricles, 89

Pérsia, 39

Petersburgo (Biély), 88, 138-9, 194, 224

Petrachévski, Mikhail, 70, 71, 77

Petrogrado *ver* São Petersburgo

Petrov, Ievguêni, 171

Petróvskaia, Nina, 137

Petrovýkh, Maria, 180

Petruchévskaia, Liudmila, 237

Pickwick Papers, The (Dickens), 74, 83

Pilniak, Boris, 132, 165-6, 186

pintura, 83, 148-9

Piquenique na estrada (irmãos Strugátski), 225

Píssarev, Dmítri, 49

Platónov, Andrei, 161-3, 183, 186, 202, 230

Plekhánov, Gueórgui, 93

Pó e cinzas (Rybakov), 230

Pobedonóstsev, Konstantin, 79

"Pobre Liza" (Karamzin), 25, 85

Poe, Edgar Allan, 88, 126

"Poema sem herói" (Akhmátova), 143-4

poesia russa, 32, 37-8, 42, 49, 103, 134-5, 137, 142, 146-8, 150, 176, 178, 214, 231-2

Poggioli, Renato, 99

polarização entre as capitais russas, 136

polifonia dostoievskiana (romance polifônico), 75, 77

Politburo, 216

Polli, Noé Oliveira Policarpo, 105-6

Polônia, 75
Polótski, Simeon, 19
Pomorska, Krystina, 104, 137, 139, 141, 145-7, 158, 205, 257n
Popov, Ievguêni, 228
"populismo russo", 86, 111-3, 120, 131
Por uma causa justa (Grossman), 203
positivismo, 135, 137
Pound, Ezra, 33
Praga (República Tcheca), 191
Pravda (jornal russo), 107, 185
Prêmio Lênin, 184, 222
Prêmio Nobel de Literatura, 126-7, 180, 188-9, 204, 207, 209, 211, 215, 239
Prêmio Púchkin, 116, 177
Prêmio Stálin, 230
Preussen (navio), 133
Prígov, Dmítri, 232-4
Primavera de Praga (1968), 209
Primeira carta filosófica (Tchaadáiev), 108-9
Primeira Guerra Mundial, 121, 171, 181, 189
Príncipe Ígor (ópera de Borodin), 18
Problemas da poética de Dostoiévski (Bakhtin), 75
Processo do tenente Ieláguin, O (Búnin), 129
Proffer, Carl, 195
Proffer, Ellendea, 195
Prokófiev, Serguei, 134, 137, 182
prosa russa, 13, 15, 37, 42-3, 57, 64, 89, 104, 135, 164, 180, 217
Protazánov, Iákov, 186
Proust, Marcel, 83, 184, 194
Prova conclusiva (Nabókov), 193
Púchkin, Aleksandr, 11, 15, 17, 20, 25, 29-39, 41-2, 46-50, 52-3, 57, 68, 70, 84, 87-9, 91, 101, 103, 108, 113, 146, 159, 175, 194, 198, 200, 206, 232, 246n, 248n

Púchkin, aeroporto (São Petersburgo), 240
Pudóvkin, Vsévolod, 123, 134
Pugatchov, Emelian, 37
Púnin, Nikolai, 143
Pussy Riot (grupo punk feminista), 232
Pútin, Vladímir, 241

Q

Quadrado negro (pintura de Maliévitch), 147
Quatro Lições de Lênin (Chaguinian), 184

R

Rachmaninov, Serguei, 127, 134
Racine, Jean Baptiste, 25
racionalismo, 22, 135
racismo, 246n
Radíschev, Aleksandr, 10, 24, 26, 133
Ralé (filme), 123
Ralé (Górki), 123-4
Ramos, Mário, 158
RAPP (Associação Russa dos Escritores Proletários), 153, 183
raskólniki (cismáticos), 19
raznotchíntsy, 101-2
realismo russo, 9, 46, 83, 107, 135, 194, 201
realismo socialista, 122-3, 127, 161, 181, 183, 185, 187-90, 195, 197, 199, 201, 210, 213, 222-3, 230
Recordações da casa dos mortos (Dostoiévski), 7, 52, 71, 78, 81, 114, 213, 214
Rei, dama, valete (Nabókov), 192
Reisner, Larissa, 213

religiões monoteístas, 16
Remers, Birgit, 124
Renascimento (Bréjnev), 222
Renoir, Jean, 123
República de Weimar (Alemanha),
    191
"Réquiem" (Akhmátova), 144
Respiração suave (Búnin), 129
Ressurreição (Tolstói), 65, 84, 89, 114
Ressurreição do lariço, A (Chalámov),
    212
Reumers, Birgit, 118
Revisão da literatura russa em 1846
    (Bielínski), 42
revistas literárias russas, 90-1, 93,
    101, 170, 183, 240
Revolta Dezembrista (Rússia 1825),
    34, 41, 89
Revolução de 1905 (Rússia), 89, 121,
    134
Revolução Russa (1917), 19, 28, 85,
    114, 121, 123, 125, 132, 140, 149-
    50, 165, 167-8, 171, 179, 181, 186,
    189, 196, 206, 208; *ver também*
    Guerra Civil Russa (1917-22)
Rilke, Rainer Maria, 127, 141, 173
Rímski-Kórsakov, Nikolai, 43, 141
Riso no escuro (Nabókov), 192
Riurik, dinastia de, 16, 19
rococó, estilo, 257n
Rodin, Auguste, 99
Rodrigues, Nelson, 8
Ródtchenko, Aleksandr, 134, 153
Rolland, Romain, 127
romance social, 64
Románov, dinastia, 19
romantismo, 32, 91, 102
Rostoptchiná, Ievdokia, condessa,
    175
Rubinstein, Lev, 232
Rúdin (Turguêniev), 95, 97, 100
rural versus urbano, dicotomia, 85

Rus (Rússia primordial), 16-7, 27-8
Ruslan e Liudmila (Gógol), 42
Rússia, 7-10, 12, 15, 16, 18-22, 24-6,
    28, 30-2, 34, 40, 42-4, 46-7, 49,
    53-4, 59, 64, 68, 71, 79, 82, 85-7,
    89-92, 95, 98, 104, 106, 108-9,
    112-4, 119, 121, 127, 130, 132,
    134-5, 137, 139-40, 142, 146-7,
    158, 166, 170-2, 175-6, 181, 186,
    195-6, 202, 204, 206-7, 209, 211,
    213, 215-6, 224, 228, 230-1, 239-
    41, 245n, 252n
russo, idioma, 12, 19, 21, 24, 26, 28-
    9, 31-3, 106, 146-7, 162, 176, 180,
    191-3, 204, 211, 239
Rybakov, Anatóli, 230-1
Rýbnikov, Aleksei, 215
Ryléiev, Kondráty, 38

S

Sákharov, Andrei, 18, 203
Salmo (Bítov), 225
Saltykov-Schedrin, Mikhail, 57,
    104-5, 111, 252n
samizdat (circulação clandestina de
    livros), 222-3, 226-8, 229
Sand, George, 70, 95, 252n
Sandler, Stephanie, 179
São Petersburgo, 16, 20-3, 25, 34-5,
    40, 42, 45, 51, 71, 73, 79, 84, 87-
    8, 94, 103, 110, 117, 136, 141, 143-
    4, 178, 194, 196, 224, 238; *ver*
    também Leningrado
Sartre, Jean-Paul, 216
sátira menipeia, 79, 230
sátira(s), 24, 44-5, 74, 79, 104, 169-
    70, 185, 226, 230
Satíricon (revista), 170
Savonarola, Girolamo, 250n
Schiller, Friedrich, 38, 70, 72

Schnaiderman, Boris, 8-9, 11, 13-4, 30, 68, 87, 121, 123-4, 127, 140, 147, 149-50, 152-3, 156, 159, 163-4, 166-7, 169, 172, 184, 198-9, 202-3, 205, 207, 210, 213-4, 218, 223-4, 228, 231, 257*n*

Schnittke, Alfred, 228

Scriábin, Aleksandr, 134-5, 205, 208

Sedakova, Olga, 180

Segunda Guerra Mundial, 8, 127, 161, 197, 202, 214-5, 222, 225, 239

Selzoff, Georges, 14

Senhor de São Francisco, Um (Búnin), 129

sentimentalismo, 25, 80

Serafímovitch, Aleksandr, 190

Serões numa granja perto de Dikanka (Gógol), 43

sérvio, idioma, 27

Sete enforcados, Os (Andrêiev), 126

Shakespeare, William, 16, 30, 32, 54, 65, 76, 78

Sharif, Omar, 206

Sibéria, 24, 26, 71, 84, 102, 120, 133, 163, 166, 204, 212, 218, 231

simbolismo, 56, 99, 126, 129, 136-7, 139-41, 145-6, 148, 164, 174, 178-9, 184-5, 205

Símbolos (Merejkóvski), 136

Simone, Lucas, 27

Sinfonia nº 13 (Chostakóvitch), 214

Sinfonias (Biély), 139

Singer, Daniel, 16

Siniávski, Andrei, 10, 201, 219, 222

Sino, O (revista), 92-3

Sírin (pseudônimo de Nabókov), 193, 194

Smótritski, Meléti, 19-20

sobórnost, conceito de, 109

Sobre isto (Maiakóvski), 152

Sobre o campesinato russo (Górki), 87

Sobre Trótski e o trotskismo (Lênin), 199

socialismo, 123, 150, 187-8, 198, 206, 211

Sófia (Bulgária), 191

Sokhánskaia, Nadiejda, 176

Sokolov, Sacha, 223

Solaris (filme), 225

Solaris (Lem), 225

Soljenítsyn, Aleksandr, 114, 186, 190, 207-13, 219, 227

Sologub, Fiódor, 135-8

Sólon, 249*n*

Soloviov, Vladímir, 99, 135

Soma, Eduardo, 222

Sonata a Kreutzer (Tolstói), 61, 65

Sonata para piano em si menor (Pasternak), 205

Sonho de Makar, O (Korolenko), 120

Sônietchka (Ulítskaia), 239

sonoridade da palavra, teoria futurista da, 148, 158

Sontag, Susan, 216-7

Sorókin, Vladímir, 234-5

spetskhrány ("depósitos especiais" para livros proibidos), 199

Stakenschneider, Elena Andrêievna, 78

Stálin,Ióssif, 49, 122, 125, 131, 133, 144, 163-4, 166, 168-9, 183-4, 186-7, 190, 197, 201-3, 208, 209, 214, 261*n*

stalinismo, 75, 122, 144, 153, 165, 179, 182, 185, 201, 203, 208-10, 213-4, 239

Stalker (filme), 225, 226

Stanislávski, Konstantin, 117, 124, 134, 153, 168

Steiger, Anatóli, 174

Steiner, George, 38, 43, 51, 53, 59, 62-3, 72, 74, 77, 84-5, 89, 138

Stendhal, 61

Strákhov, Nikolai, 51-2, 73
Stravinsky, Ígor, 21, 134
Strugátski, Arkádi, 225
Strugátski, Boris, 225
Submundo, O (filme), 123
Suíça, 203, 209
suicídios de escritores russos, 39, 153-4
Sukhikh, Ígor, 220
Sumarókov, Aleksandr, 25
Súslov, Mikhail, 197, 203
Sutcliffe, Benjamin M., 236

T

"Talento cruel, Um" (Mikháilovski), 80
tamizdat (literatura soviética censurada editada no exterior), 226-8, 229
Tamm, Ígor, 204
Tarás Bulba (Gógol), 43
Tarkóvski, Andrei, 225
Tarkóvski, Arsêni, 225
tártaros, 17, 45, 131
Tchaadáiev, Piotr, 108, 109
Tchaikóvski, Piotr Ilitch, 35, 37, 138
Tchapáiev (Fúrmanov), 188, 236
Tchárskaia, Lídia, 177
Tchecoslováquia, 179
Tchékhov, Anton, 43, 46, 57, 80, 86, 88, 95, 101, 108, 111, 113-21, 125, 168, 223, 238, 278
Tcherenkov, Pável, 204
Tchernychévski, Nikolai, 92, 101-4, 152, 176
Tchertkov, Vladímir, 60
Tchevengur (Platónov), 162-3
Teatro de Arte de Moscou, 117, 124-5, 168-9
teatro do absurdo, 157

Teatro Oficina (São Paulo), 119
teatros imperiais russos, 117
Teffi (pseudônimo de Nadiejda Lokhvítskaia), 170, 177
Telegraf (revista), 91
Tempestade, A (Leskov), 107
Tempo das Perturbações (Rússia, século XVI-XVII), 19
Tempo, O (revista), 72, 99, 109
Teoria da prosa (Chklóvski), 107
Terra Pequena (Bréjnev), 222
Terra Virgem (Bréjnev), 222
Terror Vermelho, 166, 211
Tico-Tico, O (revista infantil), 243n
Tiflis (atual Tbilíssi), 147
Tiniánov, Iúri, 48
Tio Vânia (Tchékhov), 118, 278
Tiúttchev, Fiódor, 103, 196
Todorov, Tzvetan, 171
Tolmatchov, Vassíli, 118
Tolstáia, Sófia Andrêievna, 57-8, 277
Tolstáia, Tatiana, 10, 24, 161-2, 195, 211, 214, 216, 221, 237-8
Tolstói e Nietzsche (Chestov), 59
Tolstói, Aleksei, 186, 238
Tolstói, Liev, 7-8, 31, 46, 51-69, 84-6, 89, 93, 95-6, 98, 105-6, 110-1, 114, 121-2, 146, 175, 177, 186, 198, 203, 225-6, 238, 240, 243n, 248n, 249-50n, 277
"tolstoístas", 60
tradução russa, 12, 14
tragédia russa (gênero trágico), 25
Trechos selecionados da correspondência com amigos (Gógol), 45
Três irmãs, As (Tchékhov), 118-9
Treze cadeiras (filme), 171
Trótski, Leon, 87, 165, 182, 184, 199
tsares, 10, 18, 20, 59
tsarinas, 22
Tsárskoie Seló (Aldeia do Tsar), 48

Tsvetáieva, Marina, 34, 135, 161, 171-2, 174-5, 180, 182, 215, 227, 246*n*
Tur, Ievguênia, 175
Turguêniev, Ivan, 7, 37, 40, 49, 53, 57, 64, 68-9, 74, 85-6, 89-90, 93-8, 100-1, 104, 106, 109, 111, 156, 176, 240, 253*n*
Tyniánov, Iúri, 230

U

Ucrânia, 42-3, 119, 169, 239
ucraniano, idioma, 26, 176
Ulítskaia, Liudmila, 238, 239
Últimas testemunhas, As (Aleksiévitch), 239
Últimos dias de Pompeia, Os (tela de Briullov), 44
Ulysses (Joyce), 54, 139
União dos Escritores Soviéticos, 183, 186, 189, 204, 209, 232
União Soviética, 49-50, 87, 125, 127-8, 133, 153, 163-4, 166-70, 181-3, 186-7, 189, 195-9, 202, 204, 208-9, 213, 215-6, 218-9, 221-2, 226-7, 229-30, 232-3, 236, 239, 257*n*
Universidade de Leipzig, 24
Universidade de Moscou, 21, 23, 90, 215
Universidade de São Paulo, 8
Universidade de São Petersburgo, 42
Urso, O (Tchékhov), 119
utilitarismo, 137, 163
utopias, 96, 119, 161, 232
Uzbequistão, 179

V

Váguinov, Konstantin, 155, 224
vanguarda(s), 22, 127, 135, 137, 154, 161, 183, 205
Vássina, Elena, 124
Velha, A (Kharms), 156
"velhos crentes", 19
Venevítniov, Dmítri, 39
Verbítskaia, Anastassia, 176
Verdadeira vida de Sebastian Knight, A (Nabókov), 193
Vermelho e o negro, O (Stendhal), 61
verso livre, 231
Vértov, Dziga, 134, 165
Vessióly, Artiom, 186
Viagem de São Petersburgo a Moscou (Radíschev), 24, 85
Viardot, Louis, 95
Viardot, Pauline, 95
Vichniák, Abram, 172-3
Vida com o idiota, A (Erofêiev), 228
Vida de Arsêniev, A (Búnin), 129
Vida do arcipreste Avvákum, A (autobiografia), 162
Vida dos insetos, A (Pelévin), 236
Vida e destino (Grossman), 203-4, 277
Vida pelo tsar, Uma (ópera de Glinka), 44
Virgem do solo revolvido (Chólokhov), 189
Vitória sobre o sol (ópera de Matiúchin), 146-7, 158
Viy (Gógol), 43
Vladímir Maiakóvski: Tragédia (peça de Maiakóvski), 152
Volkónskaia, Zinaída, princesa, 175
Vólkov, Solomon, 138-9, 155, 175, 194, 224
Volóchin, Maksimilian, 178-9
Volodimir, príncipe, 16

Volta do parafuso, A (James), 138
Voltaire, 22, 93
Vonnegut, Kurt, 220
Vovtchók, Markó, 176
Vozes de Tchernóbil (Aleksiévitch), 239
Voznessênski, Andrei, 214, 228
Vvediénski, Aleksandr, 155
Vyssótski, Vladímir, 228

W

Wajda, Andrzej, 75
Wilson, Bob, 156
Wilson, Edmund, 89
Winfield, Jess, 16

X

"Xerez" (Chalámov), 145

Z

Zabolótski, Nikolai, 155
Zambalani, Maria, 134, 241
Zamiátin, Ievguêni, 88, 123, 138-9, 154, 163-4, 181, 230
zaúm (linguagem transmental), 147, 158-9
Zazúbrin, Vladímir, 166
Zóschenko, Mikhail, 163-4, 186, 224, 230, 257*n*
Zviezdá (revista), 257*n*

© Irineu Franco Perpetuo, 2021

Todos os direitos desta edição reservados à Todavia.

Grafia atualizada segundo o Acordo Ortográfico da Língua
Portuguesa de 1990, que entrou em vigor no Brasil em 2009.

capa
Tereza Bettinardi
imagem de capa
Lyubov Sergeevna Popova (1889-1924). *Red Triangles in Circles*
© State Russian Museum, São Petersburgo, Rússia/Bridgeman Images
composição
Jussara Fino
preparação
Leny Cordeiro
índice remissivo
Luciano Marchiori
revisão
Raquel Toledo
Huendel Viana

1ª reimpressão, 2021

Dados Internacionais de Catalogação na Publicação (CIP)

— —

Perpetuo, Irineu Franco (1971-)
Como ler os russos: Irineu Franco Perpetuo
São Paulo: Todavia, 1ª ed., 2021
304 páginas

ISBN 978-65-5692-118-1

1. Literatura russa 2. História da literatura russa 3. Guia de leitura I. Título

CDD 891.709

— —

Índice para catálogo sistemático:
1. Literatura russa: História da literatura russa 891.709

todavia
Rua Luís Anhaia, 44
05433.020 São Paulo SP
T. 55 11. 3094 0500
www.todavialivros.com.br

fonte
Register*
papel
Pólen soft 80 g/m²
impressão
Geográfica